인류의 문화와 역사는 피라미드에서

이집트 피라미드 기행

건축전문가 이봉규의
이집트 피라미드 기행

2005년 7월 25일 초판 1쇄 인쇄
2005년 8월 1일 초판 1쇄 발행

지은이 이봉규
펴낸곳 華山文化
펴낸이 허만일

등록번호 2-1880호(1994년 12월 18일)
전화 02-736-7411~2
팩스 02-736-7413
주소 서울시 종로구 통인동 6, 효자상가 A 201호
e-mail huhmanil@empal.com

ISBN 89-86277-78-6 03930
ⓒ 이봉규, 2005

인류의 문화와 역사는 피라미드에서

이집트 피라미드 기행

건축전문가 이봉규의
고대건축문화유적답사기

화산
문화

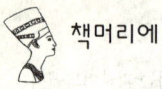 책머리에

한국의 젊은이들이여, 그리고 대학생들이여!
꼭 이번 방학과 휴가에는 이집트로 가서 피라미드를 보라. 그리고 생각하라! 피라미드에서 모든 인류의 역사와 문화와 종교와 과학이 시작되었기 때문이다. 21세기 오늘의 우리들에게 피라미드가 주는 교훈은 무엇일까?
카이로는 1,200만 명의 인구를 가진 아프리카 대륙에서 최대의 도시다. 거리마다 사람과 차량이 넘쳐 흐른다. 그 혼잡이란 처음 여기 온 방문객의 정신을 송두리째 쏙 뽑아 놓는다. 우리 나라 중고차는 아마 여기서는 공장에서 막 빼내온 새 차일 것이다. 폐차를 시켜도 몇 번은 했음직한 고물차가 시커먼 매연을 뿜으며 도시 한가운데를 질주한다. 우리 나라 70년대 초와 같은 극도의 빈곤이 깔려 있는가 하면 화려한 궁전과 호텔, 고급 주택, 고급 차량 등 초 현대식 삶이 혼재하고 있다. 겉으로 보고 느낀 카이로의 첫 인상이다.
그러나 외관으로만 쉽게 판단할 수 없는 곳이 카이로다. 카이로는 서울보다 더 오랜 1,000년이 넘는 역사가 숨쉬고 있는 곳이며 5,000년 이상의 이집트 고대 문명의 발자취가 함께 살아 움직이는 엄청난 도시다.
5,000년 전 아득한 옛날에 인간이 어떻게 살았는지 더듬어 가는 것은 정말 흥미진진한 일이 아닐 수 없다. 이러한 이집트 탐구는 1798년 프랑스 보

나파르트 나폴레옹의 이집트 침공으로 시작되었다. 그는 이집트를 점령해서 인도로 가는 실크로드를 개척하려는 것이 목적이었다. 그의 상륙군에 비전투원 즉 학자, 기술자, 화가, 건축가, 측량기술자 등을 대동하였다. 이들이 고대 이집트 문화유적을 조사해서 『이집트지(誌)』라는 책을 편찬했는데 이를 본 유럽사회의 반응은 대단했다. 이집트를 향한 유럽의 관심은 그야말로 폭발적이라 할 수 있었다. 호기심 많고 모험심 강한 젊은이들이 이집트를 동경하고 이집트로 몰려가기 시작했다. 일확천금을 노리고 금맥을 찾아가는 서부의 사나이들처럼 말이다. 나폴레옹 장군이 비록 그의 뜻은 이루지 못했어도 장구한 세월에 묻힌 고대 이집트의 비밀을 벗기는 데는 충분한 역할을 했다. 19세기 초에서 20세기 중엽까지 150년 간 유럽 고고학자, 탐험가들의 고대 이집트 유적발굴은 눈부신 바가 있었다.

필자는 1980년대 초에 1년 간 이집트 카이로에서 얼마 떨어지지 않은 마디라는 곳에서 이집트 석유공사 본관 건물의 시공책임자로 일하고 있었는데 거기에서 우연히 투탕카문왕 무덤을 발굴한 하워드 카터의 『왕묘 발굴기』를 읽고 틈만 나면 유적지를 미친듯이 찾아다니기 시작했다.

그 때 고대 이집트 건축문화유적을 답사하면서 비록 5,000년 전의 것이긴 하나 오늘의 지금 이 시점에서도 전혀 손색이 없는, 아니 더 능가하는 설계와 시공 능력을 확인할 수 있었다. 카이로고고학박물관이나 대영박물관, 루불박물관 등에서 고대 이집트 유물들을 보면 우리가 그리스나 로마의 것으로 알고 있었던 건축양식, 종교, 천문학, 수학, 의학 분야의 대부분을 고대 이집트에서 발견하고 찬탄을 금치 못했다. 고대 이집트는 인간의 죽음과 사후에 대한 고민과 두려움을 종교에서 해답을 찾았고 그 종교가 문화와 예술을 발달시켰다. 이러한 종교, 문화, 예술, 풍속 등이 모두 담겨져 용해된 피라미드와 신전이 국가 사업으로 진행되었다.

고대 이집트는 그리스와 로마에게 정복당한 이래 1922년 이집트 원주민이 국권을 회복하기까지 약 2,300년을 이민족의 지배 하에 있었으니 지금 이집트에서 고대 이집트 문화를 찾는다는 것이 연목구어(緣木求魚)인 듯하지만 그래도 아직은 폐허로나마 곳곳에 많은 유적(遺蹟)과 유지(遺址)가 남아 있다. 그런데 그 유적과 유지를 보고 처음 방문해서 본래의 모습을 이해하기는 매우 어려운 실정이라 이것을 어떻게 소개할까 고민해 보았다.

지금 시중에는 이집트와 피라미드에 관한 많은 책자가 나와 있는데도 이 책을 감히 출간하게 된 것은 본래의 건물 모습을 건축적 시각에서 바라보고 설명한 것이 별로 없는 것 같아서다. 건물의 원형, 훼손, 발굴과정 등을 알아보고 필자 나름대로 그동안의 경험과 지식을 바탕으로 소견과 감상을 적었다. 지중해에 침몰한 고대 알렉산드리아의 모습을 그려보고 오늘의 이슬람 건축 일부를 마지막에 삽입하여 고대 이집트 건축을 생각하게 할 수 있게 하였다. 그리고 인간이 인간의 문화유적을 얼마나 잔인하게 훼손해 왔는가를 보면서 역사와 문화를 마구 짓밟는 오늘 우리에게도 많은 가르침을 주게 될 것이다.

끝으로 여기에 수록된 유적의 평면도와 일부 사진 자료는 고인이 된 박학재 교수님의 『서양건축사정론』에서 인용하였다. 후학들에게 좋은 가르침을 남겨주신 박학재교수님과 유족에게 심심한 경의와 함께 감사를 드립니다. 투탕카문왕 무덤과 거기에서 출토된 보물들의 사진은 이집트고고학박물관에서 구입한 박물관 안내서와 다른 자료들에서 참고, 발췌하였음을 밝혀 둔다. 관계기관과 관계자 여러분에게도 큰 감사의 말씀을 드리며 이 책이 고대 이집트의 건축문화유적을 둘러보고 이를 이해하는데 조금이라도 도움이 되었으면 한다. 제5장의 내용은 고대 이집트 문화를 이해하고 근대 이슬람 문화와 기독교 문화와의 연결고리로써 큰 도움이 될 것으로 생각되어 그 지역의 건축문화유적을 고대 이집트의 건축문화유적과 관련하여 덧붙였다.

나는 건축공학도로서 피라미드의 원형과 그 색깔 그리고 그모습을 오래

토록 기억하려고 할 것이다. 왜냐하면 그것이 인류건축문화의 가장 이상적이고 원대한 모형이기 때문이다.

2005. 6. 30.

이 봉 규

추천의 말 – 이 책을 읽어 보고

아득히 먼 옛날부터 인간은 어떻게 살아왔으며, 그들의 생활공간은 어떻게 만들어지고 꾸며졌으며 어떻게 발전해왔는가? 또 그들은 죽음을 어떻게 맞이하였으며, 사후세계에 대한 준비는 어떻게 했는가? 이 문제에 정확한 해답을 찾기 위해 전 세계에 많은 문화인류학자들과 고고학자들이 계속 발굴하고 연구하고 있다.

나와 같이 평범한 사람도 세상을 살다보면 다른 나라 사람들은 어떻게 살아왔으며 또 어떻게 살고 있을까 하고 한 번쯤은 생각하게 된다. 그러나 연자방아 돌아가듯 복잡한 세상일에 얽매여 톱니바퀴처럼 살아가는 우리에게 그런 문화유적 현장을 찾아보고 생각해볼 기회는 그리 많지 않다.

우리 회사에 같이 일하고 있는 건축기술자이며 여행가이기도 한 이봉규 전무가 이집트를 비롯하여 중동, 동남아 지역 등의 해외공사 현장에 오래 근무하면서 틈틈이 고대건축문화유적지를 답사하며 그 나라 역사와 전통을 공부하고 그들이 이룩해 놓은 종교와 문화를 살펴왔다는 것이 무엇보다 부럽다. 특히 나일강 주변의 고대 이집트 문화유적지인 기자지역, 사카라지역의 피라미드와 스핑크스, 룩소르와 누비아지역의 신전, 오벨리스크 그리고 고대 이집트 파라오와 그들의 무덤 등 21세기 지금까지도 밝혀지지않은 고대 이집트 문화의 신비를 쫓아 건축전문가의 한사람으로서 온갖 정열을 기울여

왔다.

고대 이집트 나일강변의 문화는 분명히 인류문화의 기원이다. 그의 이집트 건축 유적답사 기록은 단순한 지리적 관광차원이 아니라 불가사의한 고대건축물의 유적에 숨어있는 역사의 비밀과 수수께끼를 금광에서 금을 캐듯 밝혀보려고 하고 있다. 삶과 죽음의 본질을 이미 통찰하고 있던 수천 년 전의 고대 이집트 사람들을 만나는 일종의 종교적 순례여행이었다. 나일강의 피라미드와 오벨리스크는 지금도 그 건축과정과 문화인류사적 의미를 많은 학자들이 연구하고 있다. 파리 콩코드광장에 옮겨놓은 오벨리스크나 미국 수도 워싱턴 한복판의 워싱턴기념관을 오벨리스크로 한 것은 이집트의 고대문명에 대한 인류의 동경을 그대로 표현한 것이다.

내가 우리 나라의 건축학도와 많은 청년 학생들에게 이 책을 한번 읽도록 권하는 것은 이 책의 내용은 저자가 직접 발로 뛰고 머리로 생각하고 정리한 것이어서 다른 그 어느 책보다 우리의 가슴에 고대 이집트문화를 잘 전달해주고 있기 때문이다. 또 황폐화된 옛 건물유적을 더듬으며 그것들의 원형을 그려보고 거기에서 이루어졌던 그들의 종교적 의식과 축제 그리고 여전히 살아있는 영적 전통을 추적하고 그리하여 오늘날 종교와 건축문화의 기원을 밝히고 있어 앞으로의 새로운 인류문화의 창조와 건축문화의 발전에 밑거름이 되고 크게 기여할 것이기 때문이다. 감사합니다.

2005년 6월 30일

건축가 이영희
희림 종합건축사 사무소 회장

 차례

책머리에 __ 4

추천의 말 - 이 책을 읽어 보고 __ 8

1 피라미드

1. 고대 이집트 문명의 어머니, 나일강 __ 17
2. 고대 이집트 왕조의 연대기 __ 20
3. 기자 지역의 피라미드 __ 29
    1) 세계 7대 불가사의, 쿠푸왕의 대피라미드 __ 29
    2) 유일하게 마감돌이 남아 있는 카프라왕 피라미드 __ 61
    3) 대 스핑크스의 영광과 고독 __ 69
    4) 멘카우라왕의 수난 __ 76
4. 사카라 지역의 피라미드 __ 80
    1) 조세르왕의 계단식 피라미드 __ 80
    2) 우나스왕 피라미드 __ 90

2 파라오의 고도 룩소르

1. 룩소르 신전 __ 97
   1) 룩소르 신전 __ 97
   2) 제1탑문과 오벨리스크 __ 103
   3) 아부 엘 학가그를 위한 축제 __ 111
   4) 제2탑문 __ 113
   5) 아멘호텝 3세의 안뜰 __ 115

2. 카르낙 신전 __ 118
   1) 제1탑문 __ 119
   2) 제2탑문 __ 122
   3) 대 기둥실 홀의 빛과 그림자 __ 124
   4) 하늘을 찌르는 오벨리스크 __ 128
   5) 제6탑문 __ 132
   6) 신왕국 개조 아흐모세와 투트모세 3세 __ 134
   7) 허물어진 고대 이집트의 영광 __ 137
   8) 신성한 연못 __ 139

3. 파라오의 장제전 __ 142
   1) 핫셉수트여왕 장제전 __ 142
   2) 람세스 2세 장제전 라메세움 __ 163
   3) 멤논 거상 __ 169

4. 왕가의 계곡과 투탕카문왕 __ 172
   1) 왕가의 계곡 __ 172
   2) 투탕카문왕의 무덤 발굴 __ 174

3) 왕의 무덤에서 발굴된 보물들 __ 186
4) 투탕카문왕과의 독대 __ 192
5) 왕의 무덤을 발굴한 하워드 카터와 카나븐 백작 __ 195
6) 투탕카문왕의 저주 __ 197
7) 미라와 사자의 서 __ 199

3 누비아 지역 신전

1. 댐의 도시 아스완 __ 205
   1) 엘레판티네섬과 두 신전 __ 205
   2) 다듬다 그만 둔 대형 오벨리스크 __ 208
   3) 이시스신전과 아스완 로 댐 __ 208
2. 아부심벨 신전 __ 212
   1) 아부심벨 대신전 __ 213
   2) 아부심벨 소신전 __ 221
   3) 아부심벨 신전의 발견과 이전 __ 224

4 알렉산드리아 문화유적과 로제타석

1. 고대 알렉산드리아 __ 231
   1) 알렉산드리아의 흥망성쇠 __ 231
   2) 알렉산드리아 고대 도시 __ 234
2. 로제타석의 발견과 상형문자 해독 __ 251

1) 상형문자의 실종 __ 255
2) 로제타석의 발견과 상형문자 해독 __ 256

5 근대 이집트 건설과 카이로

1) 카이로라는 이름의 유래 __ 263
2) 알리 파샤 부자 __ 266
3) 시타델과 알리 모스크 __ 269
4) 피라미드 석재로 건설된 하산 모스크 __ 274
5) 수에즈 운하 건설 __ 278

맺음말 __ 286
참고 문헌 __ 288

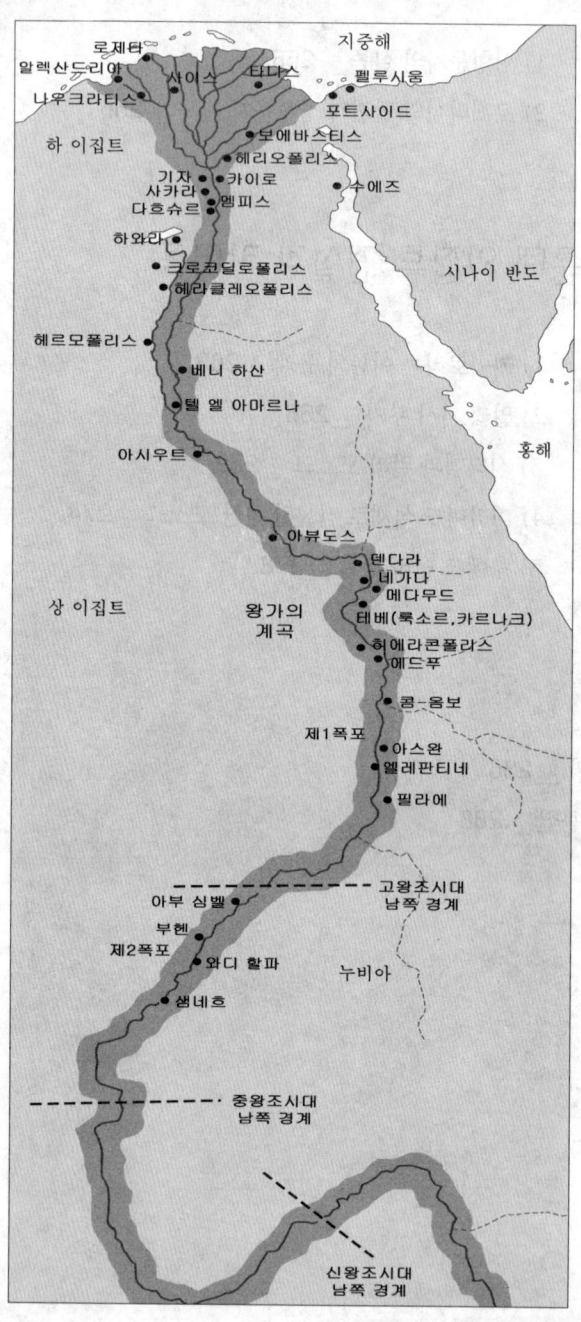

1

피라미드

I

그림마당

1 고대 이집트 문명의 어머니, 나일강

고대 이집트 문명과 피라미드를 이야기하는 데 나일강을 빼놓을 수 없다. 이집트의 고대문명은 나일강이 만들어 주었다고 말할 수 있기 때문이다. 6,700여 km이나 되는 나일강은 미국 미시시피강과 함께 세계에서 제일 긴 강이다.

이집트는 광대한 나라의 대부분이 사막이고 나일강 줄기가 사막 복판을 뱀처럼 지중해로 구불구불 흘러 들어가고 있다. 이러한 신비의 강에 대해 인류는 고대부터 강 원류를 찾으려고 노력해 왔다. 그러나 살인적 더위와 사막, 강 주위의 야생동물은 당시 탐험자들의 의지를 매번 단념시키곤 했다. 기원 전 이집트를 정복한 페르시아 왕 캄비세스 2세가 강 원류를 찾으려 했다는 기록이 있고, 기원 전 그리스 역사학자 헤르도토스와 지리학자 스트라본이 시도했으나 소바트강 늪지대에서 물러났다. 이슬람이 이집트를 지배한 이후는 이곳을 맘대로 여행조차 못하다 18세기에 들어와 영국, 이태리 등 유럽 여러 나라에서 나일강 탐험을 하기 시작했다.

아스완에서 본 나일강. 인류 문화의 원류로 6,700여 킬로미터나 되는 나일강이 인류 문화의 흥망성쇠를 말없이 지켜보면서 오늘도 유유히 지중해로 흘러가고 있다.

    1855년 영국인 버턴과 스피크가 빅토리아 호수가 백 나일강의 발원지임을 밝혀냈으나 나일강 원류를 밝히는 데까지는 영국 탐험가 스탠리(Henry Morton Stanley)의 수고를 기다려야만 했다. 그는 1889년 루비론자강과 카게라강물이 우간다 고원지대의 빅토리아 호수에서 만나 북쪽으로 흘러가는 물줄기가 바로 나일강 원류임을 알아냈다.
    이 작은 냇물이 앨버트 호수(해발 621m)에 모이고 또 아프리카의 광대한 고원과 늪지를 지나 소바트강과 합류하여 백 나일강을 이룬다. 이 강이 기이슈샘에서 발원하여 티시사폭포, 티나호수를 지나면서 형성된 청 나일강을 하르툼에서 만나 나일강 본류를 이룬다. 이 나일강 본류는 북쪽으로 광대한 S자 곡선을 그리면서 큰 폭포 3개, 나세르호수를 지나 이집트를 남북으로 관통하여 델타지역으로 향해 흘러가고 있다. 그리스 사람들은 이 나일강 하류가 그리스 글자 델타를 뒤집어놓은 것같다고 생각해서 델타라고 불렀다. 델타지역에서 여러 줄기의 지류로 나뉘어 지중해로 들어간다.

가령 나일강이 사막을 거쳐 6,700여 km 떨어진 지중해로 흐르지 않고 가까운 인도양이나 홍해로 갔다면 이집트의 찬란한 문명은 생겨나지 않았을 것이고 이집트를 둘러싼 끝없는 전쟁도 없었을 것이다.

이집트엔 일년 내내 비가 한 방울도 내리지 않으나 아프리카 깊숙이 틀어박힌 빅토리아 호수 일대나 고원지대는 3~9월까지 대규모 열대성 소나기가 쏟아져 내린다. 이 열대성 소나기 빗물의 양은 상상을 초월할 정도로 엄청나다. 이것이 그대로 본류에 유입되었다면 하류의 멤피스나 카이로는 생겨나지 못했을는지 모른다. 파라오가 믿었던 여러 신들은 이런 형편을 잘 알고서 나일강 수량을 조절해 하류를 적당히 범람시켜 비옥한 땅을 이룩하게 했다. 청 나일강은 급한 여울을 지나 먼저 본류에 도착하고 이 물이 메마른 땅을 한번 적시고 잦아질 즈음 백 나일강 물이 하류에 도착한다. 물의 범람 시기를 알기 위해 천문과 수학을, 물의 흐름을 조정하기 위한 치수와 수리를 연구하고 해마다 강이 범람해서 토지 경계를 무너뜨리기 때문에 이를 다시 정비하느라 토목사업이 발달하게 되었다. 이런 과정에서 부족들 간에 분쟁이 일어나자 법률이 생기고 강력한 왕권이 생겼다.

자연의 재해와 혜택에 해와 달을 믿는 신앙을 갖게 되고 또 이 신앙에 걸맞은 신전을 건설하게 되었다. 내세에 대한 간절한 소망은 장대한 피라미드를 쌓아 올리게 했다. 여기서 건축, 토목, 교통, 운송, 그리고 농업이 발달했다. 진실로 나일강이야말로 인류 문화의 발상지인 동시에 찬란했던 고대 이집트 문명의 어머니라고 아니할 수 없다.

2 고대 이집트 왕조의 연대기

나일강과 함께 수천 년 역사를 주관한 파라오[1]의 역사와 연대를 알아야 이집트 고대 유적을 이해하기 쉽다. 고대 이집트 역사는 나일강 길이만큼이나 아득한 기원 전 6000년 경에서 시작한다.

기원 전 3세기 초 이집트의 신관이었던 마네토[2]가 그리스어로 된『고대 이집트기』를 남겼는데 그가 쓴 왕조연대기에 의해 여기 이집트의 약사를 정리해 본다. 파이윰이나 마아디에서 발굴된 유적으로 B.C.6000~3100년 때에 신석기 시대와 구리를 사용한 금석병용기 시대였음이 밝혀졌다.

---

1) 고대 이집트 통치자인 왕의 호칭, 태양신의 아들로 인간과 신을 연결하는 지상 최고의 권력자.
2) 기원전 3세기 초, 이집트 신관이다. 그는 오늘의 헬리오폴리스(카이로 근방)신전의 대사제로 있었다. 그리스어로 된「고대 이집트지」를 쓴 역사가다. 그는 고대 이집트 역사를 고왕조, 중왕조, 신왕조로 구분했는데 이것이 오늘까지 그대로 적용되고 있다. 그는 나일강의 본류의 하나인 다미에타강에서 남쪽으로 약간 떨어진 세벤니토스 마을 출신이다. 그는 이집트 종교에 관한 책을 남겼는데 종교적 축제, 제식, 향이나 약의 제조법 등을 기록했다. 그는 상형문자를 읽을 수 있는 신관이었기에 고대 이집트 역사 기술이 가능했고 어떤 의미에서는 그것은 그리스인들에게 고대 이집트 문화를 제대로 전수하기 위함이 아닌가 여겨진다.

그러나 확실한 연대가 기록으로 남아 있지는 않다.

선사시대(B.C. 6000~3100)	
초기왕조시대(B.C. 3100~2780)	
제1왕조	스콜피온/나르메르/아하/제르/메네스/덴
제2왕조	헤텝세켐위/페리브센/카세케뮈

제국의 건립자 스콜피온이 기원 전 3100년 경에 하 이집트를 공격하고 나르메르왕이 상·하 이집트를 통일하였다. 이것이 나르메르의 팔레트[3]에 기록되어 있다. 나일강 계곡과 델타가 만나는 경계에 이집트 왕들의 궁성 '하얀성'-멤피스를 건설하였다. 하지만 상·하 이집트[4]의 갈등은 고대 이집트가 멸망될 때까지 계속된다. 그것은 근본이 다른 델타문화와 나일강변 문화가 합쳐지는 데서 생긴 갈등과 반목이다. 이런 반목을 처음으로 해결한 헤텝세켐위가 제2왕조를 열었다.

그러나 제2왕조가 끝나갈 무렵 상·하 이집트가 또 분리되어 하 이집트

---

[3] 20세기 초 영국의 고고학자 키벨과 그린이 상 이집트의 히에라콘폴리스에서 짙은 회색의 석판을 발견했는데 여기에 그려진 그림은 상 이집트의 나르메르왕이 나일강 하류 삼각 델타 유역에서 일어난 반란을 제압한 것을 설명하고 있다. 원래 이집트 사람들은 사각형이나 타원형의 석판 위에다 색이 있는 흙을 곱게 발라 그 위에 그림을 그려 넣어 일종의 기념품처럼 만들었다. 팔레트 앞면은 약한 양각 부조로 세면으로 나눈 그림을 보여 주고 있는데, 제일 위쪽은 하토르 머리(암소)로 세겨졌고 그 사이에 왕궁의 전면이 그려져 있다. 그 밑에 제일 넓은 자리를 차지한 그림은 제1왕조 첫 호루스 나르메르의 이름을 새겼다. 석판의 중앙에는 나르메르가 상 이집트의 왕관을 쓰고 돌로 된 곤봉으로 무릎을 꿇고 있는 적의 머리를 내려치려는 장면을 묘사했다. 이 적은 델타 동쪽의 추장인 것으로 추정된다. 파라오의 면전에는 호루스가 밧줄로 적의 목을 잡고 있는데 적의 머리는 쟁반 위에 놓여 있고 한 포기의 파피루스가 6개의 꽃을 피우고 있다. 파피루스는 하 이집트를 의미한다. 맨 아래 도망가는 듯한 그림도 하 이집트군을 패배시켜 나르메르 왕이 6,000명에 달하는 하 이집트 군을 무찌르고 포로로 잡았다는 뜻이 다. 석판 뒷면 그림은 4부분으로 제일 윗단은 앞면과 같고, 둘째 단은 나르메르왕이 하 이집트 왕관을 쓰고 있다. 깃발을 들고 왕을 수행하는 상 이집트 연합군 앞에 처형당한 적군의 시신이 죽 늘어섰다. 세 번째 그림은 두 동물이 서로 목을 감고 있는 모습은 연합군의 상징인 것으로 보이고 맨 아래는 왕을 상징하는 황소가 하 이집트의 도시 성곽을 파괴하는 장면이다.

[4] 상 이집트는 이집트 남부(누비아 포함)를, 하 이집트는 북부, 나일강 하류 델타지방을 지칭한다.

는 타니스에서, 상 이집트는 멤피스에서 통치했다. 서로 깊은 갈등으로 파괴를 일삼다 상 이집트 네브카가 결정적 일격을 가해 하 이집트를 평정한다.

고왕국시대(B.C. 2780~2181)	
제3왕조(B.C. 2780~2613)	네브카/조세르/세켐케트/카바/후니
제4왕조(B.C. 2613~2498)	스네프르/쿠푸/제데프라/카프라/멘카우라/셉세스카프

제 3왕조에서 처음으로 고대 이집트의 정치, 경제, 문화의 전성기를 이뤘다. 제 3왕조의 창설자 네브카의 아들 조세르는 그때까지 사용했던 마스터바(Mastaba)[5] 무덤에서 계단식 피라미드(Pyramid)[6]를 건설함으로써 무덤문화를 새로이 창시했다. 세켐케트는 나일강의 수호신 - 크놈 숭배사상을 도입하여 나일강 문화를 창시하였고 후니는 엘레판티네에 왕궁을 건설하여 왕권을 굳건히 했다.

제 4왕조 스네프르는 후니의 후계자인데 그 둘의 관계에 대해선 확실한 고증이 없다. 그의 적통이 아니고 사위로서 왕위에 올랐기에 왕조가 바뀌지 않았을까 하고 추측한다. 그의 집권기간 50년 동안 국가전반에 걸쳐 기반을 든든하게 만들었다. 스네프르의 후계자인 아들 쿠푸는 기자의 대 피라미드를 건설했다. 제데프라왕은 쿠푸왕이 리비아 혈통의 여자를 얻어 낳은 아들인데 적통의 장자, 카우압을 살해하고 왕위에 오른다. 그러나 재위 8년 만에 카우압의 동생 카프라에게 그가 한 것과 비슷한 방법으로 희생된다. 고왕국

---

5) 등받이 없는 장방형의 진흙의자를 뜻하는 말이었는데 지하에 시신을 묻고 그 위에 장방형의 담을 쌓아 그 안에 제사지내는 데에 필요한 부속실을 만들어 놓은 곳이다.
6) 그리스어의 Pyramis에서 유래된 고대 이집트왕의 무덤을 말한다. 이것이 오늘날에는 돌 또는 벽돌로 만들어진 사각뿔의 건조물 모두를 말하기도 한다. 이것은 고대 이집트, 수단 등 동북 아프리카와 멕시코 등지에도 건조되었다.

의 초기 왕실에 급박한 사정은 조선왕조 초기의 「왕자의 난」과 비슷하다.

제대프라왕의 피라미드는 오늘날 아부라와슈라는 마을 근처에 있는데 훼손이 심하다. 19세기 말까지 이 묘역은 이슬람교도 권세가의 채석장이 됐다. 거의 매일 300마리 낙타가 돌을 실어 날랐다니까 그 정황을 짐작하고 남음이 있다. 다음의 카프라왕은 카프라 피라미드와 유명한 스핑크스를 건설한 왕으로서 유명하다. 그 다음의 멘카우라왕은 30년을 집권하면서 멘카우라 피라미드를 건설했으나 왕조의 몰락을 막기엔 역부족이었다. 마지막 왕 셉세스카프는 짧은 집권동안 부왕 멘카우라의 피라미드 건설에 매달리다 말았다.

제5왕조(B.C. 2498~2345)	우세르카프/사후레/네프리르카라/네페레프레/셉세스카라/니우세라/멘카우호르/제드카라/우나스
제6왕조(B.C. 2345~2181)	테티/페피 1세/메렌레 1세/페피 2세

제 4왕조 마지막 왕 셉세스카프가 일찍이 죽자 태양신 신관단의 대 제사장 우세르카프가 제 5왕조를 세우게 된다. 우나스 왕은 사카라의 우나스 피라미드 주인공이다. 그의 사위 테티가 후계자로 등극하니 그가 제 6왕조 창시자다.

중간기(1) (B.C. 2181~2040)	제7~11왕조 멘투호텝1세 외 4명
중왕국시대 (B.C. 2040~1785)	제11왕조 멘투호텝2~4세
	제12왕조 아메넴하트1세~4세
중간기(2) (B.C. 1785~1575)	제13~17왕조 힉소스족 점령

중간기에 들어와 왕권이 쇠약하여 이민족이 침입하고 왕실 간의 알력이 심해 여러 번 왕이 바뀌었다. 테베 지방정권인 멘투호텝의 세력이 강해져 이민족의 세력을 제거하고 제11왕조를 세웠으며 세누셀레트 3세가 다시 상하 이집트를 통일한다. 아메넴하트 3세가 파이윰지방을 개척하는 등 국력을 신장시켰으나 힉소스족의 델타 침입으로 나라가 큰 혼란에 빠진다. 힉소스(Hykso)[7]는 아바리스에서 아바리스[8]왕조를 세우고 그때부터 약 200년 간 하 이집트를 지배한다.

신왕국시대(B.C. 1575~1085)
제18왕조(B.C. 1575~1293) : 아흐모세/아멘호텝1세/투트모세1세/투트모세2세 /핫셉수트여왕/투트모세3세/아멘호텝2세/투트모세4세/아멘호텝3,4세 /스멘크카레/투탕카문/아이/호렘헵
제19왕조(B.C. 1293~1188) : 람세스1세/세티1세/람세스2세/메르네프타 /세티2세외3명제
제20왕조(B.C. 1188~1069) : 세트나크트/람세스 3-11세

상 이집트 테베에서 지방권부 실력자인 카흐모세, 동생 아흐모세는 힉소스를 추방하고 신왕국을 건설했다. 그의 아들 투트모세 1세는 누비야[9]를 정복하고 남쪽 나일강 제3폭포까지 진출하여 국토를 넓혔다.

---

7) 셈족과 인도 유럽어족의 혼혈로 추정한다. BC18세기에 시나이 반도에서 델타유역 동부에 침입해서 아바리스에 성채를 구축하고 나일강 유역에 세력을 확대하였다. 약 215년간 이집트를 점령했다.
8) 힉소스는 나일강 델타 삼각주 동쪽에 있는 하투아레트(그리스어로 아바리스이고 현재는 텔엘다바)에 궁성을 짓고 그들의 주신으로 전쟁과 악을 상징하는 이집트 신 세트를 섬겼다.
9) 현재의 수단 동북부 지역을 말한다.이집트인들이 이지방을 점령하고 이곳 흑인을 Nob(노예)이라고 부른데서 유래했다.누비야는 황금과 석재의 특산지이며 상아, 흑단, 희귀동물을 얻을 수 있어 후대 왕들이 계속하여 관리하였다.

고왕국이 피라미드를 건축한 시대라면 신왕국은 테베(룩소르)에서 신전과 지하무덤을 건축한 시기였다. 신왕국이야말로 고대 이집트에서 가장 눈부신 건축문화 전성시대를 이룩한 시기였다. 이 건축시대는 단연 핫셉수트 여왕이 개문하고 아멘호텝 3세가 발전시켰으며 람세스 2세에서 만개했다. 여왕은 푼트[10]를 원정하여 향료, 나무, 진기한 동식물 등을 국내에 반입했으며 데어엘 바하리에 자기 장제전을 건립하였다. 여왕의 다음 왕인 투트모세 3세는 수십 차례나 출병하여 남으로 푼트지방, 북으로 소 아시아, 그리스, 페르시아 등을 점령하여 이집트 사상 최대로 넓은 강역을 확보하였다. 그래서 이집트의 나폴레옹이란 별명을 얻었다. 아멘호텝 3세는 내치에 힘써 신전을 많이 건립한 왕으로 유명하다. 그러다 보니 신관의 세력이 너무 커져 왕실에 위협이 되었다. 아멘호텝 4세는 신관들의 세력을 꺾기 위해 종교개혁을 일으키다 실패한다. 그 결과 왕권은 신관의 권위에 눌려 그의 아들 투탕카문왕의 비운을 가져오게 된다. 그러나 후대인 람세스 2세의 출현으로 이집트 최강의 시대를 맞는다. 하지만 람세스 3세의 리비아 원정의 실패로 이집트 국력은 급격히 쇠퇴의 길로 접어든다.

참고로 그 후대의 왕조는 다음과 같다.

중간기(3) 제 21~25왕조 (B.C. 1069~B.C. 672)
　　　　　　　　　　에티오피아 왕, 타하르카왕, 피누젬왕 등

후기왕조시대 제 26왕조 (B.C. 672~525)
　　　　　　　　　　프삼티쿠스왕, 네코왕, 아으메스왕 등

---

[10] 홍해 남쪽 해안 그리고 아덴만 연안의 소말리아 지방을 말한다.

제21왕조에서 제26왕조까지는 리비아와 이디오피아 출신이 이집트를 다스렸다. B.C. 1069년 리비아 혈통인 오소르콘이 하 이집트 타니스에서 타니스왕조를 세웠고 리비아 출신인 시사크 1세가 부바스티스에서 제22왕조를 개국했다. B.C. 751년에 이디오피아 출신인 피앙키가 나파타에서 제25왕조를 세우는 등 혼란이 계속되다가 B.C. 672년 앗시리아 아슈르바나팔왕에 의해 테베가 점령된다. 그러나 델타지방의 사이스 출신 프삼메티코스가 그리스 용병과 리비아의 기게스왕의 힘을 빌려 앗시리아를 물리치고 제26왕조를 세운다. 제26왕조 프삼메티코스 1세는 상·하 이집트를 다시 통일하고, 네코 2세는 나일강과 홍해를 연결하는 대운하를 건설하고, 시리아, 팔레스타인을 점령하였으나 바빌론과 카르케미쉬전투에서 대패하여 바빌로니아의 속령이 된다.. 페르시아의 캄비세스왕이 아으메스 2세에게 결혼하기 위해 왕녀를 보내달라고 요청하였으나 아으메스 2세가 가짜 왕녀를 보내는 바람에 페르시아의 보복 피침을 받았다. 이때 카르낙의 아몬 대신전을 비롯하여 그나마 좀 남아 있던 핫셉수트여왕과 람세스 2세의 거대한 석상이 파괴되었다.. 이집트는 이후 2,500년 간 타국의 지배를 받는 비운을 맞게 된다.

페르시아 점령기(1차)	제 27왕조(B.C. 525~405)
중간기(4)	제 28~30왕조(B.C. 405~342)
	넥타네보1세~2세
페르시아 점령기(2차)	제31왕조(B.C. 342~333)와 알렉산드로스의 이집트 점령
프톨레마이오스 왕조시대	(B.C. 333~A.D. 30)

알렉산드로스 그리스 마케도니아왕이 페르시아 속국으로 있는 이집트를 점령했다. 지금까지 이집트는 타 민족에게 점령되었어도 타 민족을 이집트문화에 동화시켜 이집트문화를 존속시킬 수 있었으나 이번에는 쇠락일로의

이집트 문화가 그리스의 찬란한 헬레니즘문화에 동화되게 되었다. 이때의 이집트는 왕실의 권위는 이미 사라졌고 정신적 지주로 남아 있어야 할 신관들마져 그들의 신분과 신전만 보장을 받으면 조국이야 망하든 말든 매국적 민심수습에 앞장섰다. 알렉산드로스 대왕이 신전을 참배한 후로는 그를 새로운 시대의 파라오와 신으로 모셨으니 말이다. 그뒤 포틀레마이오스장군이 왕조를 세운 이후 300여 년이 지나 클레오파트라 여왕의 자살로 이집트의 그리스 시대는 막을 내리게 된다.

로마속주시대	A.D. 30~395
비잔틴/콥트시대	A.D. 395~641
아랍시대	639 사우디 아라비아 이슬람군이 이집트 침략
	641 아므르 빈 알 아스가 이집트 점령. 우마이야 왕조 성립
	750 압바스 왕조, 툴룬 왕조, 이히시드 왕조 성립
	969 파티마 왕조 카이로 건설
	1171 살라딘이 아유브 왕조를 세우다. 카이로 시타델 건설
	1250 마물루크 왕조
오스만 투르크시대	1517 이집트가 오스만 트루크의 속주가 되다.
프랑스 점령	1798 나폴레옹 1세가 이집트 전역을 점령하다.
근대왕조시대	1805 무하마드 알리시대.
	1869 수에즈 운하 개통
영국군 점령	1882~1914 이집트가 영국의 보호령이 되다.
이집트 왕정	1922 술탄 아흐마드 후아드가 독립 선언
	1936 파르크 1세 즉위

이집트 공화국	1952. 7.23 나기브 장군 군사 쿠테타
	1953 공화제
	1954 낫세르 집권
	1956 수에즈 운하 국유화, 이스라엘과 전쟁
	1958~1961 시리아와 통일 아랍 연맹/이스라엘과 전쟁

3 기자 지역의 피라미드

1) 세계 7대 불가사의[11] 쿠푸왕의 대피라미드

피라미드란 그리스어의 Pyramis에서 유래했는데 고대 이집트왕의 무덤을 말한다. 이것은 고대 이집트만 있었던 것은 아니고 수메리아, 앗시리아, 바빌로니아 그리고 여러 메소포타미아 문명에서도 볼 수 있다. 고대 이집트인들은 피라미드를 메르(Mer)라 하고 상형문자로 ▲로 표시했다. 우리가 기자 피라미드를 방문하는 것은 지금부터 4,600년 전 고대 이집트 사람들을 만나러 가는 것이다. 람세스 전철역에서 전철을 타고 기자역에 내렸다. 그전에 마디에 살면서 여기에 왔을 때는 전철도 없었거니와 기자 지구에 집이 그리 많지 않았다. 지금은 인구도 상당한 큰 도시가 되어 있었다. 거기서 미

---

11) 고대 그리스인들이 지중해 주변의 거대한 건축물 7개를 골라 세계 7대 불가사의 건축물로 명명했다. 이집트 쿠푸의 피라미드, 그리스 올림피아의 제우스 신전, 할리카르나수스의 마우솔로스 왕릉, 바빌론의 공중정원, 로도스 섬의 콜로서스 거상, 알렉산드리아의 파로스 등대, 에페수스의 아르테미스 신전이다.

오른쪽으로부터 쿠푸왕, 카프라왕, 멘카우라왕의 피라미드다. 앞쪽의 왼편 모퉁이에 대스핑크스와 스핑크스 신전과 그 옆으로 카프라왕 피라미드 하곡신전이 보인다.

니 버스를 타고 피라미드 뒤 도로에서 하차했다. 거기에도 사람들이 많이 살고 있었다. 담장을 따라 조금 걸어 피라미드 경내에 들어가니 대 피라미드 뒤쪽이었다. 보통은 스핑크스 쪽(나일강 쪽)에서 하차해야 하는데 지금 필자는 서쪽에서 들어갔다. 피라미드 너머로 나일강이 내려다보이고 카이로 시내가 멀리 보인다.

오후 두시의 사막 불볕더위는 대단했다. 현지인들이 권하는 낙타로 피라미드 외곽 길을 둘러볼까도 생각했지만 이 불볕에 견딜 자신이 없었다. 수건으로 얼굴을 싸서 눈만 내 놓고 걸어서 대 피라미드 주위를 한 바퀴 돌아보면서 기반(基盤)암과 그 위에 쌓인 거대한 속돌의 다듬질, 눈금 등을 살펴보았다. 피라미드 속돌 제일 아랫단이 기초석인데 자연석을 그대로 절삭(切削)했다. 속돌 이웃끼리는 생긴 대로 이를 맞추어 줄눈이 거의 없게 하였다.

여기에서 피라미드 단지를 보고 있노라면 외계 어디쯤에 와 있는 것이 아닐까 하는 착각과 문화의 충격을 받는다. 아무것도 없는 광막한 사막에서 웅대한 삼각형 건축물 셋이 앉아 있는 모습이 우선 우리를 압도한다. 각도에 따라서는 여러 개의 삼각형으로 겹쳐지고 변화되는 형태가 현대의 최첨단 대형 설치미술품을 감상하는 듯하다. 삼각형의 단순미가 광대한 사막무대에서 무한한 힘의 아름다움으로 묘사된다. 여기에 초승달이라도 사면(斜面)에 걸리게 되면 아무리 감정이 무딘 여행자도 절로 시(詩) 한 수쯤은 읊어지게 된다.

여기는 연암 평원이다. 옛날에 나일강이 범람해도 홍수가 미치지 않는 바위 언덕이다. 제4왕조의 왕들은 내세의 안식처로써 여기에 「죽은 자의 도시」를 건설했다. 저 아래 스핑크스 앞 피라미드 하곡 신전에 배가 닿을 수 있도록 운하와 접안시설을 두고 이집트 전 지역에서 돌을 채석하여 나일강을

멘카우라왕 피라미드 남쪽에서 바라본 기자의 세 피라미드. 제일 뒤의 것이 대 피라미드이다. 앞의 작은 피라미드는 멘카우라왕비 피라미드다.

통해 여기까지 운반했다.

　대 피라미드는 4,500여 년 전 이집트 고(古)왕국의 쿠푸왕의 무덤으로 알려져 있다. 이 피라미드는 건설과정, 규모, 정확도 그리고 역사상에서 세계 7대 불가사의의 하나로 현존하고 있는 것으로는 유일하다. 필자는 여기 와서 이 피라미드를 볼 때마다 그 말의 의미를 절감한다. 그 시대 사람들의 건설 솜씨라고는 도저히 믿을 수 없는 정교하고도 어마어마한 건축물이라는 것에 놀라지 않을 수 없기 때문이다.

　대 피라미드 앞에 설 때마다 느끼는 것은 왜 이렇게 큰 건축물을 지으려고 했을까 하는 것이다. 한 사람의 무덤치고는 너무 크고 건축술이 정교하기 짝이 없다. 그것은 고대 이집트 사람들의 해와 달 그리고 자연 신에 대한 관계, 사후 세계에 대한 의식구조, 종교관을 이해하지 못하면 필자와 같은 의문을 가질 수밖에 없다. 그 당시 무덤 건축은 당시로써는 왕조의 흥망을 걸고 국가적 대사업으로 간주하였으니 피라미드 건설에 얼마나 정성을 기울였는지, 얼마나 정교한지 다음 수치들을 보면 이해할 수 있다.

- 대 피라미드의 사방 밑변 길이가 거의 같다.
  서쪽 밑변이 230.36m, 북쪽 변이 230.25m, 동쪽 변이 230.39m, 남쪽 밑변이 230.46m이니까 평균해서 230.365m이다.
- 대 피라미드 높이는 146.73m이고 외벽의 기울기 각도가 모두 52도다.
  수천 년 세월이 지나는 동안 꼭대기 마감돌이 떨어져 나가 지금은 137m이다.
- 밑변의 각도 역시 거의 완벽하게 90도를 이루고 있다.
  각도 오차는 북서 코너가 0도 0분 2이고, 북동 코너가 0도 3분 2이다. 남동 코너가 0도 3분 33이고, 남서 코너가 0도 0분 33이라고 하니 이런 대형 석재 건축물로는 오늘날 현대 측량기를 사용한 정도의 정밀도라 할 수 있다.

(1) 우주법칙과 과학문명을 표현

더욱 신기한 것은 이를 구성하고 있는 수치들이 천체의 법칙, 행성 간의 거리, 지구의 규모 등과 놀라우리만치 일치하고 있다는 점이다. 이집트 고대 문명을 소재로 많은 글을 써 책을 낸 영국 그레이엄 핸 콕은 『창세의 수호신』에서 이렇게 내용을 설명하고 있다. 몇 가지만 소개하면 아래와 같다.

- 피라미드 높이와 밑변 길이의 상관관계다.
  네 밑변의 길이를 모두 합하면 높이를 반경으로 하는 원주의 길이가 된다는 것이다. 네 밑변의 합은 230.365m×4=921.46m이고 피라미드 높이를 반경으로 하는 원주도 146.73m×2×3.14=921.46m다. 원주율 3.14는 기원 전 3세기에 그리스의 알키메데스가 발견하기까지는 아무도 모르는 일로 되어 있었는데 그 보다 2천 3백여 년 전에 이것을 어떻게 알아내었을까!
- 피라미드 높이와 지구 반지름과의 상관관계다.
  높이 146.73m의 43,200배는 지구 반지름 6,354km와 거의 같은 6,338km이다.
- 피라미드 밑변과 적도 길이와의 상관관계다.
  네 밑변의 43,200배는 적도 길이 40,067km와 거의 같은 39,807km이다.
- 피라미드 높이와 지구/태양 사이 거리와의 상관관계다.
  높이 146.73m의 10억 배는 지구와 태양사이의 거리와 일치한다.
- 피라미드 무게와 지구 무게와 상관관계다.
  피라미드 무게 5,995,000톤의 100만 배는 지구 무게와 일치한다.
- 피라미드가 지구 북반구의 1/3 지점인 북위 30도에 위치한다.
  북위니 동경이니 적도니 하는 개념은 먼 훗날 천문학자들에 의해 정해졌는데 말이다.

고대 이집트 사람들이 지구의 형태나 크기 등을 알았을 리 만무한데 우연으로 그렇게 되었을까? 그렇지 않다면 이 피라미드는 단지 고대 왕들의 영원불멸의 세계관에서 비롯한 사후 도시건설만을 위한 것이 아니라 우주법칙과 과학문명을 표현하고자 한 것이 아닐까? 필자는 이 시대의 건축공학도로서 신비에 가까운 이런 수치 계산에 어리둥절하다 본론을 망각할 번 한다.

저 큰 석재들을, 저 엄청난 물량들을 어떻게, 무엇으로 들어 올렸을까? 측량기계는 어떤 것을 사용하였기에 길이, 방향, 각도가 저렇게 정확하고 천체 우주를 무대로 그렇게 설정하였을까? 피라미드 탐사작업에 헌신했던 독일 고고학자 부르하르트가 피라미드 터를 측량하고 방위를 잡는데 어떤 도구를 사용했는가를 연구했다. 현지 고고학 발굴 전문가로부터 설명을 들었지만 그 방법을 이해하기조차 어렵다. 무덤 하나에도 그렇게 정밀한 시공을 했다면 건축시공에 대한 일반시방이 있었을 것이다. 평생을 건축 시공을 천직으로 살아 온 필자에게는 보고 또 보고 생각해 볼수록 미스테리를 넘어 경악(驚愕)을 금할 수 없었다.

당초에는 피라미드 표면에 마름질이 잘 된 외장용 투라(카이로 근교에 있

현장에서 발굴하여 별도로 전시해 놓은 피라미드 꼭대기 마감돌인 피라미디온의 모습. 낙타와 그 크기가 잘 비교된다.

는 석회암 산지) 석회암으로 덮여 있었지만, 이집트 지진 때 마감돌이 아래로 무너져 내렸다 한다. 훗날 이슬람 시대에서 이 마감돌을 뜯어가 술탄의 무덤, 사원이나 궁전을 건설할 때 써버렸다. 지금은 속돌(心材, Core석)만 남아 있고 마감돌은 하나도 남아 있지 않다.

14세기 아랍인 여행자의 한 기록을 보면 대 피라미드의 외벽 표면이 이집트의 강한 햇살에 눈이 부셨다고 하였다. 돌 하나의 크기가 1.5m 정도의 큰 석재를 52도의 경사면에 붙였는데 피라미드 전체가 한 장의 석판과 같이 정교하였다는 말이다. 지금 피라미드 주위 바닥에 피라미드 꼭대기에 있었던 피라미디온[12] 마감돌을 전시해 놓았는데 이것을 보면 이 사실을 유추할 수 있다. 줄눈 폭이 평균 0.5m/m이라니!

오늘 날 벽체 앙카링 시스템[13](Anchoring System)으로 사방 1m 정도의 30mm 두께 돌 판재를 건물 벽에 수직으로 붙이는데 줄눈 폭이 4~6mm이다. 그 앙카링 시스템의 수명이 다하면 마감돌의 수명도 다한다. 그러나 영원히 존재하려는 기념 건축물 피라미드는 석재 전체를 완전히 밀착시켜 전 마감돌을 한 돌처럼 연결하여 놓았다.

그러한 역사적 건축물을 보존과 복원은 고사하고 그 석재를 뜯어내어 회교사원 건축자재로 사용하였다니! 죽음의 의식을 통하여 영원한 현재로 남으려고 했던 고대 이집트인들의 소망을 무참히 파괴한 현대인들의 문명 이기주의에 통탄할 길 밖에 없다.

(2) 피라미드는 천혜의 자연암반 위에 건설

피라미드는 별도로 기초를 만든 것이 아니라 나일 강변에 위치한 천혜의

---

[12] 피라미드의 맨 꼭대기, 맨 마지막에 올리게 되는 이 구조물은 아주 단단한 석재를 썼다. 오벨리스크의 첨탑도 피라미디온이라 한다.
[13] ㄴ자 모양의 대철(帶鐵)로 구조물에 돌을 단단하게 연결하는 공법

자연암반 위에 세워졌다. 그 암반은 그냥 편편한 것이 아니고 최고 9m 높이의 언덕이 기초바닥의 70% 정도나 넓게 분포되어 있었다. 기반 암석을 여러 계단으로 절삭(切削)하여 그 위에 속돌(心材)을 얹어 고정시켰다는 뜻이다. 절삭된 기반(基盤)암이 대 피라미드의 꽂음촉[14]이 되어 지반과 상부 구조를 지탱하도록 일체화시켜 수많은 지진에도 끄떡하지 않고 5,000년을 견뎌온 것이다. 피라미드 제일 아랫단을 자세히 보면 기반암에 속돌을 얹거나 끼워 서로 물고 있는 것을 알 수 있다.

그 당시 왕가의 묘역인 네크로폴리스[15]가 다슈르에 있었는데 쿠푸 왕이 기자를 피라미드 적지(適地)로 선택한 데는 매우 사려 깊고 그만한 이유가 있었다고 여겨진다. 다슈르에는 공간의 여지가 그렇게 많지 않았고 점판암 지반에 대한 불안, 그리고 그 주위에서 석회암을 충분히 확보할 수 없었기 때문이었을 것이다.

이왕 여기까지 왔는데 피라미드 정상에 한번 올라가볼 수 없을까 하는 호기심이 발동한다. 올라가기도 어렵지만 그 전에 한번 시도를 했다가 경비원들이 안된다고 하여 포기한 적이 있었기 때문에 감히 마음을 내지 못했다. 안내원의 말로는 옛날엔 많은 탐험가들이 올라갔다. 독일의 렙시우스도 1843년 독일 탐사대를 이끌고 꼭대기에 올라갔다. 먼저 올라간 여행자들처럼 돌에 이름을 새기고 독일 국기를 꽂은 적이 있었다고 한다.

거기에는 정사각형 공지가 반반하게 있었는데 석재 블록을 놓다 그만둔 것인지, 놓여 있던 석재를 어디에 옮긴 것인지 하여간 꼭대기가 없어진 것이다. 꼭대기에서 7단(9.73m)의 석재가 없어졌는데 이게 어디로 갔을까? 처음부터 시공하다 그만둔 것일까? 아니면 무슨 힘에 의하여 옮겨진 것일까?

---

14) 두 석재를 상하, 수평으로 이을 때 양쪽 돌에 이음용 철재로 직경 6~10mm의 철제 환봉
15) 고대 도시 가까운 곳의 공동묘지

그런데 대 피라미드 옆에 설명용으로 만들어 놓은 마감돌은 꼭대기의 피라미디온 석회석이다. 그렇다면 꼭대기 7단의 속돌이 시공되었고 무슨 힘에 의해 옮겨졌다는 이야기가 된다. 더욱이 마감돌이 이 근방에서 발굴되었다고 한다면 지진이나 어떤 힘에 의해 추락하여 땅속에 묻혔다고 볼 수 있다. 그런데 저렇게 멀쩡할까? 아니 처음부터 모두 준비만 하고 아예 올리지 않았을까? 의문은 끝이 없다.

대 피라미드 내부를 들어가자면 피라미드 관리사무실 앞에서 별도의 입장권을 사야 한다. 필자는 그전에 피라미드 속을 수 차 들어가 본 적이 있으나 20년이 지난 지금은 어떠한 지 궁금했다. 서둘러 카메라를 맡기고 피라미

기반암과 속돌. 필자의 발, 손, 그리고 오른쪽 뒤 흰 돌은 기반암을 깎은 돌이고 약간 검은 돌은 속돌을 가공하여 얹은 것이다. 대 피라미드 기초는 기반암을 그대로 절삭한 것을 현장에서 볼 수 있다.

피라미드입구. 가운데 ∧자 보가 있는 구멍이 본래 피라미드 입구이나 완전히 막아 놓았다. 그 밑으로 사람들이 들어가고 있는 곳이 도굴꾼이 뚫어놓은 피라미드 입구로 지금 관광객이 이 굴을 통해 출입하고 있다. 이 사진에서 우리는 피라미드 마감돌의 수와 규모를 짐작할 수 있다.

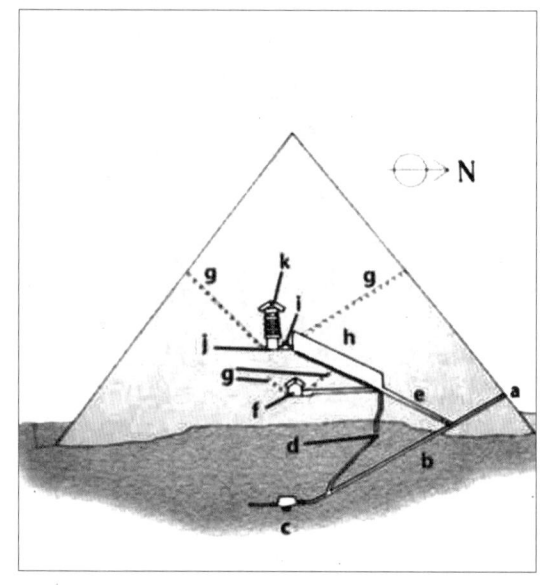

쿠푸왕 피라미드 단면도.
 a : 당초 피라미드 입구, b : 지하방으로 내려가는 통로, c : 지하방, d : 작업통로, e : 올라가는 통로, f : 여왕의 방, g : 통기구, h : 대회랑, j : 왕의 방, k : 다락 방 weight relief chamber 그리고 피라미드 기초가 불룩한 것은 9m 높이의 언덕이기 때문이다.

드 입구 앞에 섰다. 지금 우리가 들어가려고 선 입구는 도굴꾼이 만들어 놓은 곳이다. 옛 도굴꾼 덕분으로 피라미드를 관광하게 된 셈이다.

　서기 818년 알 마문이라는 아랍의 이집트 통치자가 아주 노골적으로 대 피라미드를 도굴하려고 이 입구를 뚫었다. 그는 궁핍한 재정을 보충하기 위해 남의 민족 왕 무덤을 파헤친 도굴꾼임에 틀림없다. 그렇게 해서 왕의 방, 여왕의 방, 지하의 방에 들어가 샅샅이 뒤져보았으나 석관 하나가 있을 뿐 비문도, 보물도, 사체도 돈 될 만한 것은 아무것도 없었다고 한다. 이미 천수백 년 전에 도굴꾼이 먼저 다녀갔다는 것이다.

　원래 입구는 지금 관광객이 드나드는 입구보다 7m 정도 위에, 또 남북 축에서 동쪽으로 7m 정도 비켜나 있었다. 큰 돌 두 개가 겹∧자 모양으로 기대면서 밑에 1m 정도의 입구를 만들었는데 입구는 돌로 완전히 막혀져 있다. 알 마문 일행이 원 입구 위치를 알고도 너무 높아 지금의 입구를 일부러 뚫었을까? 외부에서 올라가는 통로까지 최단거리로 아주 정확하게 입구를 찾아 한사람이 근근이 들어갈 수 있을 만큼 굴을 뚫었다. 상하, 좌우 각도가 여간 정확치 않고서는 지금의 입구 위치를 계산해내기가 어려웠을 텐데 말이다.

　이제 마문의 굴[16]을 통해 대 피라미드 안으로 들어가 보자. 입구에서부터 바닥은 어느 정도 편평하지만 옆과 위가 울퉁불퉁한 터널이 약 10m 정도 이어진다. 머리에 손을 얹고 허리를 구부리고 들어가면 경사로와 만나는 교차 지점에 이른다. 이 경사로는 원 입구에서 지하방으로 내려가는 통로이다. 통로 양쪽을 철로 된 망으로 막아 놓았으니 일반 관광객은 이를 잘 보지 못한다. 이 교차점에서 통로 벽을 더 뚫었다. 이 터널을 칼리프 마문이 뚫었다 해서 '마문의 굴'이라 부른다. 이 교차점을 지나 방향을 윗쪽으로 잡고 터널을

---

16) 대 피라미드 올라가는 통로에 진입하기 위해 마문 일행이 뚫은 터널

올라가면 경사 26도의 올라가는 통로와 옆으로 합쳐진다.

　원래는 마문의 굴과 경사로와의 교차지점에서 천장에 있는 구멍으로 들어가야 올라가는 통로에 들어서게 되어 있었다. 지금 이 천장 구멍을 두개의 붉은 화강석으로 막아 놓았다. 아무도 무덤 가까이 들어가지 못하게 한 것이다. 돌로 막은 것은 당초부터 계획된 것이다. 천장 구멍을 막아 놓은 저 돌은 누가 설치했을까? 왕의 장례를 마치고 모두 이 천장 구멍을 빠져 나간 후 저 돌을 막고는 어떻게 탈출했을까? 그도 아니라면 우리가 상상하지 못하는 다른 방법이 있었는지 모른다. 피라미드가 전문이라는 한국인 안내원으로부터 이에 대한 그럴듯한 해답을 얻었다. '왕묘 의식이 모두 끝난 후 인부들이 큰 돌로 막았다. 그리고 인부들은 대회랑 아래에 위치한 작업통로를 통해 빠져 나올 수 있었다' 는 것이다. 도굴꾼 마문 일행은 그 작업통로를 발견하지 못했고 또 천장의 저 돌을 치우려고 갖은 노력을 했지만 꿈쩍도 안했다. 어쩌지 못해 이렇게 벽에 터널을 뚫어 올라가는 통로에 진입할 수 있었다. 그렇다면 그보다 한발 앞선 도굴꾼은 어떻게 올라갔으며 그 많은 부장품을 어떻게 반출했을까? 혹시 그 인부들이 먼저 도굴꾼과 내통한 것은 아닐까?

　하여간 필자는 마문 일행이 뚫은 마문의 굴을 지금 통과해서 올라가는 통로에 들어섰다. 그 전에는 캄캄한 좁은 통로를 포복하듯 올라갔다. 그 먼지 투성이 바닥을 사람마다 제 옷으로 닦은 셈이다. 그 생각이 나서 이번에 필자는 작업복으로 갈아입고 큰 안전용 손전등을 갖고 갔다. 그런데 지금은 조명이 잘 되어 있고 돌바닥에 나무 판재를 깔아놓아 허리만 구부려 힘 안들이고 통과할 수 있었다.

　올라가는 통로 크기는 폭이 1.04m, 높이 1.19m 이다. 머리가 돌 천장에 부딪히지 않게 허리를 굽히고 무릎을 접고, 오리걸음을 하며 올라갔다. 올라가는 통로는 39.3m 길이이고 26도 경사인데 이는 외벽 기울기 52도의 꼭 절반이다. 벽 하단부에 받침대와 27개의 바닥 구멍과 벽감(壁龕)[17]이 있다.

드디어 피라미드 대회랑(大回廊 Grand Gallery)에 이르렀다. 대회랑은 구조해석 면에서, 시공, 설계 면에서 걸작품이라고 고고학자들이 찬탄해 마지않는 곳이다. 우선 올라오는 통로에 비하여 넓고 조명도 환해서 좋다. 바닥 경사는 여전히 26도이지만 천장(8.53m 높이)이 높다. 대 회랑의 폭이 다른 통로보다 2배인 2.08m이고 길이는 46.5m다. 대 회랑의 양쪽 벽면 밑에 야트막한 받침대(0.52m

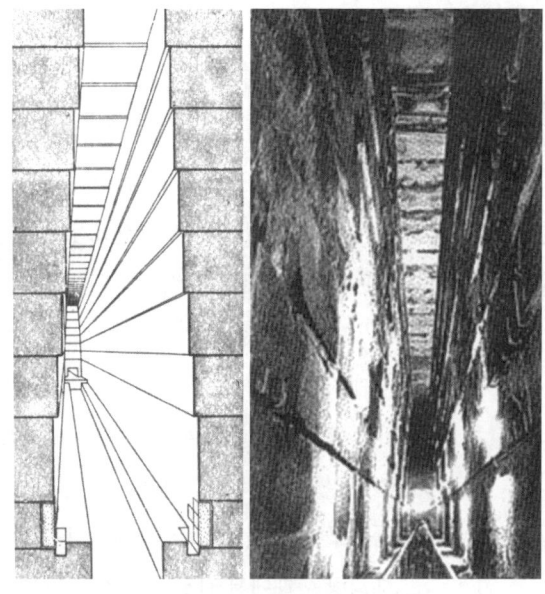

대회랑, 길이가 46.5m, 높이가 8.53m 되는 회랑의 양쪽 벽은 코벨 벽이다. 벽 하단부에 받침대와 27개의 바닥 구멍과 벽감이 있다. 왼쪽은 대회랑의 투시도이다.

폭)가 회랑 길이로 에어컨 박스처럼 길게 뻗어있다. 받침대에 27개의 4각 구멍이 뚫려 있고 벽에 인접하여 같은 수의 작은 벽감(길이 0.48m, 높이 0.24m, 깊이 0.12m)이 있었다. 바닥, 벽, 천장 모두 크고 붉은 화강암인데 잔다듬처럼 부드럽다. 대회랑의 양 벽은 소위 코벨 벽(Corbelled Wall)[18]으로 되어 있다. 이는 석재를 밖으로 내 쌓는 방법인데 회랑 안쪽으로 큰 벽석 7장을 매장마다 정확하게 7cm 튀어나오게 쌓아 천장에서 회랑 폭을 다시 1.04m 되게 하였다. 벽 상단 도리에는 톱니 마감을 하였고 천장(폭 1.04m,

---

17) 서양건축에서 니치(Niche)라고 하는데 장식을 목적으로 벽면을 오목하게 파서 만든 시설. 보통 반원형으로 그 안에 장식품이나 기념품을 얹는다.
18) 조적조에서 벽을 한 단 한 단씩 밖으로 내 쌓아 위로 갈수록 통로의 폭을 좁혀 쌓는 공법을 말한다.

길이 46.5m)에는 화강석 판재 (폭 1.6m, 길이 1.64m) 40장을 덮었다. 코벨 벽으로 한 것은 천장 판재 길이를 최소화하여 석재의 변형이 없게 함인데도 실제는 천장 돌 하나가 금이 가 있었다.

그런데 대회랑 용도가 대체 무엇이기에 이렇게 정밀하게 시공했을까? 단지 여왕의 방과 왕의 방을 연결하기 위한 통로로 사용하기 위함은 아닐 것이다. 에어콘 박스 같다는 받침대와 구멍들, 그리고 작은 벽감의 용도가 무엇인지? 이에 대해서 명백히 밝혀진 것이 전혀 없다. 한양대 건축과 교수였던 박 학재 교수는 그의 저서 『서양 건축사 정론』에서 '대회랑은 사자를 위한 공양의식 때 예배자들이 사용한 홀이고 받침대 구멍과 작은 벽감은 등화용 기름단지' 라는 것이다. 그러고 보면 통로를 넓히고 높였을 뿐 아니라 벽 상부에 통풍구를 둔 것을 보면 박 교수의 주장이 그를 듯하다.

대회랑 아래에서 관광객을 위해 임시로 설치한 나무 계단을 딛고 올라가 왕의 방 전실에 도달했다. 전실은 당초 큰 석판 3장이 최후의 침입자를 막고 있었는데 지금은 관광객을 위해 치워졌다. 이 장애물은 아차하는 순간 3장이 동시에 낙하하도록 밧줄과 활차를 이용해 매달아 놓았었다. 당초 마문의 굴 입구 천장과 여기 두 곳에 차단 시설을 해 둔 것이다. 그렇다면 여기에 걸려든 도굴꾼의 운명은 어떻게 되었단 말인가? 이를 알고 피했단 말인가? 어떻게 피했을까? 미스테리가 너무 많다.

왕의 방은 피라미드 바닥으로부터 46m 높이에 있는 폭이 5.23m, 길이 10.46m, 높이가 5.81m의 붉은 화강암 석실이었다. 서쪽에 붉은 석관 하나가 뚜껑 없이 남북으로 놓여 있고 아무것도 볼만한 게 없다. 석관의 길이가 2.24m, 폭이 0.96m인 것으로 봐서 피라미드 건설중에 설치된 것 같다. 그런데 그 안에 미라는 어디로 갔을까? 미라가 없어졌다면 혹시 도굴자의 소행이 아닐까? 저 석관도 무언가 의문이다. 왜냐하면 이렇게 웅장한 피라미드 안에 설치한 왕의 석관치고는 너무 단순하고 조촐한 모습이기 때문이다.

이것은 진짜가 아닐는지 모른다. 진짜가 올 때까지 임시로 놓은 석관이 아닐까! 왕의 방 천장을 커다란 판석 9장으로 덮었다. 전체 무게가 400톤이 넘는다고 한다. 돌 한장 무게는 400톤÷9장=약 45톤 무게다. 대단한 무게다. 간단히 계산해서 위에 얹은 돌 두께는 45톤÷(6m×1.2m×2.5톤/m3)=2.5m 정도 된다.

천장을 덮은 석재는 6m 길이에 1.162m 폭이고 높이가 2.5m되는 어마어마한 크기다. 돌의 성질로 봐서 5.23m 걸침이라면 휨(deflection)이 발생할 수 있는데 4,500여 년을 굳건히 견딘 셈이다. 그것에 대한 비밀은 천장 판석 위로 하중

7.5cm 높이의 상아로 된 쿠푸왕의 상

(荷重)이 실리지 않고 천장 단부에만 하중이 실리게 하는 다락 방 5개 층을 둔 것이다. 1837년 영국의 고고학자 바이스(Howard Vyse)와 페링(John Perring)이 처음으로 천장 위 다락방(무게를 덜어주는 장치, Weight Relief Chamber)에 들어갔다. 5층 다락방 제일 위층은 ∧자보 천장인데「왕의 방」바닥에서 21m 높이에 있었다. 제일 위층 방 벽에 인부들이 새긴 것으로 보이는 낙서를 발견했는데 쿠푸왕의 붉은 카르투쉬[19]와 이름 그리고 통치기간을 새겨 놓았다. 피라미드 안에서 무덤 주인의 카르투쉬와 이름이 발견된 것

---

19) 카르투쉬(cartouche)란 프랑스 말로 탄약통이란 뜻의 단어 cartridge의 변형이다. 나폴레옹이 데리고 온 프랑스 포병들의 무식한 눈에는 신전 곳곳에 새겨 있는 독특한 타원형의 테두리가 마치 탄약통과 닮았다 해서 카르투쉬란 이름을 붙였는데 그게 정식명칭이 되었다. 카르투쉬는 태양 신 라(매의 얼굴을 하고 머리에 태양 원반을 쓴 사람으로 표현된다.)가 왕을 감싸고 있다는 상징적 의미를 지닌다. I자에 타원형 테두리를 붙인 것이고 그 안에 왕의 이름을 상형문자로 새겨 놓았다.

은 이것이 유일하다.

피라미드 무덤 주인의 석상이 무덤 안에서 발견되곤 했는데 유독 쿠푸왕의 것이 발견되지 않고 있다. 왕의 방에 있는 보잘 것 없는 석관으로 봐서 쿠푸왕은 결국 여기에 묻히지 못했는지 모른다. 그런데 무덤에서는 아니지만 그의 조각상 하나를 엉뚱한 곳에서 그리고 극적으로 발견했다. 그것은 상아로 된 아주 진귀한 조각상이었다. 서기 1903년 피트리가 아비도스에 있는 우시르 신전을 발굴하면서 옥좌에 앉아 있는 아주 작은 조각상 반 토막을 발견했는데 처음에는 머리가 떨어져 나가고 없어 누구의 것인지 몰랐다. 조각상의 하체에 새겨진 카르투쉬와 상형문자가 쿠푸왕의 것이라는 것을 읽고는 눈이 번쩍 띄었다. 하루 종일 나머지 반 토막을 찾느라 그 근방을 헤맸으나 찾을 수 없었다. 그때까지 파낸 흙더미를 다시 뒤지도록 했다. 틀림없이 발굴도중 곡괭이에 맞았을 거라고 짐작했기 때문이다. 그는 조각상의 머리를 발견한 사람에게 현상금을 걸었다. 흙더미를 뒤집고 채를 쳐 가면서 난리 법석을 뜬지 3주 만에 찾아낸 것이다.

왕의 방 벽에 조그마한 환기용 구멍이 2개 보인다. 구멍은 20×20cm 정도 크기다. 그리고는 아무것도 없다. 고대 무덤이라면 흔히 볼 수 있는 벽화도 하나 없다.

이 구멍은 원래 막혀 있는 것처럼 위장된 것을 1872년 영국의 딕슨이 발견했다. 이 구멍이 환기용이 아니라 사자의 영혼이 작은 구멍을 통해서 꼭지로 올라가 태양신을 만나도록 설계된 것이라고 카이로 고고학 팀이 주장했다. 그래서 독일 고고학 연구소의 부탁을 받은 루돌프 간텐브링그는 1993년 비디오 카메라를 장착한 로봇을 특별 제작하여 이 구멍 안을 탐사했는데 구멍 끝이 밖에까지 뚫리지 못하고 돌에 막혀 있었고 거기에 심하게 부식된 구리조각이 두 개 달려 있었다는 것이다. 그 지점과 피라미드 외벽 사이는 6m 거리를 두고 말이다.

이렇게 되고 보니 통풍구라고 주장하는 말은 쏙 기어 들어갔다. 카이로 고고학 팀의 주장이 힘을 얻게 되었다. "그들은 이 구멍이 영혼의 숨통이다. 파라오의 영혼이 '북녘하늘'로 올라가 꺼지지 않는 주극성이 되고 동시에 남녘의 '빛의 나라'로 올라가기 위한 통로다. 묘실이 입구 보다 높은 위치에 있어 영혼이 밖으로 나가려면 밑으로 내려갔다가 다시 올라가려면 매우 번거롭다. 그래서 파라오의 영혼이 거침없이 하늘로 올라가도록 배려한 것"이라고 주장했다. 그러나 그 구멍이 외부와 완전히 막혔다면 영혼의 숨구멍이라는 주장도 통풍구라는 주장과 다를 바 없다. 여러 의견이 있었지만 그래도 통풍구라는 의견이 더 설득력이 있다. 이런 밀폐된 공간에서 작업하는 노동자나 장례를 치르는 경우를 생각한다면 석재 틈새를 통한 자연 급배기에 더하여 별도의 통풍구를 두고자 했을 것이다. 이 구멍들이 정확히 별을 향하고 있다는 주장도 바람이 북쪽에서 불어오는 것을 감안한다면 남북 축을 고려한 것은 전혀 이상할 게 없다.

(3) 왕의 방과 비밀 다락방(Weigt Relief Chamber)

왕의 방 상부를 덮기 위해 폭 1.162m의 석판 9장을 천장에 올려놓았는데 걸침길이가 5.23m이니까 석재 널 길이는 최소한 6m는 될 것이다. 천장석재 위에 하중이 놓인다면 밴딩 모멘트(bending moment)[20]에 약한 석재 중앙에 분명히 변형(Deflection)이 생긴다. 그래서 고대 이집트 건축 기술자들은 천장 석재에 다른 하중이 전혀 전달되지 않는 방법을 생각했다. 그것은 천장 상부에 ∧자 보를 설치하여 상부의 모든 하중을 튼튼한 인근 벽이나 기둥에 전달하는 것이다. 그 방법이라면 1층만 해도 될 텐데 왜 5층을 올렸을까? 그들은 천장방 인근 벽의 한쪽에 대회랑이 있어 이 석벽이 ∧자 보를 지

---

20) 횡가재(橫架材, 보, beam 등) 단면에 생기는 휨 응력

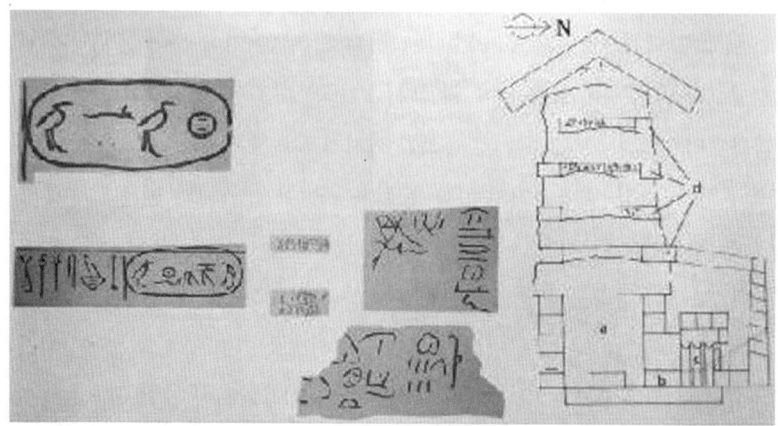

왼편 위쪽 쿠푸왕의 카르투쉬와 오른쪽 왕의 방 천장 단면도: a : 왕의 방, b : 전실, c : 차단시설, d : 다락방.
왼쪽 쿠푸왕의 카르투쉬 아래는 인부들이 카르투쉬를 모방하여 낙서를 한 것이다.

지해 줄 수 있는 튼튼한 버팀벽이 되지 못한다는 것을 발견했다. 그래서 천장방을 5층으로 올려 대회랑 위에서 튼튼한 석벽을 찾은 것으로 이해된다. 그들의 구조문제에 대한 고심을 읽을 수 있는 대목이다.

그런데 바이스와 페링은 어떻게 천장 위로 올라갔을까? 왕의 방에서는 사방천지 돌로 막혀 있고 올라간 표식이 전혀 없었다. 전실에서도 가능한 것 같지 않았다. 대회랑 위로 천장이나 벽을 살펴보았으나 그런 흔적을 발견하지 못했는데 카이로 고고학 박물관 안내원의 설명에 의하면 대회랑 상부 벽에서 터널을 뚫었다고 했다. 화강암이 하도 단단해서 약한 폭약을 사용하기까지 해서 다락방 1층 벽으로 진입했다는 것이다.

왕의 방을 나와 대 회랑 상단에 서면 이 지점이 피라미드 꼭대기 축선이 된다. 이제 대회랑을 내려와서 철책으로 막아놓은 여왕의 방 안을 들여다보면 39.3m 길이의 수평통로 끝에 여왕의 방이 어슴푸레 보인다. 수평통로의 크기도 올라가는 통로와 같다. 여왕의 방위치도 피라미드 꼭짓점 직하(直下)에 있다. 옛날에 들어간 기억으로는 거기 역시 아무것도 없었다. 다만 방 크기가 왕의 방보다 반 정도 되는 5.74×5.23m이고 높이가 6.22m 였다. 동쪽 벽에 4.5m 높이의 벽감이 있었는데 여기는 아마도 쿠푸왕의 조상이 있었을 것이다. 이 방의 전실이 여왕의 방 바닥보다 60cm 낮은 것은 아마도 침입자를 막는 차단시설을 계획하려다 변경되었을 것이다. 이 방이 과연 여왕의 방이냐 하는 의문을 제기하는 학자가 있었다. 그것은 이 방에 사자용 석관이 없기 때문에 지하 방처럼 왕이 피라미드 완공 전에 급서라도 하는 경우를 상정하여 비상 묘실로 만들어 놓았지 않았을까 하는 주장이었다.

여기서 다시 대 회랑으로 나오면 바닥에서 아래로 내려갈 수 있는 구멍을 막은 석판이 있으나 임시 계단시설 때문에 일반 사람들은 잘 알 수 없다. 이것이 피라미드 원 입구에서 지하의 방으로 '내려가는 통로'에 연결된 작업통로이다. 인부들이 마문의 굴 천장을 마지막으로 막고 밖으로 나올 수 있었던 것은 이 길을 통해서라고 안내원이 설명한 바 있었다. 그런데 최근의 탐사 결과 보고서는 이 작업통로 끝이 지하방으로 '내려가는 통로'와 가까이 있긴 하지만 막혀 있다는 것이다. 석회암 파편과 모래로 일부러 막아 놓았다는 것이다. 이것은 작업 인부들이 마문의 굴 천장을 막고 작업통로를 통하여 탈출할 수 있었다는 설명, 그리고 이 통로가 근로자들의 작업통로일 것이라는 주장, 통풍구라는 주장 등, 이 통로가 무엇인지에 대한 그 동안의 설명을 근본적으로 뒤집는 것이다. 그래서 마문 일행도 이 통로입구를 발견하지 못하였든 것이다. 마문의 굴 천장에서 올라가는 통로를 막은 미스테리는 이제 원점으로 돌아갔다. 대회랑에서 마문의 굴로 다시 내려왔다. 거기에 지하의 방으로 '내려가는 통로' 길을 막은 쇠창살이 있었다. 지하의 방은 지금은 출입불가 구역이다. 옛날에는 출입제한 구역이라 여기를 내려가려면 특별 팁을 듬뿍 쥐어주어야 했었.

지하의 방은 피라미드 원 입구에서 마문의 굴 입구를 지나 '내려가는 통로'로 계속 내려가야 한다. 이 통로의 크기는 올라가는 통로와 같고 경사 역시 26도이며 길이는 원 입구에서 106.7m이다. 처음은 조적 석벽이지만 곧 기반 암굴(cave)로 이어진다. 내려가는 통로 벽석의 면다듬기, 각도 등의 시공 정밀도가 대회랑 수준이었다. 이 지하의 방으로 들어가는 마지막 입구-전실이 너무 낮아 사람이 윗포복으로 들어가야 근근이 통과할 수 있었다. 지하의 방은 지면에서 30m 아래에, 그리고 피라미드 정점 수직 아래에 위치한다. 여기저기 파다말고 마감하지 않은 것으로 봐서 건설하다 중단된 것 같았다. 지금까지 이 방을 무엇 때문에 만들었는지는 아직 확실하지 않으나 피라미드가 완성되기 전에 왕이 죽을 경우를 대비한 비상 묘실일 것이라 짐작하는 정도다. 필자는 지하방보다 대 피라미드 지반 기초를 본 것에 더 의의를 두었었다. 현대의 건물기초는 아무리 잘 해도 연간 수 센티미터의 침강이 있는데 이렇게 오랜 세월에도 별로 눈에 띄지 않을 정도라면 완벽한 기초라 할 수 있다.

나는 여기서 피라미드 통로의 크기와 각도가 모두 통일된 점에 주목했다. 각도는 올라가는 것이나 내려가는 것이나 모두 26도이고 크기도 같은 1.04m×1.19m인 것은 피라미드의 크기와 외벽 각 52도에 근거를 두고 있어 보인다. 그리고 내부통로의 경사각이 외벽 경사각의 반이 된 것도 조세르 왕 피라미드 이후 일반화 된 것 같다.

마문의 굴에서 대회랑으로 올라가는 통로와 지하로 내려가는 통로와의 각도를 외벽의 52도와 같게 해서 왕의 방이 피라미드의 중심(重心)에 그리고 지상에서 46m 위에 위치하게 했다. 여기에도 무언가 수치의 원리와 법칙이 있지 않았겠느냐 하는 생각이 든다. 피라미드는 이 외도 알 수 없는 것이 너무 많다. 지금도 끊임없이 연구하고 조사가 진행되고 있으며 또 새로운 것이 발견되고 있다. 하지만 피라미드의 전체의 모든 신비가 다 밝혀지는 날은 아주 먼 훗날이 될지 모른다.

(4) 피라미드에 대한 여러 학설과 주장들

피라미드를 본격적으로 조사하기 시작한 것은 나폴레옹의 이집트 침공 (1798년) 이후라고 한다. 이집트 침공에 참가한 학자, 기술자, 예술가, 화가 등 비전투원이 조사한 자료를 정리하여 『이집트기』를 발간했는데 이를 본 프랑스를 비롯한 유럽사회의 충격은 대단했다. 그들은 고대 그리스, 로마 문화만 보다가 그 보다 더 오래되고 더 우수한 5,000년 전의 고대 이집트 문화를 접하고는 눈을 의심할 정도였다.

프랑스 나폴레옹이 이집트를 점령한 직후 1800년대에는 이집트 고고학 외 피라미드학이라는 학과가 생겼다. 여기서 피라미드만 전문으로 연구해서 신비에 쌓인 많은 것을 발표하였다. 그러나 근거 없는 것도 많아 피라미드에 관한 신비를 더해 주었다. 기자의 피라미드 안에서 미라를 발견한 것도 아니고 그렇다고 벽화나 문헌이 남아있는 것도 아니어서 이런 여러 주장이 빈번했다. 그 중 재미있는 몇 가지를 소개하면 이렇다.

- 피라미디온(피라미드 꼭대기)에서 천체를 관측했다는 설(說)이다. 지금 꼭대기에 7단의 석재가 없고 편편한데 피라미드 위가 확 틔어서 밤하늘의 별들을 관측하기에 매우 좋기도 했을 것 같다. 그것이 사실이라면 앞에서 필자가 의문을 재기했던 피라미디온에 대한 수수께끼도 해결된다. 그러나 거기까지 어떻게 올라간단 말인가?
- 대 피라미드는 우주인의 지구 기지였다는 주장이다. 한때는 피라미드가 신에 의해 만들어졌다고 하다가 우주인이 지구로 들어오는 비행체 착륙 기지로 피라미드를 건설했다고 발전했다. 고도의 건축 기술 때문인지 모른다.
- 피라미드 안의 현실(玄室)에는 불가사의한 우주의 힘이 작용한다고 주장한다. 다른 피라미드에서는 현실이 지상에 있거나 지하에 있는데 유독 대 피라미드만이 피라미드 중심(重心)에 위치해 있다. 유리로 된 모형 피라미드를 만들어 어둠 속

에서 전등을 비춘 실험결과 빛이 한 점에 모였는데 그 점이 바로 왕의 방이 있는 지점이라고 했다. 거기에서 생체가 부패하지 않고 식물의 발육이 빠른 것은 우주로부터 오는 X선이나 감마선을 피라미드가 프리즘이 되어 불가사의한 힘이 집중적으로 중심에서 받아지기 때문이라는 것이다.

- 피라미드가 고대 이집트 과학을 집대성한 작품이라는 주장
- 피라미드의 밑변이 정확하게 동서남북을 가리키기 때문에 해시계라는 주장
- 대 피라미드는 지구의 축소판 모형이라고 주장하면서 피라미드 꼭지가 북극이고 밑변이 적도를 의미한다는 것이다.
- 또 세례 장소라는 주장도 있다. 대회랑은 인간과 신이 만날 수 있는 가장 적합한 장소라는 것이다.
- 또 대 피라미드의 오르내리는 통로는 인류의 장래를 예측한 연대 표시판이라는 설이다. 거기에는 서기 2444년에 지구의 멸망이 온다는 것이다. 별 주장이 다 쏟아졌다. 이 또한 믿거나 말거나 일 것이다.
- 그것보다는 파라오의 영혼이 피라미드 꼭대기에 올라가 태양을 만나 죽은 자들의 신 가운데 최고의 신인 오시리스(Osiris) 신[21]이 되어 다시 왕의 방으로 회귀하여 영원한 생명을 얻어 부활한다는 고대 이집트의 믿음이 진실이라는 주장도 나왔다.

(5) 피라미드는 어떻게 시공했을까?

그러나 필자는 그런 것보다 이 피라미드 시공물량에 대한 엄청난 사실에 현기증을 느낀다. 하나의 밑변이 230.365m, 높이가 146.73m의 4각 뿔이

---

21) 죽은 자들의 신, 명계의 신으로 고대 이집트 전역에서 숭배 받았다. 땅의 신 게브와 하늘의 여신 누트의 첫째 아들로 태어나 왕이 되었으나 동생인 악의 신 세트에게 죽임을 당하고 지하세계의 통치자가 되었다. 미이라의 모습으로 상하 이집트 왕관을 쓰고 양손은 가슴 위에서 서로 교차하는 자세이고 오른손에는 지팡이를, 왼손에는 도리께를 들고 턱에는 가짜 수염을 달고 있는 모습으로 형상화 되었다. 오시리스의 이집트 말은 '눈의 장소'란 뜻인데 실제로 눈(Eye, Wedjat)을 오시리스 신의 상징으로 사용되기도 한다.

작업지시서. 파피루스에 도면까지 그려 전공정을 상세하게 작업을 지시하고 있는 내용이다.

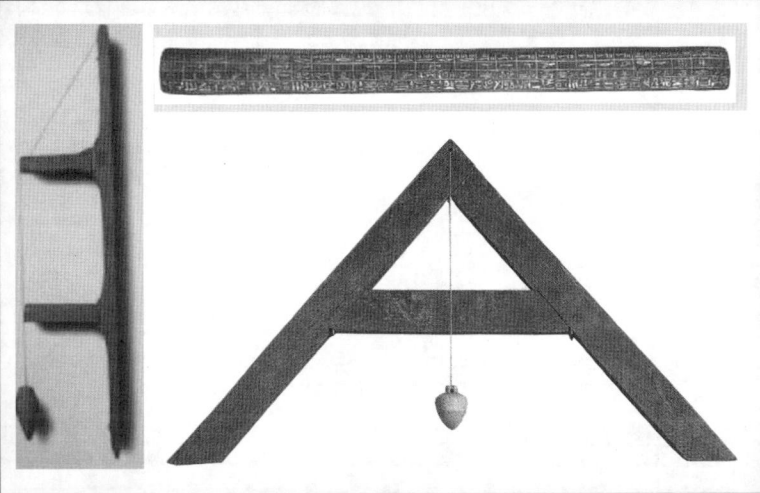

위) 당시 사용하던 자.: 이 자(尺)의 1 로얄 큐비트는 0.524m이다.
아래)수평보기. 석재를 설치할 때 이 기구로 수평보기를 했다. 양 다리를 석재면에 올려놓고 수직 줄이 자의 정 중앙에 오도록 한 것이다. 왼쪽) 벽체 수직보기 도구이다.

라면 1m³ 석재 2백58만 7천 개의 부피에 해당한다. 1798년에 이집트를 침공한 나폴레옹의 비전투원 가운데 비방 드농(Vivant Denon)이란 화가가 피라미드를 측량하고 조사했다. 그가 측량한 결과로 수학자 가스페로 몬지가 석재 물량을 계산했는데 여기 세 피라미드 돌로 60cm 두께, 1.85m 높이로 벽을 쌓으면 프랑스 전 국토를 요새화 할 수 있다고 했다.

피라미드 공사가 거국적이었으니 설계는 어떻게 했을까? 피라미드 건설 총책임자는 왕이 가장 신임하는 제1장관이고 그 근방에 건설된 왕의 별궁이

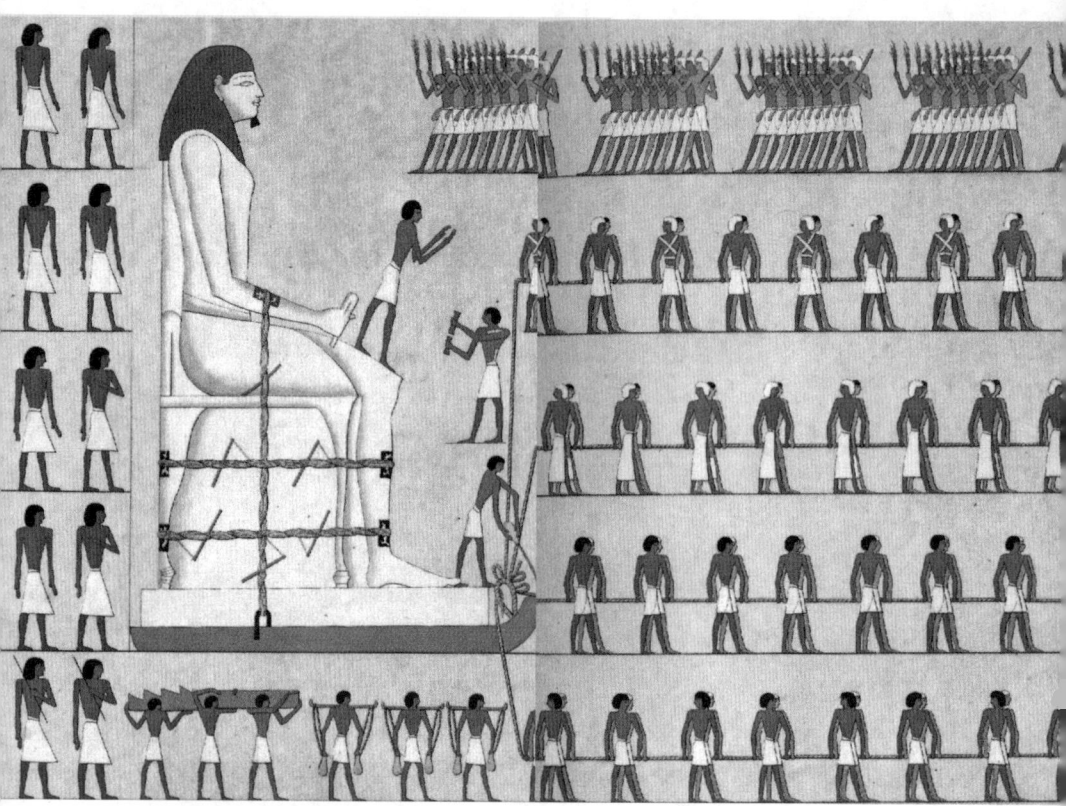

큰 석상의 이동, 172명의 인부가 대형 썰매를 이용하여 큰 석상을 운반하고 있는 모습의 그림이다.

고대 이집트 건축 규준틀 설치 모습의 조각 : 왼편 세샤트 여신과 여왕이 규준틀 막대기를 박고 있다. 여왕이 끈을 잡아당기면서 신전의 경계를 표시하는 것을 여신이 돕고 있다.

프로젝트 사무실이었다. 이 방면의 건축 전문가들이 파피루스에 설계도면을 작성하고 시공도면을 편평한 석회암 박판에 그렸다. 풀 스케일 도면도 그렸으며 모델하우스도 지었다. 지금 대 피라미드 참배의 길 북쪽 지하에 들어가면 오늘날의 모델하우스와 같은 것을 발견할 수 있다.

대 피라미드의 통로와 회랑에도 요사이 시방서와 작업지시 도면 같은 것이 벽면에서 흔히 발견되고 있는데 작업지시서의 설명을 보면 아르키메데스의 원주율π, 피타고라스 정리, 각도계산, 사각뿔 높이와 부피, 구(球)의 표면적과 부피 등 오늘날 우리가 사용하고 있는 웬만한 수학공식이 다 사용되고 있었다는 데 놀라지 않을 수 없었다.

물을 이용해서 수평보기(plumbing) 하는 것도 오늘날과 같이 고무관을 이용하거나 유리관 안에 물방울을 넣은 수평대를 이용하였다. 다만 방향을 알아내는 방법이 복잡한 과정을 거쳐 산출됐는데 북남 축은 북극성과 별의 운행을 측정하는 기구 – 바이(Bay)와 메르크헤트(Merkhet)라는 추 – 를 이용하여 산출하였고 동서축은 춘분과 추분 때 해의 그림자를 이용하여 산출했다. 기자와 사카라 중간 지점인 아부구랍에 있는 니우세라 태양신전의 벽에 건물 착공 전 신에게 제사지내는 벽화가 있다. 세워질 건물 대지에 구덩이를 파서 제물을 넣고 고수레를 하는 장면인데 오늘날 건축 현장에서 착공전에 하는 안전기원제와 꼭 같다. 또 카르나크 신전 안에 있는 핫셉수트 여왕의 성소 벽화에는 세사트(Seshat) 여신[22]과 여왕이 밧줄걸개로 묶인 건물 기준 막대기를 박고 있다. 이것도 오늘날 현장에서 일반적으로 하는 규준틀 설치공법이다.

그렇다면 저 큰 돌을 어떻게 여기까지 운반했으며 무엇으로 저렇게 정확하게 가공할 수 있었을까? 내부의 붉은 장미빛 화강석은 아스완 남쪽 제일 폭포 근방의 채석장에서, 섬록암은 아부심벨이나 동부 사막에서, 설화석은 이집트 중부 하트누브에서 가져왔고 하얀 외부 마감 돌은 카이로 근방 투라에서 채석하여 가져왔다. 채석장에서 나일강까지는 육로 운반으로 그리고 나일강에서 뗏목으로 운하를 통해 강안에 옮기고 거기서 또 육로로 피라미드까지 운반했다.

중부도시의 엘 베르샤에서 중왕국시대(B.C. 2040~1785)의 제후티호텝이란 고관 무덤을 발굴했는데 그 무덤 벽에 큰 석상을 운반하는 과정을 새긴 부조가 있었다. 거기에는 172명의 인부가 거대한 석상 밑에 목재 썰매를 깔고 땅에 석회 페이스트(paste, 석회를 물에 넣고 비빈 것)를 발라 마찰을 감소시키면서 거상을 운반하고 있었다.

대 피라미드에 사용된 속돌은 대부분 피라미드 동남쪽 채석장(대스핑크스 근방)에서 경사로를 통해 옮겨졌다. 현장을 탐사하고 연구한 학자들의 의견을 종합하면 피라미드 역내에서 채석한 석재 운반을 위해 여러 경사로들

---

22) 글을 다스리는 여신. 문서 보관소, 편지 등을 관장하는 신이다. 머리 위에 별이나 장미꽃 장식을 하고 표범 가죽옷을 입고 있는 모습으로 표현된다. 피라미드나 신전의 위치 선정과 관계있는 신이다.

이 피라미드 중심부까지 미리 건설되었다. 속돌은 경사로를 통해 먼저 중심부를 쌓고 다음에 바깥부분을 쌓았다. 그런 다음 그 가운데는 경사로에 사용한 석재로 채웠다고 독일의 보르하르트와 랩시우스가 추정했는데 아닌 게 아니라 최근 프랑스 지구 물리학자들의 조사에서 이 추정이 사실임이 확인되었다. 내부 구조에는 모래를 포함하여 다양한 이질재료들이 사용되었다고 보고하고 있다. 이 재료들을 쌓는 데 접착성 점토 모르타르를 사용했다니 놀라지 않을 수 없다. 이렇게 되면 이것은 그냥 채움이 아니라 소위 백킹 석(Backing Stone)이라 하여 버팀 구조재로 간주한다. 이 방법은 비용도 적게 들지만 내력구조에도 긍정적 효과를 준다. 그냥 돌만 쌓아 올리는 것 보다 내부 압력을 분산시켜 지진 같은 수평력에 효과적이라는 말이다.

속돌의 바깥부분을 형성하고 있는 큰 석재는 수평으로 맞추어 가며 조금 오목하게 쌓은 두꺼운 옹벽이다. 1~3m³ 정도의 속돌을 오목하게 쌓는 것은 구조적으로 수평력에 대응하는 효과가 있다. 그렇게 해서 기초 바닥에서 꼭지까지 203단을 쌓았다. 5 헥타르 쯤 되는 피라미드 면적에서 피라미드 속돌은 사방에 작업 경사로를 만들면서 올라갔지만 외벽 마감돌은 피라미드 주위에 경사로를 통해서 하층부는 3톤의 석재를, 상층부는 1톤까지의 석재를 운반할 수 있었다. 소 운반은 바닥에 미끄럼대를 여러 개 깔아 굴리면서 돌을 운반했다. 계단 층에서의 기중은 도르래나 천칭식 지렛대를 사용하였다.

기원 전 5세기 그리스 역사가 헤로도토스가 이집트를 방문하고 남긴 저서『이집트 지』에 의하면 건설공사는 연중무휴로 이루어졌는데 나일강 범람 시기인 3개월 동안 농사일을 쉬는 이 때 피라미드 건설공사가 집중적으로 이루어졌다. 이 기간 동원 인원은 거의 10만 명에 달했다. 돌 운반로를 만드는데 10년, 돌을 쌓는데 20년 걸렸다 했다. 지레나 굴림대를 이용하여 인력으로 밧줄을 끌어 돌을 운반했다. 경사로를 만들고 지레의 원리를 이용하여 중량이 많은 돌을 조직적으로 끌어 올렸다고 했다. 그런데 돌을 절단하는 것은 물의 팽창원리를 이용하여 가능하다 하더라도 돌을 무엇으로 가공했을까? 청동기 시대가 다른 곳보다 일찍 도래했다. 왕의 방에서 본 통풍구 끝에서 발견된 부식된 구리 조각이나 시나이 구리 광산을 경영한 기록으로 보아 석재가공 도구는 철재를 일부 사용했음을 짐작할 수 있다.

필자는 피라미드 학자들이 말하는 피라미드 축조방법을 위와 같이 설명은 했지만 그런 정도의 장비와 도구로 또 위와 같은 공법으로 저런 거대한 건조물을 건설할 수 있었다는 것이 실감이 안가는 것은 여전하다. 특히 40톤이 넘는 통돌을 다루는 솜씨는 지금도 놀랍다. 가설 경사로의 규모를 감당할 수 있는 대지면적, 경사로 자재의 처리, 전혀 상처없는 석재관리, 빈틈없는 축조, 오늘날의 첨단장비여야 가능한 측량술 등은 아무리 당시의 뛰어난 기술을 인정한다 해도 오늘의 잣대로는 이해하기 힘들다.

필자가 사우디아라비아 건설현장에서 한창 일하고 있던 1979년에 피라미드 축조현장을 재현하려는 시도가 있었다. 일본 TV 방송국이 기자 피라미드 경내에서 실재로 대 피라미드를 축조해 보았다. 옛 축조방식과 도구 및 장비를 사용하였으면 좋았을 텐데 그렇지 못하고 오늘날의 대형 장비와 도구를 사용하고 시멘트 몰탈을 사용하였으니 고고학적 가치는 전혀 없는 순전히 TV 시청자를 위한 이벤트였다고나 할까.

(6) 태양의 배(Solar boat)

대 피라미드 남쪽 바로 옆에 고대 이집트 시대의 '태양의 배'를 전시하고 있었다. 태양의 배는 사자(死者)의 영혼이 서쪽으로 지하 강을 건널 때 사용하는 배라고 전해진다. 그러나 전시관은 유적지와 주변 경관과는 별로 어울리지 않는 철 구조물이었다.

1954년 세 피라미드로 가는 진입도로를 건설하기 위해 인부들이 굴토작업을 하고 있었는데 그 때 배 무덤을 발견했다. 급히 이집트 정부에 연락해

대 피라미드 옆에서 발굴한 '태양의 배' 전시장이 바로 옆에 설립되어 있다.

서 이집트 고고학자 카말 말라크와 자키 이스칸데르가 파견되었다. 큰 화강석으로 된 배 모양의 무덤 뚜껑을 열어보니 레바논 삼나무로 된 거대한 배가 1,224개로 분해된 채 매장되어 있었다. 이 재료들은 재질 자체로도 내구성이 좋지만 수 백 년을 견디도록 방부 처리되었다. 이들을 14년이나 걸려서 완전 복원해 보니 배 길이가 43.4m이고, 폭은 5.9m, 40톤급의 규모였다. 그러니까 이것은 현존하는 배 가운데에서 가장 오래 전에 건조되어진 셈이다. 발굴된 위치에 전시장을 세웠다. 발굴 당시 모습의 사진과 배 부속품들을 전시하고 설명해 놓았다. 이음은 쇠못을 전혀 사용하지 않고 나무 판재에 구멍을 뚫어 삼나무 밧줄로 단단히 묶었다.

대 피라미드 남쪽과 동쪽에 태양의 배를 매장한 무덤이 5개소 있다. 사자가 죽어서 사용하라고 그의 피라미드 옆에 배 무덤을 만들고 거기서 배를 조립하였다. 이런 배 5개가 대 피라미드 주위에 묻혀 있다. 여기 옆에 하나, 동쪽에 둘, 하곡신전에서 올라오는 참배길(Ramp way) 북쪽에 하나가 더 묻

전시관 내부에 설치되어 있는 태양의 배(Solar boat), 기다란 선수가 태양을 향해 있으며 선체와 노들이 보인다

혀 있다. 지금 전시 중인 배는 남쪽에서 발굴된 것이고 옆의 하나는 일본 탐사 팀에 의해 발굴되어 조립중이다. 참배길 곁에 있는 배는 나일강을 건너 실제로 죽은 왕을 운반한 것이다. 이들 세 곳은 발굴되었지만 동쪽의 것 두 곳은 아직 발굴되지 않은 채 그대로 남아 있다. 미국의 지리 학회에서 너무 궁금했는지 여기를 특수 탐사했다. 천장에 구멍을 뚫어 소형 카메라와 소형 측정용 탐사 봉을 넣어 사진을 촬영해보니 아직 건재하다고 한다. 동쪽, 남쪽에 각각 2척 씩 둔 것은 죽은 왕의 영혼이 어떤 방향으로든 자유롭게 올라타도록 하기 위한 것일까?

이것은 고대 이집트의 사후 세계에 대한 그들의 신앙, 즉 태양신 숭배사상과 깊은 관련이 있다. 태양신 라(Ra)[23]는 파라오[24]의 조상이고 파라오가 죽어 그와 함께 낮에는 하늘을, 밤에는 지하 강을 여행한다고 생각했다. 태양이 매일 서쪽에 지고 아침에 동쪽에서 떠오르는 것을 새로운 생명을 얻는 부활이라 간주했다. 여러 개의 작은 배들을 넣은 투탕카문왕(신 왕국시대 제18왕조의 12번 째 왕, BC1334-1325) 무덤에서처럼 미라가 안치된 현실 안에 이런 대형 보트를 넣는 것은 사자가 지하 강을 여행하여 동쪽에서 떠오르는 태양처럼 부활하도록 하려는 것이다.

미라가 된 사자는 투와트라고 하는 지하세계를 지나는데 여기는 12개의 방으로 구분되어 있고 방 입구엔 큰 뱀이 지키고 있다. 사자는 수호신의 보호로 이 방들을 지나 지하세계의 신 오시리스 앞에 가게 된다. 오시리스 신은 아내 이시스 여신과 동생 네프티스 여신[25], 지혜의 신 토트[26]와 42명의 배심원을 거느리고 머리엔 크고 흰 왕관을 쓰고 손에는 도리께 모양의 홀을 들고 있다. 여기에서 사자는 양심의 무게를 재고 42가지 죄를 심판받게 된다. 그야말로 최후의 심판이다. 여기를 통과해야 아침에 떠오르는 태양처럼 부활한다.

지금부터 4,600년 전의 수호신, 최후의 심판, 배심원제, 부활이란 용어들이 오늘날에도 그대로 사용되고 있는 것에 놀라지 않을 수 없다. 서양문화 나아가서 인류문화의 근원을 보는 것 같다.

---

23) 이집트의 대표적인 태양신의 호칭. 오늘날 카이로 근교의 헬리오폴리스의 주신이었다. 라는 매의 얼굴을 하고 머리엔 태양 원반을 쓴 사람으로 표현된다. 아문-라, 아툼-라 등 다른 신과도 결합해서 쓰이기도 한다.

24) 고대 이집트의 왕의 호칭. 단순한 왕이 아니라 살아 있는 신으로 전지전능한 힘을 갖는 존재였다. 태양신의 아들로서 인간세상과 신의 세상을 연결하는 지상 최고의 권력자. 이 세상을 떠나 신들의 나라로 날아갈 수 있는 힘을 가진 매의 모습으로 나타난다. 머리에는 네메스라는 두건을 쓰고 가짜 턱수염을 달고 손에는 왕홀을 들고 앉아있는 왕의 모습은 신의 모습이다. 왕의 이마 중앙에 우레우스가 지키고 있고 머리에는 상하 이집트 통일을 상징하는 왕관을 썼다.

25) 이시스 여신과 동생 네프티스 여신: 고대 이집트의 이시스 여신은 대지의 신 게브와 하늘의 여신 누트 사이에 난 딸인데 오빠 오시리스와 결혼하여 호루스를 낳았다. 호루스를 온갖 난관으로부터 보호해서 어머니의 본보기가 된 여신이다. 그리스, 로마에서도 그대로 전승되었는데 그리스의 비너스, 기독교의 성모 마리아로 변신하기도 한다. 자애로운 풍요, 그리고 미의 여신.

26) 원래 달의 신, 달력을 계산하는 신에서 발전하여 산술을 중심으로 하는 학문의 신이 되었다. 또 지혜의 신이라 불리기도 했다. 그의 모습은 사람의 몸과 따오기 머리가 결합된 서기관으로 그려졌다.

(7) 대 피라미드 장제전

대 피라미드를 둘러싼 담장과 장제전(葬祭殿, Mortuary Temple), 참배길, 하곡신전(河谷神殿, Valley Temple) 등 외부시설은 이집트 고고학자 자히 하와스가 탐사했는데 잔해 일부를 찾았을 뿐이고 대부분 흔적조차 찾을 길 없었다.

여러 가지 정황으로 보아 고왕국 시대부터 허물어지거나 누가 손대기 시작했으니 무리도 아닐 것이다. 거기에서 세드 축제를 새긴 신전의 장식 파편 몇 개가 현장에서 발견되었는데 그것마저 지금 카이로 이슬람 지구의 칸 칼릴리 시장 북쪽에 있는 밥 엘 푸트흐(정복의 문이란 뜻)성문을 건축할 때 사용되었다. 세드 축제는 선사시대 족장이 지배권을 행사할 능력을 증명하는 체력검증 풍습이었다. 여기서 실패하면 죽임을 당하고 그를 이긴 강자가 다음 왕이 된다. 훗날에는 왕이 집권한 지 30년이 되면 왕권을 강화하는 방법으로 축제를 열었다.

이슬람(Islam)[27]교는 7세기 초 아라비아의 예언자 마호멧(무하마드, A.D. 570?~632)에 의해 완성된 종교. 전지전능한 알라의 가르침이 대천사 가브리엘을 통하여 마호멧에게 계시되었다고 한다.

하곡신전의 흔적은 피라미드 북동쪽 사막 언저리에서 일부 발견됐으나 대부분 나즐렛 에스 심만 마을 바로 아래에 있을 것이란 짐작이다.

참배길은 모두 825m 길이인데 700m 내려가 동남쪽으로 약간 선회한 것

---

27) 신에 복종하는 것을 의미하는 아라비아어. 이슬람교는 7세기 초 아라비아의 예언자 마호멧(무하마드, A.D. 570?~632)에 의해 완성된 종교. 전지전능한 알라의 가르침이 대천사 가브리엘을 통하여 마호멧에게 계시되었다고 한다. 무슬림은 신에 복종하는 사람 즉 이슬람 교도를 말한다. 회교는 우리 나라에서 이슬람, 마호멧교 혹은 회교라고 부르며 중국에서 위구르족을 통하여 전래되었으므로 회회교라고 하고 유럽에서는 창시자의 이름을 따 마호멧교라 한다. 술탄은 회교국 군주를 말한다. 라마단(Ramadan)은 아랍어로 '더운 달'이란 뜻이다. 이슬람력 9월은 이슬람에서는 코란이 내린 신성한 달로 여겨 9월 27일부터 한달 간 일출에서 일몰까지 의무적으로 단식하게 되어 있다. 이것은 유대교의 단식일(1월 10일)에서 유래했다.

은 하곡신전 위치에 맞게 하기 위함이다. 그런데 참배길 북쪽 지하를 파보니 여러 개의 통로가 만들어져 있었는데 놀랍게도 그것은 대 피라미드 내부구조를 그대로 축소한 것이었다. 내려가는 통로, 올라가는 통로, 대회랑, 왕의 방과 왕비의 방을 판에 박은 듯이 만들었다. 이것들은 대 피라미드를 건립하면서 건축가들이 만든 모델 하우스인 것으로 짐작한다. 품질의 완벽을 기하기 위해 모델 하우스를 만들었다니 과연 수 밀레니엄을 지나온 건축물의 공법답다.

대 피라미드 주위가 본격적으로 파괴되기 시작한 것은 서기 1250년부터다. 부속 피라미드들은 살라딘 왕조(A.D. 1171) 때 댐 공사에 쓰느라 뿌리채 뽑혔다. 14세기 술탄 하산은 대 피라미드 주위 석재를 하산 모스크를 짓는데 썼다. 그 후 아랍 권세가는 돌이 필요하면 여기서 갖다 썼으니 마치 채석장인 것처럼 생각했다. 참으로 안타까운 일이라 하지 않을 수 없다!

2) 유일하게 마감돌이 남아 있는 카프라왕 피라미드

(1) 카프라왕 피라미드

카프라왕(고왕국 제 4왕조 4번째 파라오, B.C. 2558~2532) 피라미드 크기는 밑변의 길이가 약 216m이고, 높이는 143m이었으나 지금은 136.5m이다. 대 피라미드보다 규모는 작지만 지대가 높아 조금 높게 보인다. 이 피라미드도 정상부 6.5m가 달아났다. 그래도 상부에 석회암 마감돌이 원형 그대로 잘 보존되어 있고 피라미드가 스핑크스 정면에 있어 세 피라미드와 구도를 맞추면 매우 아름답다.

이번에는 일정이 맞지 않아 참관하지 못했지만 20년 전에 본 이 피라미드 야간 조명 이벤트는 대단했다. 그때도 어둠 속에서 효과음과 함께 고대 이집

카프라왕 피라미드 전경 : 피라미드 상단에 상의를 입힌 것처럼 유일하게 마감돌이 붙어 있다.

트 역사와 피라미드, 그리고 그것을 발굴한 과정을 소상히 해설해 주었다. 멀리서 그렇게 아름답게 보이던 정상부 마감돌이 곁에서 위를 보니 속돌에서 툭 튀어나와 있다. 내 눈으로는 속돌과 마감돌이 어떻게 연결되었는지 보이지 않지만 1m 정도 툭 튀어나게 보인다. 바로 떨어질 것처럼 아슬아슬하게 붙어 있다. 이 돌들이 천 년을 넘게 저렇게 버티고 있다면 어떤 공법, 어떤 구조로 되었는 지 매우 궁금하다.

오늘날 벽석을 고정하는 것은 철재 앙카링 시스템으로 두께 30mm의 벽석을 구조체와 긴결(緊結)시킨다. 즉 돌 한 장마다 ㄴ자 모양의 대철(帶鐵)로 잡아 주고 받혀 준다. 그렇다면 피라미드 마감돌은 어떻게 속돌과 긴결되어 있을까? 피라미드의 속돌은 시멘트나 철재를 전혀 사용하지 않고 빈틈없는 줄눈처리로 마찰력을 극대화시켜 외력에 대응했는데 52도로 세운 마감돌을 어떻게 고정했는 지 궁금하다. 필자의 생각으로는 마감돌을 별도로 두지 말고 표면에 나온 속돌의 단부를 마감돌로 치장해야 자연적으로 외부의 영향력에 견딜 수 있도록 한 것으로 생각된다.

이태리 전문가들이 최근 남아 있는 상부 마감 돌을 어떻게 쌓았는 지 조사했는데 필자가 바로 앞에서 제안한 대로 속돌의 단부를 마감돌로 사용했을 뿐 아니라 한 수 더해서 방향까지 바꿔가며 쌓았다고 했다. 고대 이집트 기술자들도 지진에 대하여 그렇게 신경을 썼다는 이야기다. 그렇지만 마감돌이 속돌에 확실히 고정되기 위해서는 속돌에 깊이 박혀 있어야 하는데 지금 남아 있는 속돌배치를 보면 이점은 간과(看過)하지 않았나 하는 생각이다. 하여간 오늘날에 와서 마감돌이 지진에 의해 붕괴되었다면 고대 이집트 건축 기술자도 내진(耐震)공법에 대한 구조계산에 큰 오류를 범한 셈이 된다. 그야말로 고대 이집트 건축 기술자들의 천려일실이 아닐 수 없다.

마감돌이 저 높은 데서 붕괴되었다면 돌들이 지상에 낙하하는 그 위력은 대단했을 것이다. 아랫부분에 있는 속돌을 그 큰 돌들이 큰 속력으로 내리쳤을 텐데 지금 세 피라미드의 돌 모서리에 상처가 전혀 없다. 어떻게 된 것일까? 그래서 필자는 지진에 의한 붕괴라는 학설에 의문을 갖는다. 어쨌거나 카프라왕 피라미드 상부의 마감돌이 현재 안전한 지에 대해 누가 관심을 두고 있는 것일까 아니면 그럴 필요가 전혀 없는 필자만의 기우일까!

카프라왕 피라미드 내부로 들어가는 통로는 매우 간단하다. 19세기 초 영국의 지오바니 벨조니가 피라미드 주위에 가득 찬 모래를 치우고 현실(玄室)로 들어가는 통로 입구 둘을 발견했다. 원래 입구는 피라미드 북쪽에서 약 30m 떨어진 땅 위에 있고 두 번째 만들어진 입구는 지면에서 12m 높이의 북쪽 사면에 있다. 원래의 것을 아래 입구라고 하는데 처음부터 바위 바닥(岩床)을 뚫어 만든 터널로 내려가다 아래 수평통로(low corridor)를 지나 다시 '올라가는 통로'로 올라가면 위 수평통로(upper corridor)와 합류한다. 한편 북쪽 사면에 올라 있는 윗 입구에서 바로 32m 쯤 내려가면 지면에 근접하여 위 수평통로와 만나지고 곧 현실에 이른다. 여기에도 내려가고 올라가는 통로의 각도는 26도다. 그런데 지금 관광객이 드나드는 아래 입구의 수평통로 중간에 있는 좀 넓은 공간은 침입자를 막는 차단시설이다. 그런 것이 있어도 그것 때문에 현실에 들어가지 못한 도굴꾼은 없었다. 그 옆으로 터널을 파서 교묘하게 현실을 찾아 들어갔다.

왕의 현실은 피라미드 정점 직하(直下)에서 연암을 굴토하여 만들었다. 현실과 전실은 긴 장방형으로 입구통로와 직각되게 동서축으로 앉았다. 입구통로가 남북축, 현실과 전실이 동서축으로 앉은 것은 고대 이집트 무덤의 기본철학이 담겨진 것으로 다음의 우나스 왕묘에서 설명될 것이다.

현실 벽은 석회암 기반암이지만 박공천장은 거대한 화강암을 ∧자 보로 기반암 위에 세워졌다. 현실구조도 매우 간단하고 장식이나 상형문자로 된 비석도 없다. 아마도 부왕의 대 피라미드 건설의 어려움과 문제점을 충분히 알아서였을까?

현실 서쪽 벽에 화강암 석관이 있는데 열려 있고 그 안에 아무것도 없었다. 이 피라미드에 들어가서 석관을 처음 발견한 벨조니가 묘실 벽에 자기 이름과 발견한 날자(1818. 3. 2)를 서툰 글씨로 새겨 놓았다. 벨조니는 사실 고고학과는 거리가 먼 사람이다. 그는 유랑극단의 배우였다가 서부의 사나이처럼 이집트 유물을 찾아내 영국으로 반출하는데 성공한 사람이다. 제대로 탐사가 이루어진 것은 1837년 영국의 페링과 1909년 휠셔가 이끄는 독일 탐사대였다.

카프라왕 피라미드 기초의 암반은 대 피라미드와 달리 비교적 편편했다. 여기에 쓰인 석회암은 거기에서 얼마 떨어지지 않은 북쪽과 동쪽 채석장(대 스핑크스 근방)에서 가져왔다. 속돌은 거의 같은 높이로 쌓았으나 가공도 시공도 거칠고 엉성한데 외벽만은 마감 돌로 깔끔하게 치장했다. 제일 아래 마감 돌은 붉은 색 화강석이고 그 위의 것들은 석회암이다.

카프라 왕 피라미드는 대 피라미드에 비하여 크기, 기획, 설계, 품질에서 차이를 보인다. 입구가 둘인 점으로 볼 때 계획이 변경되었음을 알 수 있다.

처음에는 대 피라미드에 버금가는 큰 피라미드를 구상했다. 대 피라미드 모양 지하방과 상부에 왕의 묘실을 계획했는데 진행하면서 지하방을 그냥 왕묘로 쓰고 상부의 왕 묘실은 없었던 것으로 축소되었으며 그러다 보니 속돌 쌓기의 가공, 시공이 거칠게 되었을 것이라고 짐작한다.

(2) 카프라왕 피라미드 하곡신전

스핑크스 신전 앞에서 보았을 때 스핑크스 신전 왼쪽 건물이 카프라 왕 피라미드 하곡신전이다. 나일 강에서 운하를 통해 도착한 파라오의 시신을 향료에 적시고 미라가 되어 장제전에 옮기기 전 세례 의식을 하는 동안 여기에 안치했다.

하곡 신전 역 T형 홀의 거대한 돌기둥들. 그 규모와 크기가 상상을 초월하고 있다. 이 기둥들에 태양이 비쳐 반은 그림자를 드리우고 있다.

이 하곡 신전은 스핑크스 신전보다 약간 크다. 한 변이 40m인 정사각형인데 기둥, 벽체와 천장 수평 보까지 복원되어 있었다. 하곡신전에 있는 벽체와 기둥돌이 엄청난 크기임에도 남미 안데스 산기슭에 있는 잉카제국의 마추피추(Machu Picchu)[28] 성채처럼 이음새가 참 잘 맞추어져 있다. T자 홀에 있는 16개의 큰 기둥으로 보아 하곡 신전의 웅장한 규모를 짐작할 수 있

---

28) 페루 남부 쿠스코시(市)의 북서쪽 우루밤바 계곡에 있는 잉카 유적. 옛 봉우리라는 뜻이다. 깊은 협곡의 절벽 위 좁은 지형을 이용하여 지은 주거지, 신전, 묘지 등이 있다. 샘에서 물을 수도로 끌어오고 주위 언덕을 계단식 경작지로 만들어 자급자족했다. 16세기 스페인에 항거하여 이곳에 성채를 건설한 것으로 짐작된다. 1911년 미국 하이람빙엄이 발견했다.

엄청나게 큰 규모의 하곡 신전 내부의 돌기둥과 벽체의 모습. 돌기둥들의 크기와 규모에 비해 기둥과 벽체의 마감이 지금의 기술로써도 도저히 따라갈 수 없을 정도로 정교하고 섬세하게 시공되었다.

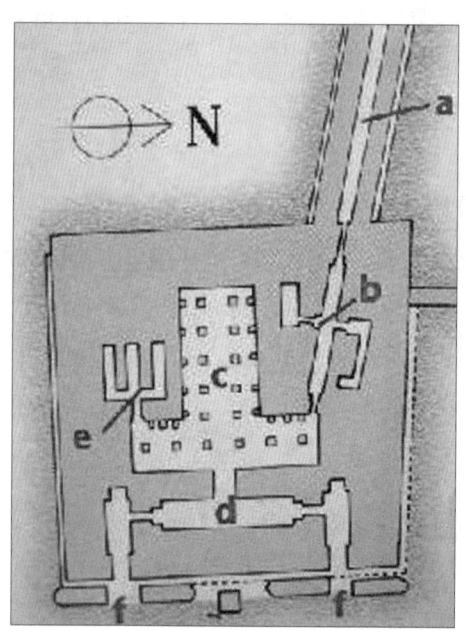

카프라왕 하곡신전 평면도.
a : 카프라왕 피라미드로 가는 참배길, b : 복도, c : T형 홀, d : 전실, f : 입구

었다.

1853년 프랑스 고고학 대가 마리에트가 이 하곡신전을 발굴했는데 T자 홀 옆방에서 카프라 왕과 헤누트센 왕비의 좌상을 발굴했다. 홀 바닥에 있는 구덩이 속에서 부서진 푸르스름한 돌 조각상이 나왔다. 이것을 복원해 보니 놀랍게도 2m 높이의 카프라왕과 왕비의 석상이었다. 지금 카이로에 있는 이집트 고고학 박물관 1층에 카프라왕의 좌상을 옮겨놓고 전시하고 있었는데 매의 신 호루스가 왕의 어깨에서 날개를 활짝 펴고 왕의 머리를 수호하고 있었다.

T자 홀은 16개의 화강암 기둥이 역시 돌로 된 천장을 받치고 있었고 엄청나게 큰 벽면 앞에 23개의 카프라 조각상이 있었다. 마리에트가 발견한 카프라왕의 조각상도 여기의 것을 파괴해서 바닥에 구덩이를 파고 묻어버린 게 아닌가 여겨진다. 하곡신전을 나오면 동쪽에 석회암 판석을 깔아놓은 넓은 바깥 뜰이 있는데 관광객들이 여기서 사진을 촬영하고 안내원으로부터 설명을 듣는 광장이다. 이 자리는 1869년 수에즈 운하의 대모라고 불리는 나폴레옹 3세의 황후 외제니가 수에즈 운하의 개통을 축하하기 위해 주관한 화려한 축제가 열렸던 곳이다. 이 지점에서 강쪽으로 내려가면 지금 수로로 사용하는 나일강 운하가 있다.

여기에서 세 피라미드를 바라본다. 저 아름다운 삼각형의 건축물은 4,500여 년의 역사가 아니라 역사를 초월한 듯 영원히 거기에 있을 것만 같다.

(3) 카프라왕 피라미드 장제전

파라오가 죽어서 갔던 길을 따라 하곡 신전을 거쳐 피라미드 장제전으로 가기로 한다. 하곡 신전 안에서 스핑크스 신전 사이로 난 계단을 올라 밖으로 나오면 카프라왕 피라미드 장제전으로 가는 참배 둑길이다. 죽은 파라오를 서쪽의 무덤세계로 인도하는 길인 셈이다. 참배 둑길은 완만한 경사로(하곡신전과 장제전과의 높이 차는 약 46m)였는데 오른쪽으로 스핑크스의 옆모습이 내려다 보였다. 참배 둑길은 당초엔 화강암으로 벽을 쌓았고 지붕은 석회암으로 덮은 터널이었으며 벽과 천장에는 부조로 장식되었다. 참배 둑길의 벽과 지붕은 후세 사람들이 다 떼어내어 다른 건물에 써버리고 지금은 흔적도 없다.

폭 6m의 둑길은 방향이 피라미드와 장제전의 동서축에 맞지 않고 남쪽으로 약간 틀어졌다. 아마도 대 스핑크스와 신전 때문에 하곡 신전이 이들 건물 옆으로 비켜 건설됐기 때문일 것이다. 이 길로 300여m 올라가서 카프라 왕 피라미드 앞에 장제전 유적이 있었다. 내려올 때는 무슨 돌무더기인가 했는데 그것이 카프라왕 피라미드 장제전이라 한다. 제갈공명의 석진(石陣)처럼 엄청나게 큰 석재들이 여기저기 무더기로 쌓여 있었다.

장제전은 카프라왕의 피라미드 하곡 신전에서 미라가 된 왕의 시신을 옮겨와 장의의식을 치르는 장소인데 쿠푸왕이나 멘카우라왕의 것보다 보존이 양호한 편이라고는 하나 폐허인 상태다. 멘카우라왕의 장제전은 거대한 돌만 남아 있고 그의 하곡 신전은 완전히 무너져 버린 상태다. 그리고 쿠푸왕의 장제전은 현무암 바닥만 있고 그의 하곡 신전은 위치조차 모른다.

이런 폐허를 고고학자들은 자료와 현장에서 발견한 파편이나 유적을 근거로 원형을 추정하고 복원한다. 카프라 왕 피라미드의 장제전의 복원도도 그렇게 작성되었다. 그의 하곡 신전의 3배나 되는 넓은 장제전은 장방형이고 그의 피라미드 동쪽에 동서축으로 앉아있다. 입구현관, 안뜰, 조각상, 사당, 창고 그리고 제단 등 5개 방으로 구성되어 있다. 입구 현관은 T자를 거꾸로 돌려놓은 형상이다. 동쪽에 있는 입구로 들어가면 한 쌍의 화강암 통기둥이 서 있는 현관이다. 여기를 지나면 기둥 12개가 있는 홀이고 그 주위 방들은 창고. 신전 중앙에 남북축으로 앉은 넓은 안뜰은 큰 화강암 기둥이 석회암 판석 지붕을 떠받고 있는 회랑으로 둘러싸여 있다. 기둥 앞에 있는 왕의 조각상이 안뜰을 쳐다보고 있었다.

제단 앞에 지성소(至聖所, 신상을 모신 곳)가 있어 신이 된 왕에게 제물을 놓고 죽은 왕의 명복을 빌었다. 죽은 왕의 권능으로 지상과 하늘 세계가 합쳐 지상의 영화가 사후에도 영속되기를 소망했다.

이 장제전은 카프라왕 피라미드와 부속 피라미드가 함께 높은 돌담으로 둘러싸여 속세와 격리되었었는데 지금은 황성 옛터처럼 공허한 바람만 분다. 하곡신전-참배로-장제전-피라미드의 무대는 시대를 초월해서 인간이 사후세계로 가는 길의 축소판이다. 그런데 이 장제전이 언제부터 파괴되었느냐 로 의견이 분분했었다. 대 스핑크스 다리 사이에 있는 비석을 면밀히 조사해 보니 하나의 통돌로 된 석주가 장제전에 이미 파괴되어 널려 있던 석재와 동일하다는 것을 알아냈다. 그렇다면 이 장제전은 투트모세 4세의 신왕국 시대(기원전 1,400년 경)보다 훨씬 이전에 이미 파괴됐다는 이야기가 된다. 하기야 장제전의 건설 연대와 투트모세 시대와는 1,000년 이상 시차가 있으니 충분히 그럴 수도 있을 것이란 생각이 들지만 B.C. 1785년~1575년 힉소스족이 여기를 점령해 있었던 터라 자연적 파괴가 아닌 이교도의 고의적 훼손이 아닌가 생각된다. 아무리 좋은 국보도 후손이 제대로 나라를 지키지 못하면 오래 보존할 수 없다는 일반적 상식을 다시 깨닫게 한다.

3) 대 스핑크스의 영광과 고독

(1) 대 스핑크스

카프라왕 피라미드 앞에 서서 북동쪽을 보니 카이로 시내가 멀리 내려다 보였다. 여기가 연암 평원에서 제일 높은 지점이다. 나일강변은 물과 나무 색이 푸르러 활기차게 보였다. 옛날엔 이 주위에 집이 별로 없고 밭이나 골

프장이 있었는데 지금은 시가지를 이루고 있었다. 여기에서 무덤의 도시를 지나 강쪽으로 내려왔다. 나즐렛 에스 심만이라는 마을쪽으로 대 스핑크스(Sphinx)[29]를 만나려는 것이다. 보통 관광객들은 처음부터 스핑크스 앞 광장에서 버스를 내려 피라미드 3개를 멀리서 구경하고 대 스핑크스와 주위 신전들을 돌아본 후 낙타를 타고 피라미드 단지를 보러간다. 그런데 나는 피라미드 서쪽에서 들어왔기에 지금 거꾸로 대 스핑크스를 만나고 있다.

대 스핑크스는 기자 피라미드 단지 맨 동쪽에 앉아 있는 피라미드 묘역 수호신이다. 수 천 년 간 모진 세월을 겪으면서 늙고 병든 몸은 깊이 주름지고 갈라지고 벗겨져 있다. 얼굴은 부셔지고 찌그러진 채, 신비한 침묵으로 물끄러미 동쪽을 응시하며 웅크리고 앉아 있다. 한때는 신으로 모셔지기도

신전 앞에서 바라본 대 스핑크스. 바로 뒤에 카프라왕 피라미드, 멀리 멘카우라왕의 것이 보인다.

배를 땅에 대고 앉아 있는 대 스핑크스. 다리 사이에 비석과 발 앞에 스핑크스 신전이 있고 왼편으로 카프라왕 피라미드 하곡신전과 참배길이 보인다.

했지만 아무도 돌보는 이 없이 사람들의 기억에서 잊혀진 채 수 천 년을 모래 속에 매몰되기도 했다.

　스핑크스란 말은 그리스 사람이 이곳에 와서 지은 이름이고 고대 이집트 사람들은 '지평선의 태양신' 이란 뜻의 '하르마키스' 라 했다.

　그리스 신화에 나오는 스핑크스는 몸통은 날개달린 사자이고 얼굴은 여자다. 이 괴물이 자기가 낸 수수께끼를 알아맞히지 못하면 사람을 하나씩 잡아먹고 답을 알아내면 자기가 스스로 죽기로 내기를 했다. 스핑크스가 낸 수

29) 고대 이집트에서 몸은 사자이고 얼굴은 사람이나 동물 형상인 그리스 신화에 나오는 상상적인 괴물의 석조상을 말한다. 바위 위에 앉아서 지나가는 사람에게 '아침에는 네발, 낮에는 두발, 저녁에는 세발이 되어 발이 많은 때일수록 약한 짐승이 무었이냐?' 는 수수께끼를 내어 풀지 못하는 자는 죽였다고 한다. 보통 신전이나 무덤에 이르는 참배길 가에 혹은 기념물 옆에 두었다. 그들 스핑크스 중에 기자 피라미드 역내에 있는 것을 대 스핑크스라 한다.

스핑크스 뒷 모습. 벽돌과 페인트 등 접착제로 최근 보수했지만 마모가 심각하다.

수께끼란 우리가 잘 아는 "아침에는 네 발로 걷고, 점심에는 두 발로, 저녁에는 세 발로 걷는 것이 무엇이냐?"였다. 이 수수께끼를 알아맞히지 못해 온 나라가 한창 시끄러울 때 정답을 맞혀 스핑크스를 죽게 한 것은 코린트의 오이디푸스였다. 드디어 그는 왕에 선출되고 아름다운 여왕 이오카스테와 결혼하게 되는데 후에 그녀가 자기를 낳아준 어머니라는 사실을 알게 된다. 이런 것도 제대로 보지 못한다고 속죄하면서 자기 두 눈을 뽑아버리고 평생을 방랑하였다고 한다. 그래서인지 이집트의 대 스핑크스도 두 눈이 뽑히고 코도 수염도 잘렸다.

　기원 전 1400년 경 투트모세 4세가 왕자 시절 사막사냥을 나갔다가 지쳐 스핑크스 머리맡에서 잠이 들었다. 그 때 스핑크스가 현몽하여 "숨 막히는 모래에서 나를 꺼내주면 왕이 되게 해 주겠다"고 했다. 그는 즉시 모래를 치워 스핑크스의 모습이 드러나게 해 주었으며 후하게 제사를 올렸다. 원래 왕 서열에서 멀었던 그가 훗날 정말 왕이 되었을 때 스핑크스를 다시 신으로 모시고 그 옆에 신전을 세워 주었다. 이때부터 스핑크스를 섬기는 제사인 '하르마케트'가 나라의 중대행사가 되었다. 그리고 스핑크스의 두 발 사이에 이런 내용을 기록한 비석을 세웠다.

세월은 또 수 백 년이 흘러간다. 시대가 바뀌고 신앙도 바뀌어 기자의 스핑크스에겐 아무도 관심이 없다. 무심한 사막바람이 이 거대한 스핑크스 주위에 모래를 쌓는다. 마치 '잠자는 미인'처럼 얼굴만 내 밀어 놓았다. 세티 1세와 람세스 2세가 모래를 치우고 부분 보수를 했지만 모래바람은 또 살금살금 스핑크스를 덮는다. 12세기 이슬람시대에는 목까지 덮인 스핑크스를 보고 '공포의 아버지'라는 뜻의 '아부 알 하울'이라고 불렀다. 지금 이 곳으로 들어오는 동네 이름에 그대로 남아 있다.

크기가 약 4m나 되는 스핑크스의 얼굴 훼손은 매우 심했다. 코는 깨지고 턱수염은 잘려 나가고 지금은 보수를 해서 잘 보이지 않지만 머리 양쪽 날개가 떨어져 나갔었다. 눈과 코의 훼손은 피라미드 전투에서 나폴레옹 군대가 쏜 대포에 맞아 그렇게 되었다고 하고 마물루크 군대가 얼굴에 사격연습을 했다고 하나 확실치는 않은 모양이다. 로마와 아랍 통치기간 중 우상 파괴주의자들이 코를 없애면 다시 생명을 얻거나 부활하지 못한다는 고대 이집트인들의 믿음을 알고 코를 뭉개고 수염을 뽑는 짓거리를 했다는 이야기가 더 그를 듯하다. 프랑스군이 영국군에 밀려난 후 1816년 죠바니 카비글리아가 스핑크스 주위에서 턱에서 떨어져 나간 턱수염을 발견했다. 그 수염은 지금 대영 박물관에 보관되어 있다니 그 수염이 진실을 알고 있을는지 모른다.

람세스 2세 이후 스핑크스를 복원하려고 한 사람은 로마 황제 마르쿠스 아우렐리우스와 셉티미우스 세베루스다. 그들은 다시 모래를 치우고 바닥에 돌을 깔았고 석주 앞에 계단을 세웠으며 스핑크스 주위에 담장을 쳐서 모래가 들어오는 것을 막아보려 했다. 그러나 모래는 이런 조치에도 아랑곳하지 않고 자기가 보호해야겠다고 주장하듯이 스핑크스의 몸체를 살금살금

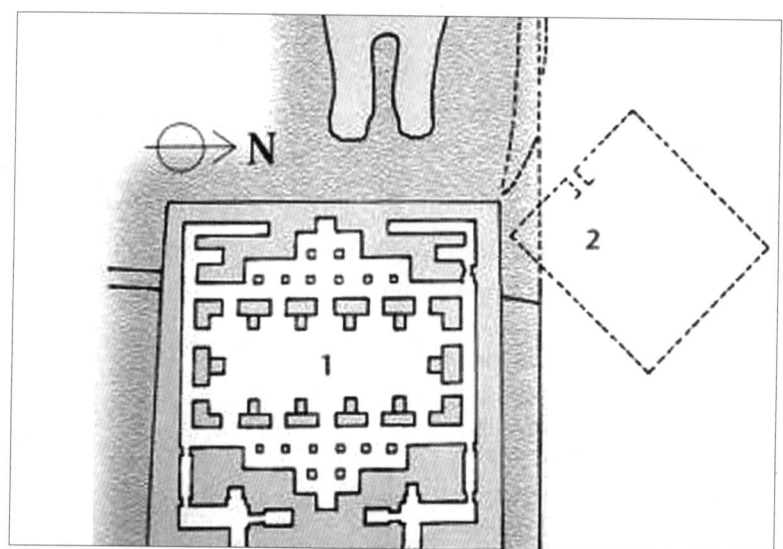

스핑크스 신전 평면도. 1은 10개의 조각상이 있었던 신전이고, 2는 투트모세 4세가 뒤에 지어주었다는 작은 신전이다.

덮었다.

지금처럼 모래를 파내고 스핑크스를 이만큼 복구한 것은 1925년 프랑스 고고학 팀의 에밀 바라이즈다. 그리고 1980년 이집트의 하와스는 떨어져 나간 머리 양쪽 날개부분을 라임석 블록으로 복원했는데 라임돌과 시멘트 줄눈에 변형이 일어나 머리날개 한쪽이 또 무너져 내렸다. 그는 바로 복구공사에 들어갔다. 이번에는 다시 옛 실수를 되풀이 하지 않기 위하여 각종 최신 방법을 동원해 1998년 5월 25일 복구공사를 끝마쳤다. 이번에 새로운 모습을 기대하고 보았는데 머리날개를 보아도 표가 나지는 않았다. 하지만 아직 크고 작은 스핑크스 자체의 마모가 심각하다.

이렇게 오늘날의 최신 공법으로 보수하려는 노력이 끊이지 않지만 일제 총독부가 우리 나라 석굴암을 손댔을 때처럼 실패의 연속이다. 몸통과 발에, 가슴과 목에 벽돌이나 시멘트, 최신 접착제로 덧붙여 보기도 하고 페인트를 칠해 보기도 했지만 그것은 인간의 힘이 아닌 신의 힘을 빌리지 않고는 해결할 수 없으리라.

대 스핑크스의 몸통은 사자고 머리는 파라오 모습이다. 이것은 고대 이집트에서 상상하는 이상적인 신화적 피조물이다. 길이 73m, 폭 11.6m, 높이 20m의 이 거대한 조상(彫像)은 자연석 화강암 언덕을 그대로 깎아 만들었다. 머리와 상체는 지상에서 조각했고 지하로 기반암을 깊숙이 골을 파내어 하체를 조각했다. 참호 속에 강력한 사자의 몸을 숨기고 지상에는 온화한 얼굴을 지닌 수호신이다.

이 스핑크스가 있던 자리는 높이가 꽤 되는 돌 언덕이었었다. 쿠푸왕, 카프라왕의 피라미드에 사용된 속돌을 캐던 채석장이 됐고 이 때 스핑크스 상체를 조각했다. 지하부의 골을 깊게 파서 사자 하체를 조각할 때 나온 돌로 스핑크스 신전과 하곡신전을 건설했으리라 짐작한다. 그것은 여기에 사용한 돌들이 모두 같고 스핑크스 얼굴이 카프라왕과 닮았다고 해서이다. 이집트 파라오의 우아한 두건(頭巾)인 네메스(Nemes)[30]를 쓰고 코브라 머리장식을 한 스핑크스의 모습은 세월을 초월한 온화하고 완숙한 성자의 자태다.

아침에 솟아오른 첫 햇살을 받으면 그의 표정은 밝고 한없는 행복에 잠기며, 구름 속으로 태양이 사라질 적엔 그의 표정은 시무룩하기 일쑤다. 그러다 소리와 빛의 이벤트에서 보는 그의 모습은 참으로 거룩한 성자 같기도 하고, 장군 같기도 하다. 그러나 밤이 깊어지면 아무도 없는 황야에서 외로이 한없는 고독에 통곡하는 것이다.

---

30) 고대 이집트에서 왕의 권위를 상징하는 표장. 정 사각형 모양의 긴 천을 접어서 머리에 쓴다.

(2) 대 스핑크스 신전

스핑크스 신전은 1925년 에밀 바라이즈가 탐사했는데 10년 뒤 카이로대학 셀림하산 교수의 고고학 팀이 오늘날 모양이 되게 복원했다. 스핑크스 신전은 동쪽에 입구가 있고 한 변이 30m 정도 되는 네모꼴이다. 가운데 남북 축의 안뜰이 있는데 이 뜰 사방 주위의 기둥 회랑에 왕의 조각상들이 서 있었다고 한다. 안뜰의 기둥과 벽체가 폐허이긴 하지만 복원해 놓은 벽석의 크기는 엄청나다. 석재 하나의 무게가 거의 150톤이나 된다.

스핑크스 신전 오른 쪽, 스핑크스 단지 동북 모퉁이에 비스듬하게 앉은 작은 신전(점선)은 제18왕조의 투트모세 4세가 건설했다고 추측한다. 꿈에 나타난 스핑크스의 계시대로 투트모세 4세는 왕이 되었다. 그는 스핑크스를 '지평의 호루스 신'으로 모셔 대 스핑크스 앞에 신전을 세웠다(B.C. 1400년경)고 한다. 나는 여기서 좀 이상한 생각이 든다. 투트모세 4세는 왜 이미 있던 스핑크스 신전을 보수하지 않고 저렇게 비스듬하게 새로운 신전을 건설했느냐 하는 의문이다.

4) 멘카우라왕의 수난

멘카우라왕 피라미드는 밑변의 길이 103.4m, 높이는 65.5m이고 높이각도는 예의 52도와 달리 51도20분이다. 하부에 당초의 마감돌로 보이는 화강석이 남아 있는데 카이로 박물관 안내원의 말로는 원래 피라미드 높이의 1/3은 화강석으로 그리고 그 위 2/3는 라임석으로 마감됐다고 한다. 이 피라미드 남쪽에 10m 정도 높이의 멘카우라왕비 무덤 3개가 있는데 위성 피라미드치곤 보존상태가 좋은 편이었다.

멘카우라왕의 피라미드 내부는 다른 것과 조금 다른 듯했다. 피라미드 안

멘카우라왕 피라미드. 오른쪽 3개의 작은 피라미드는 세 왕비의 것이고, 뒤로 참배길이 희미하게 보인다.

에 처음 만든 입구와 통로는 피라미드 속에 완전히 묻혔고 두 번째의 것이 지금 북쪽에 있는 입구다. 이것을 보면 처음에 지하묘실을 만들고 추후 그 위에 피라미드를 덧씌운 것 같다.

영국의 탐험가 그리브스는 1630년대 말에 이미 이 피라미드의 외벽이 뜯겼다고 했다. 19세기 초 파샤 무하마드 알리가 이 피라미드 외벽의 화강암을 뜯어 알렉산드리아 무기고를 짓는데 사용했다는 기록으로 보아 아랍시대에도 줄곧 훼손을 당했다고 봐야 한다.

이 피라미드를 처음 탐사하려던 사람은 카빌리아인데 그는 북쪽 사면의 화강암 틈새를 비집고 들어가다 실패했다. 그러든 것을 1837년 바이스와 페링이 카빌리아가 뚫다 만 터널을 통해 지하묘실에 들어가는데 성공했다. 그 방에서 양쪽에 여신상이 있는 멘카우라왕의 석상과 화려한 문양으로 장식한 현무암 석관을 발견했다. 석상은 지금 카이로 고고학박물관에 국보급 유물로 소장되고 있으나 현무암 석관은 1838년 영국으로 운반도중 스페인 근해에서 배가 풍랑에 난파되어 침몰하는 바람에 수장되고 말았다. 이 석관의 장식은 아누비스신[31]의 성전 장식과 비슷한 것인데 아누비스신에게 석관의 보호를 비는 것이었다. 그러함에도 이렇게 낭패를 당했으니 기막힐 노릇이 아닌가? 자세한 사정은 알 수 없지만 영원한 안식을 염원하던 고대 이집트 왕들의 수난이 이토록 험난했다는 것이다.

그 후 1906년에 라이스너가 미국 하버드대학과 보스턴미술관 고고학 탐사팀을 이끌고 여기를 본격적으로 탐사했다. 멘카우라왕의 피라미드 바위기초 높이가 카프라왕의 것보다 약 2.5m 높다는 것, 속돌의 중심부는 여기에서 채취한 석회암이라는 것, 마감 돌은 하부 15m까지는 화강석으로 되었고 그 상부는 석회암으로 마감되었다는 것도 밝혀냈다. 입구는 지상에서 약 4m 높이의 북벽에 있었다. 그들은 입구에서 예의 26도로 지하를 31.75m 내려가다가 수평통로 12.6m에 전실이 있었다. 그 방에서 우물 터널로 내려가 왕의 묘실과 왕족들의 여러 묘실들을 찾아냈다.

이렇게 기자 지역 피라미드 답사 코스를 끝냈다. 그러나 알 듯하면서도 의문되는 게 많다. 이 당시의 이집트 사람들의 생각, 생활방식 등을 좀 더 연구할 필요가 있지 않을까 싶다. 이제 피라미드와 작별할 시간이다. 늦은 오후의 태양이 서서히 멘카우라왕 피라미드 뒷편으로 가라앉고 있었기 때문이다. 나즈렛 에스 심만 마을 입구에 서서 저녁노을이 지고 있는 불그레한 하늘 위로 솟아있는 세 피라미드를 한참동안 망연히 바라보았다. 유유히 흐르는 나일강은 예나 지금이나 변화가 없다.

---

31) 서쪽 사람들의 주인이라는 뜻인데 태양이 지는 나일강의 서쪽에 죽은자들의 세상이 있다는 믿음에서 유래된 말이다. 검은 자칼, 검은 개의 모습이다. 고대 이집트인들의 무덤은 개떼들의 습격을 자주 받았다.

저 멀리 서쪽 하늘에 황혼의 검은 그림자가 고대 이집트를 이룩한 나일강을 서서히 덮기 시작하고 있었다. 이런 때는 정말 나일강에 배 띄우고 시원한 맥주라도 한잔 했으면······.

기자역에서 전철을 탈 생각으로 기자광장까지 버스를 타고 나왔다. 기자광장에서 강쪽으로 한 250m 쯤 내려가면 강가에 음식점이 즐비하다. 잎이 손바닥보다 큰 나무들이 즐비하게 서 있었다. 생선 요리하는 음식집에 들어갔다. 클레오파트라가 우리를 반긴다. 강가에 메어놓은 조그마한 배에 올랐다. 시원한 생맥주부터 한잔 시켰다. 저물어가는 강변의 정취가 그만이다. 강상에 비치는 모스크와 첨탑이 묘한 조화를 이룬다. 이제 강바람이 땀에 젖은 목덜미를 시원하게 불어준다. 이 집은 물고기를 강에서 바로 잡은 것이라고 클레오파트라가 설명한다. 양식한 것이 아니라 자연산이라는 이야기다. 물고기에 기름을 칠하고 튀긴 것을 레몬즙과 향료를 약간 쳐서 먹는 생선 요리다. 배가 고파서인지 중동 냄새를 전혀 못 느꼈다. 그냥 솔솔 녹는다. 여기 야채는 도마도에 여러 가지 채소를 듬뿍 잘게 썰어넣고 그 위에 올리브기름과 맛이 짙은 향신료 드레싱을 한 것이다. 콩을 갈아 반죽한 '타히나'라는 소스와 함께 얇은 이집트 빵 속에 넣어 먹는다. 이집트에서 외식을 여러 번 했지만 오늘처럼 멋있는 분위기는 드물었다. 배 위에 불 밝히고 한 여름 밤을 오래오래 보냈으면 좋으련만 내일 일찍 멤피스, 사카라로 갈 준비를 해야 했다.

4 사카라 지역의 피라미드

1) 조세르왕의 계단식 피라미드

　기자의 피라미드를 답사하고서도 고대 이집트인들의 문화, 종교, 사상을 이해하기에 미흡한 점이 많았다. 그래서 거기보다 170년 앞서 계단식 피라미드를 개발한 제3왕조 시대의 왕들을 또 만나보려 한다. 기자의 피라미드가 마스터바 무덤에서 계단식 피라미드를 거쳐 완성되었기 때문이다.
　사카라에 가기 위해서는 교통편이 마땅치 않아 택시를 예약해 두었다. 우리를 태운 택시가 타흐리르 다리를 건너 나일강 따라 남쪽으로 거의 1시간 내려가다가 푸른 들판 속으로 트인 도로를 달린다. 드디어 나무숲 속에 자리 잡은 사카라 유적지의 매표소를 지나니 전형적인 누런 사막이 펼쳐졌다. 계단으로 된 피라미드의 웅장한 모습이 시야에 들어온다. 그 건물의 서남방 모퉁이에 허물어져 가는 큰 돌무더기, 동남쪽 모퉁이에 복원된 담장이 보일뿐 그 외의 것은 뜨거운 모래바람을 따라 모래능선을 이루고 있었다.

조세르왕의 계단식
피라미드 전경

피빌리온 안뜰에
서 본 계단식 피
라미드 전경 그림

 조세르왕의 계단식 피라미드는 지금부터 4,700여년 전의 무덤이니 지금 저 정도 원형을 유지하고 있다는 것만도 대단하다. 그러나 계단식 피라미드의 보존 상태를 보면 관리를 잘 하는 것 같지 않아 보였다. 피라미드 모퉁이가 많이 훼손되어 있는데 저렇게 놓아두어도 괜찮을까 싶었다. 주위에 산재한 부속건물이나 복원하다 만 석재들이 관광객을 태우는 낙타와 말, 호객꾼

제1장 피라미드 81

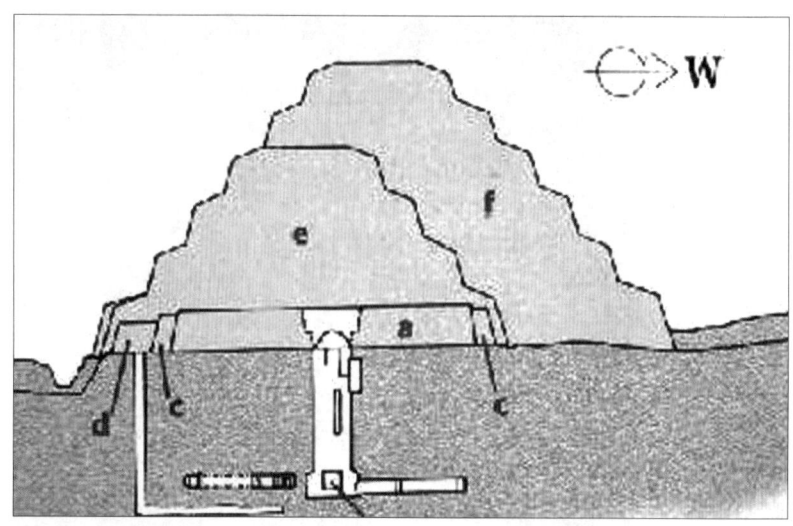

계단식 피라미드 증축 개념도. a : 처음 마스터바, c,d :증축된 마스터바, b : 현실, e,f : 처음과 증축된 피라미드

과 잡상인들에 마냥 노출되고 있었고 짐승들이 내놓은 분뇨나 먼지 등에 오염되어 가고 있다. 이 넓은 지역에 널려 있는 무덤을 찾아다닐 때는 낙타를 빌려 타고 사막을 달리면서 천천히 돌아보는 것이 좋다. 낙타란 짐승은 정말 중동 사막 특히 이집트 같은 나라에 없어서는 안되는 존재다. 역사 대대로 벌어진 전쟁에서 낙타의 역할은 거의 절대적이었다. 그는 인간에게 대접을 제대로 받은 적이 없어도 충실하고 순종적이다. 사람이 빈 몸으로 바로 서기조차 힘든 사막에서 낙타는 150여kg을 등에 잔뜩 업고 100여km를 간다. 2주일 이상의 혹서에 물도 먹이도 없이 견딜 수 있다. 낙타 등에 얹고 다니는 혹이 바로 식량 창고 역할을 하기 때문이다. 여행하기 전에 물을 50리틀 이상을 먹어두고 먹이도 충분히 저장해 둔다. 낙타가 좋아하는 음식은 선인장이다. 사막에 아무데서나 자라는 선인장의 가시도 전혀 개의치 않는다. 낙타는 태어나서 죽을 때까지 인간에게 더없는 봉사를 하다 때가 되면 조용히 모래 위에 드러누워 다시는 일어나지 않는다. 죽어서도 자기 모든 것을 독수

리, 들개, 하이에나들에게 돌려준다. 이상한 것은 그런 낙타를 인간은 별로 아끼거나 애정을 표시하지 않는다는 것이다. 소나 고양이에게는 신과 같이 과분한 대접을 하면서도 말이다.

계단식 피라미드를 바라보니 그 웅장한 모습이 새삼스럽게 다가온다. 15만m²되는 넓은 장방형 담장 한 가운데에 남북 107m, 동서 173m, 높이 60m(현재 58.7m)의 계단 피라미드를 만들었다. 동쪽과 남쪽은 모래를 치우고 석회암 담장을 복원했지만 나머지는 아직 모래 속에 묻혀 있어 어디로든 경내로 들어 갈 수 있었다. 복원된 담장은 높이가 2.5m나 되며 하얀 투라산(産) 석회석 블록으로 쌓아 기하학적 무늬로 장식했다.

그 밖으로 거대한 해자가 단지 전체를 애워싸고 있었다. 해자의 폭 40m에 물을 채웠으니 이렇게 황량한 사막이 아니라 남국의 열매가 가득 달린 나무들이 우거져 있는 호수 안에 피라미드이고 해자 위로 석교가 가로 질러 그 아름다움이 대단했으리라.

남묘 왼쪽으로 가면 남로로 가는 수직갱도가 있으며 가운데가 코브라 벽이다. 벽체 상부에 코브라를 조각해놓았다.

제1장 피라미드 83

동남쪽 담장 모퉁이에 있는 정문으로 들어가면 6.6m 높이의 기둥 20개가 양쪽으로 도열해 서 있는 열주통로실을 지나 석주 8개가 있는 기둥실에 오게 되어 있었다. 여기를 지나면 비로소 넓은 피라미드 광장에 들어서게 되는데 광장 남쪽 담장 가까이에 노란색 코브라 벽(벽 상단에 여러 마리 코브라가 부조되어 있음)이 있고 그 코브라 벽 옆에 있는 남묘(南廟)는 들어갈 수 없도록 막아 놓았다. 남묘는 깊이 28m의 수직갱도(垂直坑道)를 따라 내려가면 거기에 왕족들의 지하무덤들이 있다고 했다.

피라미드 광장 동쪽(열주 통로실 북쪽)에 T자 모양의 신전 터가 있다. T 신전은 정방형의 넓은 터에 기둥과 홈이 파진 벽주(壁柱) 등이 몇 개 널려져 있으나 전체적으로 무엇하던 건물인지 이해하기 어려운 상태다. 티 신전은 입구, 주랑(柱廊)과 대기실 그리고 안뜰로 구성돼 있는데 석조물 지붕 위를 점토로 덮은 것으로 봐 왕이 세드 (Sed)축제가 치러지고 있는 동안 휴식하거나 옷을 갈아입는 휴게소라고 짐작한다. 그 옆에 기도소와 안뜰이 있었다.

피라미드 광장에 세드 축제용 달리기 반환점 표석이 있다. 세드 축제는 선사시대 족장이 지배권을 행사할 능력이 있음을 증명하는 체력검증을 받는 습속에서 유래했다. 처음에는 체력 검정에 실패하면 죽임을 당하고 더 강건하고 젊은 후계자로 교체되었었다. 훗날에는 왕에 오른 지 30년이 되는 해에 왕권을 강화하거나 새로운 탄력을 불어넣기 위해 기념행사를 했다. 기념행사에 왕이 왕궁의 주위를 돌며 신전 벽에 그려져 있는 성물들을 찾아 경배를 드렸다. 더 훗날에는 실제 30년을 체우는 왕이 드물었기 때문에 이 행사가 많이 단축되고 상징적으로 시행되었다. 이 행사 중 달리기 의식이 있었던 것은 왕의 젊음을 백성들에게 보여주는 행사인 것으로 풀이된다.

티 신전 건물에서 람세스 2세의 아들이자 멤피스 프타 신전[32]의 대제사장인 캄와세트의 복구비문이 있는 석회암을 발견했다. 그는 조세르왕의 1,500년이나 후손인데 멤피스에 있는 선왕들의 기념물을 보수한 왕자로 유명하다.

　광장에서 계단식 피라미드 가까이에 다가가니 바닥에 구덩이를 파 놓았다. 이것은 도굴꾼이 파헤친 지하무덤 입구다. 계단통로를 내려가면 지하묘실까지 바로 갈 수 있다고 한다. 기원 전 7세기 중엽, 그러니까 피라미드가 건설된 지 2,000년이 지나서 제 26 왕조(사이트 왕조)의 네코 1세가 무덤 안을 파고 들어갔다. 그는 고대 이집트에서 무덤 입구가 북쪽에 있다는 상식도 없었던지 남쪽에서 지하로 파 들어갔다. 그는 지하통로를 만드는데 무려 1,000m³의 암석과 토사를 파냈다. 오늘의 10톤 덤프트럭으로 계산을 해도 250회 이상을 실어내야 할 엄청난 물량이다. 무엇 좀 찾았는지 모르지만 벌써 도굴꾼 선배님이 다녀갔을 텐데 헛수고만 했을 것이다.

　피라미드 동쪽을 돌아가면 South House와 North House가 있는데 이들 집은 지하 묘 속에 있는 여러 왕족의 장제전이 아닌가 싶다.

　이 조세르왕 묘역의 탐사 및 발굴은 역시 프랑스 나폴레옹 원정과 함께 시작되었다. 원정대의 비전투원이었던 베루노 출신 세가토가 모래에 파묻힌 계단식 피라미드 입구를 처음 발견했다. 그는 과학자요 자연주의 화가인데 1820년에 북쪽 통로를 통해서 묘실 안에 들어가 조세르왕 미라를 발견하였고 지하내부를 샅샅이 탐험하여 거미줄 같은 지하묘실의 미로를 도면화했다.

　피라미드 뒤를 돌아 북쪽 중앙에 조세르왕의 장제전이 붙어 있다. 여기에서 지하로 들어가는 원래 입구가 있었다. 장제전 옆에 석상을 보관한 Serdab 방에서 1924년에 Serdab가 조세르왕 석상을 발견했다. 지금 카이

---

32) 고대 이집트 왕도 멤피스의 창조신, 지배자로서 왕권과 특별한 관계를 갖는다. 우주의 창시자, 만물의 창조자, 조각가의 수호신으로 불린다. 언제나 인간의 모습으로 묘사되고 신과 사람사이에 중재자 역할을 했다.이 신은 배우자 세크메트, 연꽃의 여신 네페르 템과 함께 멤피스의 삼신이 되었다. 멤피스의 프타 신전 이름이 "후트카 프타, 프타의 영혼의 집"인데 이것의 그리스 발음인 "에킵토스"가 오늘날 이집트로 불리어지게 되었다.

로 고고학박물관에 그것을 전시하고 그 자리에는 그의 석상을 복제하여 놓았다. 그 방 북쪽 벽에 조그마한 구멍을 뚫어 관광객에게 개방하고 있었는데 거기를 통해 보면 조세르왕의 등신상이 돌 의자에 앉아 있다. 망토를 걸치고 머리에는 네메스 두건을 쓰고 늠름하게 앉아 있다.

　이 계단식 피라미드는 조세르왕 무덤이다. 처음에는 지하 28m 깊이에 묘실을 파고 그 위에 8m 높이, 사방 63m 길이의 마스타바를 건설했다. 그 후에 왕자, 공주 등 가족의 묘실 11기를 더 만들고 이에 맞추어 마스타바를 확장했다. 그 후 조세르왕의 재상이자 건축가인 임호텝의 내세에 대한 사상정립에 따라 마스타바 위에 4층 계단 피라미드를 덧씌웠다. 지하에 왕족의 무덤이 더 불어나자 그 위에 2계단을 추가하면서 피라미드를 넓혀 6 계단 피라미드가 되었다. 마스타바 안에 있던 장제전은 피라미드 동쪽으로 옮기고 거기에서 지하묘실로 가는 통로를 두었다. 그러니까 지하무덤으로 들어가는 통로는 마스타바 때의 수직갱이 피라미드 안에 있고, 북쪽 장제전 안에 있는 정식 통로 그리고 남쪽 도굴 통로까지 세 개가 있는 셈이다.

　계단 피라미드는 앞에서도 설명했다시피 마스타바에서 출발한 것으로 사각 뿔 피라미드로 가는 과도기적 건축물이다. 이를 처음 고안한 사람은 제 3왕조의 재상이자 건축가였으며 위대한 사상가였던 임호텝이었다. 그는 죠세르왕(BC 2650년)을 위해 그때까지 사용하던 마스타바 무덤을 여러 층의 계단식 무덤으로 바꾸었다. 이렇게 만들어진 이집트 최초의 이 계단식 피라미드는 1층이 12m, 2층이 11m, 3층이 10m, 4,5층이 9.5m, 6층이 8m, 총 높이 60m에 달하는 거대한 규모이다. 마치 4개의 거대한 사다리가 사방에서 하늘로 올라가는 모습이다.

　고대 이집트 고왕국 시대부터 죽음과 사후세계, 즉 인간은 죽어서 무엇이 되며 영혼과 육체는 어떻게 되는지에 대하여 심각하게 고민하였다. 사후세계에 대한 의문, 죽음에 대한 그들의 사상을 정리하고 길잡이를 마련한 사람이 임호텝이다. 그는 정치가이면서 건축가였고 사상가요 철학자였다. 뿐만 아니라 점성가였고 의술에도 능했다. 훗날 역사상 최초의 건축가로, 그리고 왕에 준하는 의신(醫神)으로 추앙받은 인물이다.

그는 파라오가 죽어서 그의 영혼이 하늘에 올라 태양광선과 함께 여행을 하게 되고 태양신과 합치되는 사상을 정립했다. 영혼이 하늘로 올라가는 무덤이라면 무덤의 꼭지가 하늘에 닿아야 할 것이다. 그러기 위해 마스타바를 높게 해야 되는데 측압에 대응하는 구조에 맞도록 고안한 것이 계단 피라미드이고 층수와 각층의 높이도 그런 역학적 계산에서 나왔다.

임호텝이 정리한 계단 피라미드의 전체 컨셉(Concept)은 원시의 늪에서 창조가 이루어졌던 태초의 신화에서처럼 죠세르왕이 죽으면 그 곳으로 회귀(回歸)함을 시사한다. 왕이 죽어 그의 영혼이 계단을 타고 하늘에 올라 태양광선을 따라 여행을 한다. 태양신 라(Ra)와 합류하게 되며 마지막으로 죽음의 신 오시리스와 동화된다는 것이다. 계단 피라미드는 내세에서 위대한 신으로 부활한다는 믿음을 연극화한 무대세트라고 볼 수 있다. 이 사상이 기자의 사각뿔 피라미드로 발전하고 유럽으로 건너가 중세 고딕 교회건축에 크게 영향을 주었다. 오늘날 성당 건물이 하늘에 닿을 것처럼 뾰족이 솟은 것은 여기에 뿌리가 있다고 본다.

고딕건축(Gothic Architecture)의 고딕이란 이름은 르네상스 시대 이태리인이 중세건축을 좋아한 야만족 고트인들이 가져온 것으로 비난한데서 유래했다. 중세 후기에 유럽에서 유행했던 건축 스타일이다. 이것은 12세기 말엽 프랑스에서 로마네스크와 비잔틴 양식에 이어 새로운 양식으로 확립되어 약 2세기 동안 유럽 전체를 풍미한다. 대표적 건물이 대성당이다. 고딕식 성당건축의 특징은 3요소 즉 지골궁륭(支骨 穹窿 Ribbed Vault)형, 버팀도리(Flying Buttress), 뾰족 아치를 갖는 것이다. 천당을 연상시키는 기독교 사상을 구현하기 위해 하늘 높이 뾰족 아치를 세워야 했다. 그러기 위해서 반드시 발생하는 바람이나 지진 등 강력한 수평력 문제는 지골궁륭과 버팀도리를 두어 고딕건축에서 중요과제인 벽체의 도괴를 막았다. 뾰족 아치 등 상부 무게가 지골을 통하여 기둥에 전달되고 벽체에는 거의 하중이 전달되지 않게 해서 벽은 얇고 창문은 크게 했다. 뾰족 아치로 건축형태에 있어서 앙고성, 상승감이 강조되어 교회가 추구하는 승천을 구현하였다.

임호텝은 피라미드 건설에 대해서 축의 3대 철학적 이론과 지침을 만들어 후세에 전했다. 수직을 뜻하는 영혼의 축, 동서를 말하는 천체의 축, 북남을 뜻하는 극축(極軸)이 그것이다. 수직축은 하늘과 땅과 파라오의 영혼이 하늘의 태양신 라에게 연결되어 있으므로 영원한 생명을 얻는 것을 의미하고 천체의 축은 태양이 하루를 사는 방향과 나란하다. 태양이 아침에 떠오르고 저녁에 지지만 영원히 부활함을 뜻한다. 마지막으로 극축 즉 북과 남의 축은 나일강의 흐름과 같은 방향이다. 상 이집트에서 하 이집트로 흐르는 나일강과 같이 상·하 이집트를 통합하고 조절해야 하는 왕의 역할을 말한다. 피라미드 입구가 모두 북쪽에 위치하는 것이 왕의 극축사상에서 유래한 것이다. 이 이론이 고대 이집트인들의 내면생활과 사후세계에 관한 사상의 기본이 되었다.

B.C. 2700년 경에 건설되어 4,700년의 역사를 지닌 이 계단식 피라미드가 하부 수 개소에서 훼손을 당해도 원형의 모습을 갖고 건재하고 있는 것은 임호텝이 점토벽돌을 사용하던 그 전 방식에서 석재를 사용했기 때문이다. 석재로 바꾼 사실은 지금은 아무것도 아닌 상식에 속하지만 그 당시로선 아주 획기적 사건으로 받아드린다. 그때 돌로서 건물을 짓는다는 것이 사실이냐고 의아하게 생각했을 정도였다.

사카라 일대 고분에 대하여 프랑스 고고학자로 이집트 초대 고고학 박물관장인 오귀스트 마리에트를 빠뜨릴 수 없다. 그는 이집트 고고학의 발전과 유적보호에 대해서 독보적 존재로 인정받고 있다. 수백 년 대대로 이어져 오던 유적의 도굴과 약탈을 막은 것도 그의 노력의 결과였다. 그는 당초 프랑스 부르고뉴 대학교수로 있었는데 사망한 사촌의 유품 가운데 이집트에서 그린 그림을 보고 이집트를 동경하게 되었다. 결혼하고 가정을 이루면서 비교적 안정된 생활을 하던 그가 이집트에 관한 연구 때문에 교수직을 버리고 파리 루브르박물관 이집트 연구원이 된다.

마리에트는 1850년 콥트어[33] 성서 필사본(筆寫本)을 구입하는 임무를 띠고 처음 이집트에 도착하였으나 콥트 총본산이라고 할 수 있는 와디 나트룬에서 문전박대를 당하고 쫓겨난다. 그가 오기 얼마 전 영국인 두 사람이 이곳 수도승에게 술을 먹여 콥트어 필사본을 몰래 훔쳐간 사건이 있었기 때문이다. 이 사건으로 자기 임무를 도저히 수행할 수 없음을 깨달은 그는 멤피스, 사카라 모래밭을 헤매고 돌아다녔다. 그러던 중 사카라에서 모래에 반쯤 덮여 있는 스핑크스를 발견한다. 이것을 본 그는 이 근방에서 세라페움[34]을 발견할지도 모른다는 생각을 떠올렸다. 필사본을 구입하려고 준비한 돈을 이 유적지 발굴 작업에 전용하기로 마음먹는다. 이건 그의 일생을 거는 대도박이 아닐 수 없다. 발굴 작업은 2년이나 계속된다.

마침내 세라페움 신전 입구까지 오기는 했는데 그때부터 문제가 발생했다. 이집트 정부가 이를 알고 발굴 작업 중단지시를 내렸다. 게다가 자금이 바닥이 난 것이다. 자신의 발굴 작업을 그때까지 비밀에 부쳐왔지만 본국의 도움 없이는 도저히 불가능하다는 것을 알고는 프랑스 한림원에 자세한 보고서와 함께 긴급 지원을 요청하였다. 두 정부 간 긴 협상 끝에 1852년 이집트 정부가 마리에트에게 내린 발굴 중단 지시가 철회됐다. 그는 자금도 의회

---

[33] 콥트 어는 고대 이집트 기독교(콥트)교회 교도들이 16세기까지 일상생활에 사용하던 언어.
[34] 고대 이집트의 신왕국 18왕조 때 건설한 아피스 황소의 지하무덤인데 멤피스 서안 사카라에 있었다. 한편 포톨레마이오스 시대 알렉산드리아에서 세라페움은 그리스, 로마시대에 발전되었던 복합적인 세라피스 신의 신전이었다. 지금은 유적이 남아 있지 않아 그 규모를 알 수 없다.

의 승인을 받았다. 그의 발굴 작업은 순풍에 돛단 듯이 착착 진행되었다. 드디어 황소 미라들이 잠들어 있는 세라페움을 발견하고 무덤 안으로 들어갔다. 250여m나 되는 석굴에 무게가 80톤이나 되는 큰 화강암 석관 24개가 양쪽으로 줄지어 있었다. 그런데 석관 뚜껑은 다 열려 있고 아피스(Apis)[35] 황소의 미라조차 난장판이 돼 있었다. 그러나 이 세라페움의 발굴은 이집트 고고학 발전의 중요한 사건으로 기록되었다. 뿐만 아니라 그를 무명인사에서 일약 세계적 학자로 격상시켜 놓았다. 그 후로도 그는 기자, 사카라, 아비도스, 룩소르, 아스완 등에서 유적발굴을 계속했다. 그리고 발굴한 유적들을 체계적으로 구분하고 정리하였다.

당시 이집트 파샤(회교국 국왕) 사이드에 의해 이집트 고대 유물 관리국장으로 임명된 그는 이집트 최초로 블라크박물관을 건립하고 이때까지 발굴한 유물들을 정리하기 시작했다. 점점 이 유물이 많아질 것을 예측한 그는 카이로 중앙에 고고학박물관을 건립하고 초대 고고학박물관장이 된다.

2) 우나스왕 피라미드

멤피스는 고대 이집트 1,500년 수도라서인지 나일강 서안의 사카라에 무덤이 많다. 우리가 일견해서는 모래밭이고 폐허로 보여 일반 관광객들은 그냥 쓱 둘러보고 가버리기 일수다. 그러나 이 지역의 무덤이 지상에서는 허물어져 있어도 지하에는 온전히 보존되고 있어 사료적 가치가 매우 높다.

우나스 왕 피라미드는 작은 돌무덤에 지나지 않을 정도로 초라하다. 더욱

---

35) 프타 신의 형상인 황소의 신이다. 아피스 황소는 이마에 흰색의 역삼각형 무늬가 있는 검은 한 마리가 선택되어 죽을 때까지 멤피스 신전 옆에 마련된 별도의 신전에서 숭배되었다. 이 황소는 죽어 미라로 만들어져 세라페움에 안장되고 오시리스와 일치되면서 오소라피스라고 불리기도 했다.

우나스왕 피라미드 전경. 왼쪽에 복원하다 만 마감돌과 오른쪽 피라미드 하부에 비석이 있다.

이 그 옆에 있는 계단 피라미드의 웅대한 모습에 압도되어서인지 세인들의 관심에서도 비껴나 있다. 하지만 그렇게 간단히 넘어갈 유적지는 아니다. 우나스왕 피라미드는 계단식 피라미드 바로 남서쪽 모퉁이에 있는데 당초 높이는 43m이고 밑변의 길이는 57.5m, 높이 각도는 기자의 52도 보다 급한 56도였다. 지금은 18m 높이의 두리뭉술하고 자그마하다. 우나스왕의 30년 재위 기간을 고려한다면 그의 피라미드 규모가 상대적으로 너무 작게 조성되었다.

이 피라미드 남쪽 발밑에 있는 상형문자로 쓴 비석에는 "켐와세트 왕자가 부왕 람세스 2세의 명에 의해 이 피라미드를 복원했다"고 기록되어 있다. 이 비석은 프랑스 로에르가 여기를 탐사할 때 깨어진 석판 조각을 발굴해 짜맞추어 복원한 것이다. 이것을 보면 고대왕조에서도 체계적으로 무덤을 복원하고 관리한 듯하다.

피라미드 북쪽 중앙에 1.4m 높이의 입구가 있다. 그 입구로 들어가면 내려가는 통로와 수평통로를 지나 장방형의 전실에 이른다. 이 지하통로는 남북축 방향이고 전실과 현실은 동서축이다. 현실의 ∧자 보 천장에는 하늘색 바탕에 노란별을 가득히 그려 놓은 천상의 모티프(motif)로 장식했고 벽에는 온통 상형문자 돋을새김이다. 백, 흑, 황, 청, 적의 5색이 사용된 소위 왕궁의 전경이다. 제일 안쪽, 즉 서쪽에 현무토[36]로 빚어 만든 큰 석관이 있었다. 이 피라미드의 지하통로는 남북 축방향이고 전실과 현실은 동서축이다. 그리고 석관은 서방에 위치하여 피라미드 내실 배치는 임호텝의 사상체계와 부합된다. 파라오가 이승에서 저승으로 나아가는 도정이 천체의 축, 영혼의 축과 남북의 극축에 의한 것이다. 태양처럼 하늘 꼭대기로 올라가 지평선 위를 환하게 비춘다는 죽은 자의 도정(道程)을 그대로 표현했다. 서쪽 벽에 석관이 놓인 현실은 지하세계를 나타낸다. 왕의 시신이 담긴 석관은 여신 누트와 같다. 누트의 품 안에서는 매일같이 태양이 잉태되고 저녁이면 집어 삼킨다. 지하세계에서 지평선을 상징하는 전실을 거쳐 오르막 통로를 통해 하늘로 승천하는 것이다.

    천장과 벽에 써 놓은 피라미드 텍스트는 얕은 양각으로 새겨 녹청색으로 채색했다. 그리고 마술적 용어로 구사한 기도문을 포함해서 시신을 안장할 때 행해지는 신에 대한 찬송, 예배방식, 고인에 대한 추도의식, 내세생활에 사용될 음식물, 복식에 관하여 기록해 놓았다. 기도문은 죽은 왕의 영혼이 사후세계에서 생기는 무수한 고난을 극복하고 최후로 승리하여 부활하도록 하는 일종의 주술문이다. 처음에 망자(亡者)에게 입 벌리기를 한다. 사제가 망자의 입을 열고 망자가 의식을 얻어 살아나기를 호소하며 기도문을 암송한다. 다음에는 부적과 기도문을 망자 곁에 넣어 둔다. 이 부적을 관이나 망자의 옷, 가면 옆에 두는데 죽은 왕은 내세에서 새로운 영토를 얻기 위해 이 부적의 힘으로 연꽃, 매, 거위, 심지어 메뚜기 같은 모습을 취할 수 있다고

---

36) 현무토는 현무암 흙이다. 현무암은 흑분암 혹은 반려암과 유사한 회색, 회흑색의 화성암이다. 변질하거나 산화하면 녹색, 갈색, 적색 등 변색을 한다.

믿었다.

또 마술적 주문은 악어, 뱀, 전갈 등 왕의 적대적 존재로부터 왕을 보호해 준다고 믿었다. 또 내세를 여행하는 동안 망자가 사용할 수 있도록 장난감, 바둑, 장기 같은 것, 먹을 것, 마실 것, 심지어 포도주까지 식기와 함께 넣었다. 우나스왕 피라미드는 여러 학자들이 오랫동안 탐사했다. 1881년 가스통 마스페로(2대 이집트고고학박물관장)가 처음 내부에 들어가 텍스트를 발견했다. 그리고 이태리 고고학자 바르산티, 세실. 퍼스를 거쳐, 결국 프랑스인 로에르가 1936년에서 39년까지 지하묘실 내부를 탐사했고 우나스 왕 피라미드 동쪽에 있는 장제전, 하곡사원, 참배길 등 부속 건물까지 찾아냈다. 그 후 하산, 고네임, 후세인 등 이집트 고고학자들이 1937~49까지 이 부분을 다시 탐사해서 복원도를 만들었다.

장제전의 입구 화강암문을 지나면 설화석고 바닥과 아치형 천장이 있는 열주회랑과 안뜰이 나온다. 안뜰 주위에 있는 회랑의 화강암 기둥 18개가 회랑 지붕을 떠받고 있다. 이 기둥들은 예술적 가치가 있었던지 지금 여러 다른 곳에서 발견된다. 일부는 카이로 근교에 있는 타니스 시의 한 건물에서, 일부는 파리 루불박물관과 런던 대영박물관에서 소장되고 있다. 그러나 지금 피라미드 주위는 복원해 놓은 참배길을 제외하곤 사막이다.

고대 이집트의 피라미드 건축을 살펴보았다. 이집트 피라미드는 사자를 지하에 묻고 그 위에 대개 52도의 사각뿔 석재건물을 건설하여 영혼이 하늘에 닿도록 했다. 입구와 통로, 전실과 현실의 배치는 고대 이집트인들의 사후사상을 정리한 피라미드 텍스트에 따랐다. 별도 기초 없이 자연 암석지대 위에 세웠으며 가까운 곳에 있는 채석장에서 돌을 운반했고 마감돌 일부만 지방에서 가져왔다. 이러한 건축양식은 그들의 종교의식에서 개발되었는데 유럽의 교회건물 고딕건축에 전승됐다.

2

파라오의 고도 룩소르

1 룩소르 신전

1) 룩소르 신전

그저께 그리고 어제는 기자, 사카라 피라미드에서 4,700년 전 고대 이집트 사람들을 방문했다. 오늘은 그때 보다 1,100년이 지난 신왕국시대의 테베를 만나러 간다. 신왕국시대야 말로 고대 이집트 문화의 전성기였다.

카이로 람세스 역에서 야간 침대차를 이용하여 룩소르로 이동하였다. 우리가 탄 2인용 침대차는 공간은 좁았지만 세면기, 식탁, 탁자, 가변식 침대가 설치되어 있었다. 침대칸은 조용하고 편안했다. 카이로~룩소르 간 열차는 느리긴 하지만 나일강을 따라 달린다. 다음날 아침이 되어 기차 차장이 곤히 잠든 우릴 깨운다. 어제 피라미드 답사에 너무 과로했던 모양이었다. 차내 식당이 없는지, 아니면 손님이 별로 없어서인지 우리에게 차장이 직접 아침식사를 서브한다. 식사내용은 카이로 호텔의 것과 똑 같다. 빵 두어 가지, 버터, 치즈, 계란 그리고 슬라이스한 과일, 커피와 홍차 이런 것들이다.

남쪽에서 내려다 본 룩소르 신전. 앞쪽이 지성소이고 기둥실과 통로열주가 가운데 보인다. 뒷편으로 제1탑문이 보이고 옆으로 나일강이 흐른다

    강 유역에 펼쳐져 있는 들녘에는 아침 일찍부터 들일하러 나온 농촌 아낙네 손길이 바쁘다. 룩소르의 아침 날씨가 참으로 온화하고 하늘은 푸르다. 조용한 시골 읍에 온 기분이다. 강변에 있는 메리랜드호텔에 들어가 창문을 여니 바로 코앞에 나일강이 내려다보인다.

    "끝없는 모래사막 가운데 나일강이 푸른 띠를 그어놓은 듯하다. 나일강 주위로 우거진 나무들, 농경지, 현대적 호텔이 아름답다. 바자르는 늦은 밤까지 오색 불을 켜고 봄의 축제[37]를 벌이고 있는 듯 사람들이 붐비고 있었다. 고요한 강물 위로 미끄러지듯 떠다니는 펠루카[38], 그리고 카르낙 신전이 있는 곳이 고대 이집트의 수도 테베다."

    이것은 지금 필자가 룩소르에 대한 소감을 쓴 것이 아니다. 고대 그리스 시인 호머가 그의 시집 『일리아드』 9편에서 고대 이집트 최대도시 테베를 묘

---

37) 나일강 상류의 시골에서는 3월 중순, 뜨거운 여름의 시작을 알리는 보름달이 뜨면 고대 이집트 민중문화를 재현하는 축제에 참석하기 위해 룩소르로 몰려온다. 과거의 축제를 기억해서 제례를 지낸다.
38) 나일강에 그림처럼 떠다니는 하얀 돛단배를 말한다.

스핑크스 참배길에서 본 룩소르 제 1 탑문/ 탑문 앞에 오벨리스크와 람세스 2세 석상이 보인다.

사한 구절이다. 호머가 본 그 당시의 테베와 오늘 필자가 보는 룩소르가 크게 차이가 없는 것 아닌가 하는 생각이 든다. 테베란 말은 그리스 사람들이 붙인 이름이고 고대 이집트인들은 우아세트라고 했다. 이 말의 아라비아어 알 수르가 변음(變音)되어 룩소르로 불려진다.

룩소르 신전은 제18대 왕조 아멘호텝 3세가 카르나크 대신전의 부속 신전으로 건설하기 시작하였다. 그는 둘째 탑문[39](Pylon, 塔門)에서 남쪽 부분 즉 행렬 통로 열주실, 아멘호텝 3세 안뜰과 대기둥실(great hypostyle hall)을 포함하여 지성소까지 건설했다. 그리고 투탕카문과 호렘 헵 왕이 통로 열

[39) 두꺼운 벽으로 된 탑이 양쪽에 서 있고 두벽 사이에 신전 출입문이 있는 전면 벽전체 구조물인데 고대 이집트 신전 건축물의 기념문이다.

주실 주위의 외벽을 쌓아 그 내부를 마감하고 행렬 통로 열주실의 기둥에 파라오와 아몬신을 찬양하는 상형문자를 새겼다. 그 후 람세스 2세가 여기에 덧붙여 첫째 탑문과 그의 안뜰을 건설하여 65m 폭에 260m 길이의 룩소르 신전을 완공했다. 그는 신전의 첫 관문인 첫째 탑문 앞에 자기 석상과 오벨리스크[40]를 한 쌍씩 세웠다. 그 후 850년이 지나서 제30 왕조 넥타네보 1세가 첫째 탑문에 연이어 넥타네보 광장과 카르나크 대 신전까지 3km의 '스핑크스 참배길'을 완성했다.

그러나 넥타네보 왕시대에 페르시아의 침공을 받아 국력이 극히 쇠약해지고 그러다가 기원전 332년 그리스 알렉산도로스 대제에게 멸망한다. 이로써 알렉산드리아 인근의 하 이집트는 그리스 문화와 혼용되어 이집트 전통 문화의 특색을 상실한 어정쩡한 문화가 된다. 그러나 룩소르를 비롯한 상 이집트 지방에는 고대 이집트 문화의 전통을 그대로 이어가고 있었다. 특히 룩소르 신전과 카르낙 신전 사이에 행해졌던 오페트 축제행사는 그리스 출신 파라오가 직접 참석할 정도로 성대하였다. 오페트 축제행사는 나일강 유역이 홍수로 침수한 후 다음 달 19일에 시작하여 15일 간의 축제기간을 말한다. 신성한 배가 테베 3신[41]을 모시고 카르낙 신전으로부터 룩소르 신전에 도착하면 축제무드는 절정에 달한다. 30명의 신관들이 신성한 배(神舟)를 카르낙 신전에서 룩소르 신전까지 3km의 스핑크스 참배길을 따라 운반하게 되는데 이때 파라오도 참석하여 금화를 뿌리는 특별 이벤트를 연출한다. 이 3신의 성스러운 배를 룩소르 신전 3신당에 모셔놓고 며칠간 축제가 계속된

---

40) 고대 이집트에서 태양 신앙의 상징으로 세워진 기념비, 그리스어로 작은 꼬챙이를 뜻하는 오벨리스코스에서 유래한다. 하나의 거대한 석재로 만들며 단면은 사각형이고 위로 갈수록 조금씩 가늘어지며 끝은 피라미드 모양의 사각뿔이다. 고대 이집트 사람들은 이를 Tekhen이라 했는데 보호, 방어와 비슷한 뜻이다. 뾰족한 돌기둥으로 먹구름에 구멍을 내어 언제 신전 위로 비바람을 몰고 올지 모르는 악의 세력들을 물리치는 것이다.
41) 아몬신, 아몬의 부인 콘수여신, 그의 아들 무트신을 말한다

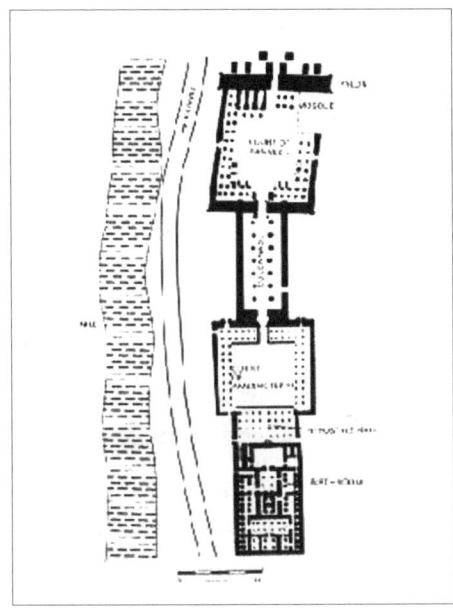

룩소르신전 평면도.
왼쪽에 나일강과 강변도로 그리고 신전이다. 먼쪽이 제1탑문이고 그 앞으로 람세스 2세 안뜰, 행렬 통로, 제 2탑문과 아멘호텝 3세 안뜰, 기둥실, 제일 앞쪽에 지성소가 있다.

다. 이 의식이 끝나면 신성한 배가 또 테베 3신을 모시고 다시 카르낙 신전으로 돌아가는데 축제 군중들도 함께 춤을 추고 신의 찬가를 읊조리면서 신성한 배 뒤를 따른다.

그러나 4세기 이후 기독교가 비잔틴[42]의 국교가 되면서 이집트인들의 신상 숭배는 우상숭배로 취급받아 억압을 받게 되고 신전은 기독교 교도들의 고의적인 파괴 대상이 된다. 그렇게 되다 보니 신전을 관리하던 제사장마저 떠나버리고 신전을 지키는 사람이 없게 되었다. 그리하여 신전은 기독교인들이 차지하게 되어 성스러운 연못자리에 교회가 들어서고 7세기 비잔틴이 망한 이후 이슬람 시대에는 또 모스크로 개조되었다. 그 후 신전은 1,500여

---

42) 로마가 동서로 분리되면서 동 로마는 비잔티움(지금의 이스탄불)을 수도로 정하면서 이름도 비잔틴이라 했다.

년을 아무도 돌보는 사람 없이 방치되었으니 일부는 모래 속에 매몰되었고 나머지는 일반인들 주택지에 덮여 있었다. 그런 것을 1883년에서야 프랑스인 가스통 마스페로(이집트 고고학박물관 2대관장)가 발굴하여 고증하고 복원해서 일반에게 개방하고 있다. 룩소르를 찾은 방문객들은 대개 카르낙 신전을 보고 그냥 가지만 여기를 먼저 보아야 카르낙 신전을 제대로 이해할 수 있다고 말하고 싶다.

메리랜드 호텔을 나서서 마차를 타고 강변도로를 따라 남쪽으로 한 15분 갔을까, 길가에 신전건물이 나타났다. 신전을 둘러 싼 담장이 낮아 도로에서 신전 안을 훤히 들여다 볼 수 있었다. 신전 바깥뜰로 들어가는 진입로는 나일강에 직각방향이다. 제법 넓은 마당에 들어섰는데 여기가 넥타네보왕 코트다. 오른쪽에 첫째 탑문이 있고 왼쪽에 100여개의 스핑크스가 양쪽으로 도열하여 우리를 반긴다.

스핑크스는 고대 이집트에서부터 신전의 수호신이었다. 여기 스핑크스는 사람 얼굴에 사자 몸이다. 많이 파손되긴 했어도 진품 그대로 전시되고 있었다. 비록 사람 얼굴이 많이 훼손되었어도 수천 년을 견뎌낸 유적치고는 잘 보존된 셈이다. 수차례 이교도의 지배를 거치면서도 2차적 훼손을 면할 수 있었든 것은 자연의 덕택이었다. 홍수가 무딘 진흙 위에 있는 스핑크스를 진흙 밑으로 깊이 묻어버렸기 때문이다.

세계 많은 유적을 보면 진품 그대로 현지에 전시하는 경우가 그리 흔치 않다. 진품은 박물관에 가져가고 그 자리는 복제품으로 대체하는 게 보통인데 여기는 진품이 고스란히 현장에 보존되어 있어 큰 다행이었다.

2) 제1탑문과 오벨리스크

람세스 2세가 신전 첫째 탑문과 안뜰을 건설했다. 65m 폭의 탑문은 오늘날 콘크리트 블록보다 3~4배 정도 큰 점토벽돌로 조적(組積)되었다. 그냥 구운 점토 블록 벽면 위에 부조 그림이 양각(陽刻 Bas-Relief)되어 있는데 왼쪽 벽에 있는 부조는 이집트 군대와 지휘본부, 그리고 오른쪽 벽면에 있는 부조는 유명한 카데쉬[43] 전투장면이다. 람세스 2세가 시리아를 원정하여 두 말이 끄는 전차 위에서 히타이트[44]군을 무찌르는 파라오의 용감무쌍한 모습을 그렸다.

히타이트 인들은 기원 전 1900~1200년 지금의 터키 남부에 있는 아나톨리아 하투샤[45]를 수도로 정하고 이집트와 아시리아와 함께 중동 3대 제국의 하나로 그 세력이 만만치 않았다. 피트 카니스 왕이 히타이트 왕국을 건설한 이후 아나톨리아 반도와 북부 시리아, 메소포타미아 평원까지 세력을 확장한 오리엔트 최강국이었다.

기원전 1300년 경 히타이트군대는 이집트 람세스 2세와 지금의 시리아 중부 카데쉬에서 시리아와 팔레스타인 일대의 패권을 놓고 전쟁에 돌입했는데 1차전에서 이집트가 대승을 거두었다. 람세스 2세는 나일강변 아비도스

---

[43] 기원전 1300년 경 히타이트군대는 이집트 람세스 2세와 지금의 시리아 중부 카데쉬에서 시리아와 팔레스타인 일대의 패권을 놓고 전쟁에 돌입했는데 1차전에서 이집트가 대승을 거두었다. 람세스 2세는 이 승전을 기념하기 위하여 나일강변 아비도스에 신전을 건설하고 벽면에 이 사실을 자세히 기록했다. 그러나 2차전(기원전 1296년)에서는 히타이트군대가 역정보를 흘려 이집트를 대파한다. 이 전투에서 선봉에 섰던 람세스 2세는 잘못된 정보를 갖고 적을 공격하다가 완전 포위되어 큰 위기에 봉착한다. 그 때 태양 신 '라'의 구원을 얻어 불세출의 리더십을 발휘해 마지막 승리를 얻는다. 이 전투가 끝나고 히타이트의 하트 실리스 3세와 이집트 람세스 2세 사이에 인류 최초로 평화 조약이 이루어진다.

[44] 히타이트 인들은 기원전 1900-1200 년 지금의 터키 남부에 있는 *아나톨리아 하투샤를 수도로 정하고 이집트와 아시리아와 함께 중동 3대 제국의 하나로 그 세력이 만만치 않았다. 피트 카니스 왕이 *히타이트 왕국을 건설한 이후 아나톨리아 반도와 북부 시리아, 메소포타미아 평원까지 세력을 확장한 오리엔트 최강국이었다.

[45] 터키 수도 앙카라 동쪽에 위치한 오늘의 봐즈케이

에 신전을 건설하고 벽면에 이 사실을 자세히 기록했다.

그러나 2차전(기원 전 1296년)에서는 히타이트군대가 역정보를 흘려 이집트를 대파한다. 이 전투에서 선봉에 섰던 람세스 2세는 잘못된 정보를 갖고 적을 공격하다가 완전 포위되어 큰 위기에 봉착한다. 그 때 태양 신 '라'의 구원을 얻어 불세출의 리더십을 발휘해 마지막 승리를 얻는다. 이 전투가 끝나고 히타이트의 하트 실리스 3세와 이집트 람세스 2세 사이에 인류 최초로 평화 조약이 이루어진다.

탑문 앞에 람세스 2세의 15.5m 높이의 거대한 석상이 네메스 머리 수건에 상·하 이집트를 상징하는 왕관을 쓰고 입구 양쪽에 앉아 있었다. 위의 붉은 왕관은 하 이집트를, 아래 흰 왕관은 상 이집트를 상징하는데 두 개를 겹친 것은 상·하 이집트 통일 왕국을 의미한다. 람세스 2세의 석상은 몸과 얼굴에 상처가 심했다. 이 신전을 복원할 때 손을 보긴 하였지만 온 몸에 상

제1 탑문 입구, 왼쪽에 오벨리스크 하단부와 기단이 보이고 오른쪽에는 없어진 오벨리스크 기단부만 남아 있다. 가운데 람세스 2세 석상과 석상 좌대에 연꽃과 파피루스꽃을 나일강의 두 하피 여신이 묶고 있는 부조다. 이것은 람세스 2세가 상·하 이집트를 통일했다는 뜻을 새긴 것이다.

룩소르 신전 제1탑문 앞 혼자 있는 오벨리스크를 람세스 2세 석상이 지키고 있다. 오벨리스크 다른 한 기는 프랑스 파리 콩코드 광장 한가운데로 옮겨져 있다.

처투성이고 오른쪽 석상의 얼굴은 전면이 부서져 누군지 구별할 수 없게 됐다. 19세기의 화가 데이비트 로버트가 이곳을 방문하고 그린 그림을 보면 모래가 복부까지 덮여 있었는데 석상 뒤판과 왕관에 심한 금이 갔고 얼굴은 말이 아니었다. 파라오의 앞 이마에 있는 코브라는 왕을 수호하는 우아제트 여신[46]의 상징인데 여신의 힘이 작용했는지 그것에는 아무 훼손이 없었다.

---

46) 하 이집트의 수호여신으로 보통 코브라로 표현된다.

제2장 파라오의 고도 룩소르 105

람세스 2세의 거대한 좌상 양쪽으로 작은 핑크색 입상 2개씩 4개가 탑문에 붙어 서 있었던 것으로 보이는데 오른쪽의 왕비 네페르타리의 석상만 온전하고 딸 메리트 아몬의 석상은 훼손이 심하다. 왼쪽 하나는 람세스 2세 아들의 석상인데 두상만 받침대 위에 얹어놓았고 다른 것은 빈자리다. 오벨리스크 왼편 땅 바닥에 석상 파편들을 모아 놓았다. 그것은 탑문을 등지고 섰던 람세스 2세의 아들 석상의 몸체 부분일 것이다.

그런데 이 신전의 방향이 북쪽이다. 카르낙 신전을 바라보고 건설해서일 것이다. 피라미드 장제전은 항상 동쪽을 향하고 있는데 카르낙 신전은 나일강을 바라보는 서향이고 룩소르 신전은 북쪽이다.

탑문 앞에 오벨리스크 하나가 우뚝 서 있다. 지금 남아 있는 오벨리스크는 고대 이집트 핫셉수트 여왕 이후 태양신앙의 상징으로 세운 기념비다. 그리스어로 작은 꼬챙이를 뜻하는 오벨리스코스에서 유래했다. 하나의 거대한 석재로 만들며 단면은 사각형이고 위로 갈수록 조금씩 가늘어지며 끝은 피라미드 모양의 사각뿔이다. 고대 이집트 사람들은 이를 Tekhen이라 했는데 보호, 방어와 비슷한 뜻이다. 뾰족한 돌기둥으로 먹구름에 구멍을 내어 언제 신전 위로 비바람을 몰고 올지 모르는 악의 세력들을 물리치는 것이다. 정사각 기단 위에 정 사각 탑신(Shaft)이 위로 갈수록 조금씩 작아지다 정점에서 사각추(pyramiteion)로 끝맺고 그 꼭지에 베누(Benu)새[47]를 얹었다. 우리 나라에서도 솟대 위에 난(鸞)새를 얹어 사람의 뜻을 하늘에 하늘의 뜻을 인간 세상에 전하도록 한 것과 꼭 같다

탑신은 중앙부를 엔타시스(Entasis)[48]로 물갈기했고 거기에 상형문자로 된 명문(銘文)을 음각했는데 태양신을 찬송하고 왕을 찬양하며 전승을 축하

---

47) 아라비아에서 600년마다 한번 날아온다는 신조(神鳥)다.
48) 엔타시스는 기둥의 중앙부가 안쪽으로 약간 굽어진 것처럼 보이는 착시현상을 미리 교정하기 위하여 처음부터 기둥중앙부를 약간 불룩하게 만드는 수법.

하는 내용이다.

이 오벨리스크는 B.C. 16세기 핫셉수트 여왕이 창안한 이후 왕권을 상징하고 마법적인 수호신으로 신성시 되었으며 그 후에는 하나의 예술품으로 발전되었다. 단순명쾌하고 직관적이며 철학적 비례의 조화를 가미했다. 람세스 2세 석상 앞에는 원래 25m 높이의 오벨리스크 둘이 서 있었다. 오벨리스크는 둘씩 짝을 지어야 마법의 힘을 발휘하여 신전을 보호한다. 그런데 지금은 왼쪽의 것 하나 뿐이다. 오벨리스크 사방 표면엔 선명한 상형문자가 깊은 음각(陰刻 sunk relief)으로 새겨져 있다. 금으로 덮인 각추부(角錐部)는 세상의 첫 아침에 태초의 바다 위로 솟아오른 태양신의 상징이다. 여기에 세워진 오벨리스크의 각추부(피라미디온)에 새겨진 내용은 고대 이집트의 종교적 삶에 필요한 봉헌에 관한 것이다. 각추부와 몸체에 새겨진 상형문자의 뜻을 간략하게 해석하면 이렇다.

① 두 땅의 옥좌의 주인, 아몬[49]께서 람세스에게 이르노니 "나는 너와의 완전한 일치를 약속하노라. 나는 너에게 넓은 마음을 약속하노라."

② 완전한 신, 두 땅의 주인, 태양의 아들이신 우세르 마트[50], 아몬으로부터 사랑받는 람세스, 영원한 생명을 얻을 지어다.

③ 호루스[51]여! 힘센 황소, 힘 있으신 자, 강한 군주, 온 세상의 낯선 땅을 당당하게 거두어 오시는 분, 아몬 신의 사랑을 받는 람세스여! 영원한 생명을 누리시라.

---

49) 아몬, 아문, 아멘 : 숨겨진 자라는 뜻인데 하늘 신으로 태양 신과 동일시한다. 원래는 테베의 지방신이었는데 신왕국이 상하 이집트를 통일하고부터 정치적 의미를 갖게 되고 국가의 신으로 섬겨지게 된다. 아문은 푸른 색 피부에 턱수염이 난, 혹은 흰 뿔이 난 숫양의 머리를 가진 인간으로 묘사된다.

50) 고대 이집트에서 우주의 질서를 상징하는 여신. 그래서 마트는 정의 진리, 질서 등을 포괄하는 의미로 쓰인다.

51) 고대 이집트 신화에 나오는 태양의 신이다. 오시리스와 이시스 사이에 태어난 아들이다. 아버지의 원수인 세트를 죽이고 통일 이집트 왕의 수호신이 되었다. 그는 태양과 하늘의 화신으로 매의 머리를 가진 신으로 표현된다.

람세스 2세 안뜰에서 본 서쪽 회랑 열주. 머리 없는 오시리스신 석상이 기둥사이에 있다. 주두 위에 린텔(보)이 걸려 있고 그 위에 지붕과 천장이 있었다.

아몬 신에게서 생명, 힘, 영원, 일치, 자비로운 심장을 선사받은 람세스 2세, 왕이 불멸의 존재임을 거듭 확인하고 강조하고 있다.

오른 쪽 오벨리스크는 프랑스 파리로 옮겨가 콩코드 광장 가운데 세워져 있다. 1798년 나폴레옹이 이집트 침공군을 편성하고 배에 막 오르려 하는데 부인 조세핀이 "당신이 이집트에서 개선하고 돌아올 때 조그마한 오벨리스크 하나를 선물로 가져오세요." 하고 부탁했다. 그러나 장군은 아내의 요구를 들어줄 여유가 없었다. 넬슨 제독에게 알렉산드리아 동쪽의 아브키르 해전에서 톡톡히 당했기 때문이다.

프랑스 수도 파리 한복판에 오벨리스크를 세우는 것은 나폴레옹의 소원이었고 나라의 명예로 생각해 그 후 이집트와 물밑 교섭이 이루어졌다. 교섭

람세스 2세 안뜰에서 제1탑문과 오벨리스크를 바라본 전경. 왼쪽이 삼신당이고 그 앞이 파피루스 기둥, 오른쪽은 모스크다.

당사자는 참 우습게도 상형문자를 해독한 쟝 프랑솨 샹폴리옹이었다. 그는 언어학자이면서 나폴레옹과는 개인적으로 각별한 사이였다. 이 때문에 정치적 압박을 받아 일찍이 수명을 다했는 지 모른다. 그는 나폴레옹의 소원을 들어주기 위함인지 영락없이 훼손되어가는 4000여년 전의 걸작품을 보호하려 함인지 알 수 없으나 격에 맞지않게 사업가로 변신하여 파샤[52] 알리와 흥정을 했다. 그는 당시로는 거금인 30만 프랑에 프랑스 왕 루이 필립에게 선물이라는 명목으로 오벨리스크를 파리에 보내기로 알리의 약속을 받아냈다.

52) 오스만 투르크의 지배하에 있었던 이집트 최고 통치자를 부르는 호칭. 국왕, 태수라고도 함

그런데 이를 눈치 챈 영국 찰스 10세가 보낸 테일러 남작이 알렉산드리아에 상륙하여 오벨리스크를 가로채는 협상에 들어갔다. 이에 프랑스는 알리가 보내주기로 한 약속을 기다릴 여유가 없었다. 이집트에 투자한 경험이 있는 건축 기술자 쟝 바티스트 아폴리네르 레바(Jean.B.A. Lebas)를 급히 프랑스로 보내 프랑스로 오벨리스크를 운송하는 책임을 맡겼다. 지금 파리 콩코드 광장 한 가운데 서 있는 오벨리스크는 죠세핀이 말한 '조그마한' 것이기는 커녕 엄청난 크기다.

이 오벨리스크가 나일강을 내려와 지중해를 건너 파리까지 오는데 얼마나 어려움이 많았는지 그 사연이 지금 콩코드 광장의 오벨리스크 기단에 기록되어 있다. 프랑스 건축기술자 레바가 이 오벨리스크를 운반하기 위해 특수 선박 룩수르 호를 건조해서 1831년 4월에 툴롱을 떠났다. 그 값비싼 화물을 싣고 이집트를 떠나 40일 뒤 툴롱에 도착했다. 거기에서 셰르부르를 거쳐 파리에 도착한 것은 1833년 12월 말이었다. 그는 설계와 시공까지 맡아 3년 뒤 1836년 10월 25일에 콩코드 광장 한가운데 이를 반듯하게 세웠는데 오벨리스크를 구경하러 콩코드 광장에 운집한 200만 파리쟌을 경탄시켰다고 한다. 그리하여 이 오벨리스크는 파리에서 가장 오래된 역사적 건조물이 된 것이다.

한 나라를 통치하는 파샤도 3,300년 전의 문화재를 외국에 선물로 주는 정도일진데 일반 주민들이야 문화재라는 관념이 있을 리 없다. 오벨리스크를 주고 프랑스 왕으로부터 답례로 받은 시계는 현재 카이로 동쪽 시타델의 성채 안에 있는 알리 모스크 경내에 설치되어 있으나 고장난 지 오래다.

람세스 2세 거상 사이를 지나 신전 안으로 들어갈 수 있도록 탑문 가운데를 틔어 놓았다. 당초 그 자리에는 기념문이 있었는데 지금은 문 위 벽이 없어져 터져 있다. 신전 입구를 지나면 람세스 2세 안뜰(Court yard)로 가게 된다. 첫째 탑문을 들어서니 넓은 공간이 나왔다. 람세스 2세 안뜰이다. 안뜰에 들어서서 제 1탑문을 바라보면 탑문 뒤에 붙어 왼쪽에 삼신(三神)당이 있다. 당초 핫셉수트 여왕과 투트모세 3세가 오페트 축제를 위해 이 자리에 예배소 하나를 세웠는데 그 후 람세스 2세가 예배소 양쪽에 같은 방을 추가하여 의식용 거룻배를 보관했다. 삼신당은 테베의 3신인 아몬신, 그의 부인 콘수, 아들 무트를 모신 신전을 말한다. 람세스 2세가 첫째 탑문을 건설하면서 그의 안뜰을 건설했는데 삼신당 앞에는 파피루스 꽃 봉우리 주두에 파피루스를 묶는 모습을 한 기둥 4개가 한 줄로 서서 안뜰의 분위기를 살렸다. 서쪽과 남쪽으로도 파피루스 꽃봉오리 주두의 기둥이 두 줄로 도열하고 있는데 그 사이로 오시리스가 된 람세스 2세의 석상이 머리가 없는 채 서 있다. 목에서 떨어진 두상은 모두 그 앞에 놓여 있다. 안뜰에 있는 기둥과 보에는 람세스 2세가 신에게 제물을 바치는 장면, 제사의식, 종교적 행사 장면, 취임식 장면 등이 음각으로 새겨져 있었다. 파라오가 아이들과 꽃을 들고 여신 세샤트에게 제물을 바치고 있는 장면은 그의 취임식을 그린 것이다.

3) 아부 엘 학가그를 위한 축제

람세스 2세 안뜰 동쪽엔 난데없이 아부 엘 학가그 모스크가 있었다. 모스크 자리는 당초 이 신전의 신성한 연못이 있던 곳인데 로마시대에 신성한 연못을 메우고 콥트교회[53]를 세웠다. 그것을 아랍시대(A.D. 641~1250)에 다시 모스크로 개조하여 지금까지 사용하고 있다. '순례객의 아버지'라는 뜻의 아부엘 학가그는 이슬람 시대에 룩소르에 와서 이슬람을 전파하다 1264년에 사망한 후 성자로 추앙 받는 인물이다. 모스크는 람세스 2세 안뜰을 등

| 53) 콥트교회란 고대 이집트 기독교 교회를 말한다.

오른쪽에는 제2탑문 앞에 아멘호텝 3세의 석상과 행렬통로 열주 14개가 보인다. 왼쪽에는 람세스 2세 안뜰 주위를 둘러싸고 있는 행렬열주 사이에 오시리스 석상이 있다. 머리 없는 석상 앞에 두상이 기둥 밑에 놓여 있다.

지고 동쪽으로 앉았다.

   아부 엘 학가그는 이슬람교가 한창 이집트를 풍미하던 13세기에 죽었는데 모스크 지하에 그의 무덤이 있어 당연히 학가그 모스크는 이슬람 교인들의 순례지가 되었다. 계단마다 향, 염주, 부적, 기도문 등을 파는 사람들이 있는가 하면 신도들이 손에 피를 내어 담벼락에 피 손도장을 찍기도 한다. 그의 무덤 주위를 돌면서 찬송과 기도의식이 끝나면 상 이집트의 고유 전통의 춤과 노래로 밤을 지새운다. 이튿날 축제 분위기는 절정에 달한다. 성자의 살아 있는 후손들이 학가그의 관을 들고 행렬 선두에 서서 학가그 모스크를 한바퀴 돈다. 이들 뒤로 룩소르의 뱃사공 조합원들이 의례용 배를 매고 뒤따른다. 이 배는 뱃사공들이 이 날에 맞추어 트럭으로 운반해 온다. 수천 년 전 고대 이집트 룩소르에서 그들의 조상이 태양신 아몬의 배를 짊어지고 행했던 스핑크스 참배길 축제의 전통을 재현한다. 그리고는 전통의 춤과 노래가 이어지는 흥겨운 잔치가 벌어진다.

4) 제2탑문

람세스 2세 안뜰 남쪽에 둘째 탑문이 있다. 이 탑문 앞에 아멘호텝 3세의 큰 좌상이 있다. 이 탑문은 지금 탑문이라 부르기조차 어려울 정도로 파괴되긴 했지만 룩소르 신전의 본래 입구라 할 수 있다.

둘째 탑문을 들어서면 거대한 기둥 14개가 2열로 서 있는 52m 길이의 행렬통로 실이다. 당초에 열주실은 지붕과 벽으로 밀폐돼 있었는데 지금은 두 줄로 선 기둥 7개 위에 큰 보 2개가 걸쳐 있다. 기둥의 주두는 활짝 핀 파피루스 꽃을 조각했으며 기둥에는 카르낙 신전에서 여기까지 성스러운 배를 운반하는 오페트(Opet) 행열을 후대 왕인 투탕카문왕과 호렘헵왕이 상형문

룩소르 신전 제 2탑문. 아멘호텝 3세 의 두 좌상과 그 사이에 허물어진 탑문이 보인다.

왼쪽에 제 1탑문과 학가그 모스크가 보이고 오른쪽이 행렬통로 열주다. 왼쪽 앞의 기둥은 비잔틴 시대 지은 건물들의 유적이다.

자로 생생하게 묘사했다. 투탕카문 왕 시대에 행렬통로 외벽을 완전히 막고 내부를 아름답게 장식하였다고 기록하고 있지만 지금은 아랫벽 몇 단만 복원해 놓았다. 행렬통로 실에 들어가자 말자 설화석고[54]로 된 조상(彫像)이 둘 있다. 하나는 수호신의 조상이고 다른 하나는 젊은 부부상이다. 행렬통로 실은 람세스 2세와는 별로 상관이 없는 곳인데 안내원은 람세스 2세와 그의 부인상이라고 설명했다. 그러나 석상의 얼굴이 젊고 자그마한 것으로 보아 행렬통로 실벽을 완성한 투탕카문왕과 그의 왕비 안케세나문이 아닌가 하는 것이 필자의 생각이다.

제2탑문부터는 건축가인 아멘호텝 3세의 아들, 하푸(Hapu)의 작품인데 열주 14개는 카르낙 신전의 대 기둥실과 함께 건축적 가치가 우수하다고 평가한다. 여기 기둥의 높이나 둘레가 엄청 커서 이것들을 시공하기가 그 당시

---

54) 설화석고/알라바스타(Alabaster)란 누른 빛에 흰색 줄무늬가 있는 반투명의 아름다운 이집트산 석재를 말한다. 석회암의 일종으로 탄화칼슘의 화합물이다. 석상과 제단 등에 사용되었고 지금도 관광지에서 돌그릇과 같은 관광 상품을 만들고 있다.

시공기술로는 쉽지 않았을 것이라는 것은 쉽게 짐작하지만 기둥 위에 있는 주두(柱頭)에 새긴 활짝 핀 파피루스 꽃 장식은 매우 훌륭하다. 이것은 람세스 2세의 안뜰에 있는 주두에 파피루스 꽃봉오리 묶음 기둥과는 확연히 구별된다.

5) 아멘호텝 3세의 안뜰

드디어 아멘호텝 3세의 안뜰에 들어섰다. 세 면은 두 줄의 돌기둥 60개가 ㄷ자 모양으로 둘려 있다. 여기 기둥 모두가 달린 파피루스 꽃 장식의 주두(柱頭)고 묶음 파피루스 형 기둥인데 반 토막으로 잘려진 것이 많았다. 한쪽 면은 기둥실이다. 기둥 4줄에 8열 즉 32개 기둥이 숲처럼 촘촘히 서

가운데는 아멘호텝 3세 안뜰 주위의 기둥숲이고 오른쪽 열주통로실의 기둥들이 일대 장관을 이루고 있다. 앞쪽의 폐허는 비잔틴 시대 건물들의 잔해이다.

있다.

1989년 1월에 이집트 고고학자들이 여기 안뜰의 지층을 조사했는데 뜻밖에 파라오 석상과 신상 26점을 발굴하는 개가를 올렸다. 그 중 아멘호텝 3세와 왕비 티에의 입상, 아멘호텝 3세 당시의 여신으로 보이는 아름다운 신상 하나가 거의 흠 없이 아주 깨끗한 상태로 발견되었다. 로마가 이집트를 점령할 그때 아마도 홍수로 진흙 속에 매몰된 것으로 추정한다. 앞의 것은 카이로로 옮겨 고고학 박물관 1층 홀 중앙에 당당히 앉아 있고 뒤의 것은 룩소르 박물관에 전시되어 있다. '룩소르의 모나리자'로 이름 지어진 이 여신상은 실물 크기의 좌상인데 머리엔 네메스를 두르고 두 손을 치마 입은 허벅지 위에 조용히 올려놓았다. 한 손은 펴고 다른 손은 움켜쥐었다. 얼굴은 갸름하고 입술 가에 엷은 보조개가 있어 스쳐 지나는 듯 미소를 띠고 있는 걸작품 중의 걸작이다. 여기까지 오면서 기둥 모양과 주두의 형태가 많이 변하고 있다. 람세스 2세의 안뜰의 기둥은 밋밋한 원주에, 파피루스 꽃 봉우리 주두(closed papyrus capital)이고 통로실의 14개 기둥은 활짝 핀 파피루스 꽃 주두(open papyrus capital)이다. 그리고 아멘호텝 3세 안뜰의 기둥실과 삼신당 앞의 기둥은 파피루스 꽃 봉우리 주두에 묶음 모양(closed bundle)의 파피루스 기둥이었다. 후대에 갈수록 파피루스 꽃봉오리 주두와 밋밋한 기둥을 선호했고 파피루스 꽃을 활짝 피게 조각한 통로실 열주의 주두는 아마도 행열 통로실의 분위기를 강조한 것이리라 여겨진다.

파피루스(Papyrus)는 이집트 나일강 삼각주 늪지대에서 자라는 갈대의 일종이며 멍석이나 바구니를 만드는데 사용되었다. 그런데 이 갈대를 이용하여 처음으로 종이를 만들었다는 것이 중요하다. 오늘날 종이를 뜻하는 영어 paper가 그리스어 파피루스에서 유래했다는 것은 모두 알고 있는 사실이다. 단면이 삼각형으로 된 파피루스를 30cm 정도 되게 얇게 잘라서 이어 붙게 하고 또 직각되게 이어 붙혀 압착하면 끈적끈적한 액체가 나와 자연 접착되고 이것이 건조하면 누런 빛깔의 종이가 된다.

　기둥실을 지나면 좀 넓은 공간이 나오는데 거기는 로마시대에 교회로 개조하여 쓴 곳이고 그 다음 기둥 4개가 있는 방은 전시실로 사용된 듯하다. 그 왼쪽으로 통한 방은 아멘호텝 3세의 출생실로 알려져 있고 다음 사방이 막힌 방은 알렉산더 대왕의 방이다. 기둥 12개가 있는 전실을 지나 마지막으로 지성소에 이른다. 지성소는 대개 신상을 모셔놓고 방문자의 출입을 금하고 있는데 여기는 벽에 벽화와 상형문자만 있고 방안에 아무것도 없어서인지 완전 개방하고 있었다.

　룩소르 신전이 처음 발견될 당시, 데이비드 로버트가 그린 그림을 보면 기둥과 큰 보가 무너져 있고 파라오의 좌상들이 반쯤 모래에 파묻힌 그야말로 폐가였는데 이만큼 복원한 것이 그렇게 다행한 일일 수 없다.

　19세기 이후 영국, 프랑스, 독일 화가들과 문학인들이 이집트에 와서 고대 이집트 문화유적을 보고 그들의 감동을 그림으로나 글로 유럽의 자기 나라에 전달하는 사람들이 많았다. 그 중에서 스코트랜드의 화가 데이비드 로버트가 그린 유적 그림이 많이 소개되었다. 룩소르의 여러 유적이 복원되기 전의 상황을 알려면 그의 수체화를 보는 것이 참으로 흥미있고 현장감이 있다. 그는 거의 1년을 이집트에 머물면서 수백 장의 건물유적을 그린 그림을 남겼는데 시시각각으로 변하는 빛과 그림자까지 표현하기 위해 한 유적지를 수십 번 방문했다. 그는 에딘버그 왕궁에서 구두를 제작하고 수리하는 구두 수선공의 아들이었지만 유적지 모사의 공로를 인정받아 빅토르 여왕의 존귀한 손님으로 가든파티에 여러 차례 초대받았으며 후에 왕립 미술원 회원이 된 사람이다.

2 카르낙 신전

　　카르낙 신전은 룩소르 신전에서 3km가량 북쪽에 떨어진 곳에 있다. 그래서 강변로를 따라 약 20분 간 마차를 타고 가는데 더운 날씨에도 강바람을 안고 달리는 터라 시원하고 강변의 경치가 그만이다.
　　룩소르 신전이 나일강을 따라 길이로 배치된 것과 달리 카르낙 신전은 직각으로 앉았다. 그래서 마차에서 내리면 바로 참배길을 앞에 두고 제1탑문을 바라볼 수 있었다. 당초에는 왕이 멤피스 왕궁에서 배를 타고 카르낙 선착장에 내려 계단을 올라가 참배 길을 통해 신전으로 바로 입장하게 되어 있었다. 강변 선착장에서부터 제1탑문 광장까지 스핑크스 참배 길이었음이 분명하다.
　　카르낙 신전은 수도 테베에서 '아몬 라'를 모시는 신전들 가운데서 가장 오래되고 규모가 크다. 이탈리아의 베드로 성당, 밀라노 성당, 그리고 프랑스의 노토르담 성당이 한꺼번에 들어갈 수 있을 정도니 그 넓이를 짐작할 만하다. 뿐만 아니라 남쪽의 콘수 신전, 북쪽의 몬투(전쟁의 신) 신전과 단지

신성한 연못에서 바라본 카르낙 신전 전경 : 왼쪽이 제1탑문, 가운데가 대기둥실, 오른쪽이 핫셉수트여왕의 오벨리스크, 그리고 앞의 연못이 신성한 연못이다.

(團地)를 이루고 있으니 그 일대는 엄청난 규모의 살아 있는 지상 최대의 노천 대박물관이라 할 수 있다.

1) 제1탑문

카르낙 신전은 중왕국 시대에 암몬 소신전이 건립된 이후 세누스레트 1세가 증축하였고 핫셉수트 여왕과 아멘호텝 3세, 람세스 2세를 거쳐 제 25왕조 타하르카까지 무려 1,300여년 동안 파라오의 '증축 의무'가 계속되었다. 신전 전체 길이는 375m, 최장 폭이 103m, (최단 폭은 91.6m), 면적 38,632.5m²(11,700평)이다. 울담 경내면적은 249,900m²(약75,700평)에 이른다.

양쪽으로 도열한 40개의 스핑크스 뒤로 카르낙 신전 제1탑문이 서 있다. 여기는 탑문 앞에 석상이나 오벨리스크가 없고 향나무가 단조로움을 달래주고 있다.

스핑크스 참배길 앞에 서서 카르낙 신전 제1탑문을 바라보았다. 양의 머리를 한 40개의 스핑크스가 양쪽으로 도열하고 있었다. 람세스 2세의 미니 조각상이 양의 턱 밑을 받치고 있다. 룩소르 신전의 스핑크스는 사람 얼굴인데 카르낙의 것은 양의 얼굴이다. 양은 아몬 신을 상징하며 파라오의 수호신이다.

탑문이 비록 수천 년 세월에 찢어지고 할퀴었어도 113m 폭에 43m 높이의 웅장한 모습을 짐작할 것 같다. 카르낙 신전의 정문인 제1탑문도 점토를 구워 만든 큰 규격의 벽돌을 쌓은 것인데 상형문자와 벽화가 희미한 양각부조(陽刻浮彫, Bas-relief)로 가득 차 있다. 탑문 앞에는 룩소르 신전처럼 광장은 없어도 제법 큰 향나무가 있었고 스핑크스 앞길에도 꽃나무가 있어서 삭막한 주위를 한결 부드럽게 하고 있었다.

제1탑문의 주 출입문은 기원 전 300년에 프톨레마이오스 1세가 마지막으로 개축했다는데 매우 간소하게 장식한 15m 두께의 신전 기념문이다. 여기를 들어서면 우선 널찍한 안뜰(Court yard)이 나오는데 기원 전 945년의 에티오피아 왕조 시대에 개축되었다고 에티오피아 안뜰이라고 부른다. 안뜰 폭이 103.02m, 길이 91.60m 이고 면적으로 계산하면 2,860평이다. 제1탑문과 제2탑문 사이에 남쪽과 북쪽을 막은 외벽 앞에 닫힌 파피루스 꽃 주두의 큰 기둥들이 한 줄로 서 있고 또 그 앞에 스핑크스가 도열해 앉아 있다. 여기 외벽과 그 앞의 기둥들은 제 22왕조 시사크왕(B.C. 950~929)이 증축한 것이다.

안뜰 가운데에 타하르카왕이 건설했다는 타하르카 정자가 있었던 터가 있는데 정자는 없어졌지만 정자를 받쳤던 반 토막 기둥들은 아직 남아 있었다. 그리고 에티오피아 안뜰의 북쪽 모퉁이에 방 3개짜리 세티 2세 신전은 일명 삼신당이라고 부르는데 아몬과 그의 아내 무트, 그리고 그의 아들이며 달의 신, 콘수를 모셨던 삼신당 내벽에는 그들을 찬양하는 벽화가 가득하고

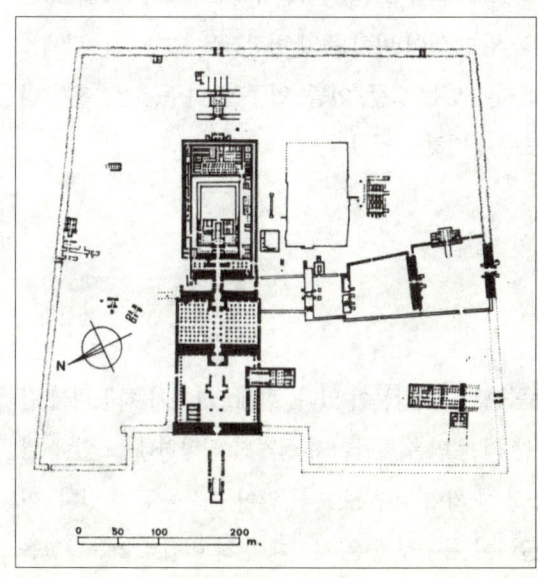

카르낙 신전 배치도.
오른쪽으로 제7~10탑문의 유적이 있으며 그 뒤로 신성한 연못이 있다. 앞쪽이 제1탑문, 제일 뒷쪽이 핫셉수트여왕의 태양신전이다.

에티오피아 안뜰 남쪽에 위치한 람세스 3세 신전 입구에 서 있는 왕의 석상 모습이다.

끝 방에는 신성한 거룻배를 보관했던 곳이다.

 에티오피아 안뜰 남쪽으로 람세스 3세 사원이 붙어 있다. 람세스 3세 사원의 입구 양쪽에 그의 석상이 있어 금방 찾을 수 있다. 그의 신전으로 들어가면 안뜰 3면에는 오시리스 기둥이 도열했는데 람세스 3세가 '유대 50년절'에 입는 군복 같은 것을 입고 있어 마치 독일 병정같은 모습이다. 람세스 3세 사원 자체만으로도 신전에 있는 탑문, 안뜰, 열주실, 다주(多柱) 홀 그리고 지성소(至聖所)까지 모두 구비하고 있었다.

2) 제2탑문

 에티오피아 안뜰의 동쪽으로 제2탑문이 있다. 람세스 1세가 착공해서 람세스 2세가 완공한 현무암 석재 벽은 허물어져 골격만 앙상한데 그 앞에 람세스 2세의 15m 높이 조상 한 쌍이 마주 보고 서 있어 눈길을 끌고 있다. 이것은 이 탑문 아래서 발굴하여 복구해 놓은 것인데 상하 이집트 2중 왕관을 쓴 파라오 석상의 오른쪽 안면과 가슴을 함마로 마구 찧어 놓았다. 그런데 왕의 입상 다리 사이에 있는 아름다운 여자 미니 조상만은 왕관이 조금 파손되긴 했지만 거의 온전하다. 이목구비가 선명하고 볼륨이 확실하다. 이 여성이 람세스 2세의 왕비인 네페르타리인데 균형 잡힌 이상적 몸매를 자랑하고 있다. 특이한 것은 파라오의 석상 어깨에 새긴 카르투쉬는 제21왕조의 피누젬왕의 것으로 바뀌어 있다. 그는 에티오피아 출신으로서 아몬 신전의 고급 신관이었는데 허약한 왕실을 밟고 제 21왕조를 세웠다. 자세한 사정은 알 수 없으나 그 당시에는 역성혁명이 그리 어렵지 않았던 것 같고 선대 왕의 석상을 자기 것으로 하면 선대의 오시리스신이 자기에게 옮아온다는 믿음때문에 남의 석상을 가로채 자기 것으로 한 것을 대수롭지 않게 여겼는지 모른다.

여기서 눈여겨 볼만한 것이 있다. 카르낙 신전의 평면도가 황금비에 의해

제2탑문을 보수하고 있는 장면. 탑문 앞에 람세스 2세 두 석상과 탑문 안에 대 기둥실이 보인다.

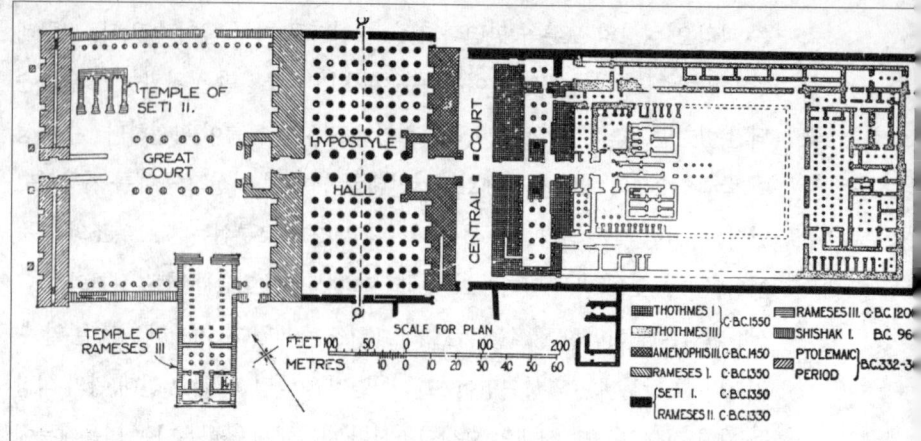

증축의 역사를 나타내는 카르낙 신전 평면도: 왼쪽부터 제1탑문과 그레이트 코트(에티오피아 안뜰), 제2탑문과 대기둥실, 제3탑문과 중앙 안뜰(아멘호텝 3세 안뜰)이다. 제19왕조 왕들의 작품이다. 오른쪽 건물들은 당초 테베 시대 이전에 아몬 신전이 있었던 곳인데 제18왕조가 시작되면서 이 신전을 보수, 복원하기 시작했다. 투트모스 1세의 제4탑문과 안뜰, 핫셉수트여왕의 경당 예배소다. 제1탑문은 프톨레마이오스 왕조가, 그레이트 코트는 에티오피아 왕조가, 남북쪽 외벽과 그 앞 열주는 시사크 왕이, 제2탑문은 람세스 2세가, 기둥실과 제3탑문은 아멘호텝 3세가, 제4탑문 · 제5탑문 · 그 안뜰은 핫셉수트 여왕과 투트모스 3세가 각각 건설했다.

구성되어져 있다는 것이다. 에티오피아 안뜰의 폭 103.02m가 기본이다. 제1탑문과 제2탑문 사이가 103.02m이고 제3탑문 포탈 문까지는 기본 길이의 $\sqrt{2}$배인 145.67m가 된다. 그리고 대 기둥실의 단면 길이의 $\sqrt{5}$배가 기본 길이인 장변길이 103.02m가 된다. 즉 기본길이에 $\sqrt{2}, \sqrt{3}, \sqrt{5}$와 같은 무리수를 적용하여 평면을 구성했다는 것이다 이 원리는 피라미드와 다른 장제전에서도 적용되어 있는 것을 보면 고대 이집트 건축에서는 보편화된 것 같다.

3) 대 기둥실 홀의 빛과 그림자

대기둥실의 기둥들은 건축적으로 규모, 의장, 음향, 채광 등 모든 면에서 카르낙 신전의 하이 포인트다. 이 대 기둥실이 있어 카르낙 신전이다.

29.5m 높이의 포탈(portal) 문으로 들어가니 폭 103m, 길이 53m의 넓은 방에 16줄의 기둥 134개가 어마어마한 크기와 높이로 숲을 이루면서 서 있었다. 기둥실 홀의 방 하나 넓이가 파리의 노틀담 사원을 들여앉힐 만하다고 하니 그 규모를 짐작할 수 있을 것이다. 기둥 표면에는 아몬 신을 찬양하고 파라오가 전쟁에서 승리한 과정을, 그리고 재임 중 파라오의 위대한 업적을 상형문자로 음각했다. 본랑(네이브, nave)[55] 기둥은 양쪽 6주로 원기둥 하나의 크기는 높이 23m, 원둘레 11.05m(직경 3.53m)이며 측랑(side aisles) 기둥 122주 높이는 14m, 원둘레 8.47m(직경 2.7m)다. 기둥은 단주 5개를 차곡차곡 쌓아서 하나의 기둥이 되게 하였다. 원기둥 1개 무게가 약 400톤이다. 그런 것 134개를 세우고 그 위에 또 어마어마한 큰 대들보를 올려놓았다. 어떻게, 무슨 장비로 올렸을까?

기둥 위에 연꽃같이 만개한 파피루스 꽃 주두의 직경이 4.78m라고 하니 보통사람 50명이나 올라 설 수 있는 면적이다.

이러한 크기의 기둥 숲이 빚어내는 빛과 그림자의 조화가 또 사람을 감동시킨다. 대기둥실의 중앙 두 줄(네이브) 12기둥이 양쪽 측랑 기둥들 보다 더 크고 높다. 기둥높이 차이(9m)는 기둥실의 천창(天窓)이 되어 시시각각으로 변하는 빛과 그림자를 조화시켜 실내 분위기를 바로 환상의 세계로 만들어 놓는다. 그 당시 이런 설계를 어떻게 했으며 어떻게 시공하였을까?

대 기둥실의 네이브(nave)에 통로 열주기둥 12개를 계획한 사람은 기원전 1375년에, 룩소르 신전을 지은 아멘호텝 3세였고 그의 아들인 건축가 하푸가 이를 시공했다. 양쪽 측랑 기둥(side aisles)은 후대의 호렘 헵왕, 세티 1세, 람세스 2세, 람세스 4세까지 대를 이어 건설했다. 그러나 양쪽 측랑 기

---

55) 네이브는 고딕 건축에서 교회나 강당 등 중앙부분을 가리키며 측랑(아일)을 기둥이나 간벽으로 구획했다.

대 기둥실 주신(柱身)에는 상형문자로 파라오의 전쟁 영웅담이나 업적을 새겼고 활짝 핀 원형의 파피루스 주두 위에 큰 보가 걸쳐 있다.

둥들의 큰 골격은 람세스 2세의 작품이다. 람세스 2세는 기둥 하나에 그의 대관식과 자기 업적을 새겼다. 대기둥실을 지나면 포치(porch)가 달린 제3 탑문이다. 높이가 32.3m이고 길이 91.6m, 두께도 10m나 되는 이 탑문도 대기둥실과 같이 아멘호텝 3세의 작품이다.

에티오피아 안뜰에서 카르낙 신전 탑문과 람세스 3세 신전 사이에 있는 열주 앞에 수많은 스핑크스가 줄지어 앉아 있다.

람세스 3세 신전과 그의 석상을 보기 위해 많은 외국 관광객이 가장 흥미와 관심을 가지고 찾고 있다.

4) 하늘을 찌르는 오벨리스크

카르낙 신전은 제 4탑문에서 동쪽신전까지는 아멘호텝 1세가 착공해서 핫셉수트여왕이 완공했다. 여왕은 건축가 이네니와 세넨무트의 도움으로 카르낙 신전의 기본평면을 입안했다. 여왕은 신왕국 초기의 기틀을 정착시킨 파라오로 떠오른다. 그 당시는 지금의 제2탑문에 운하 선착장이 있었고 선착장 북쪽에 여왕의 궁전이 있었다. 그리고 제1탑문에서 기둥실을 포함하여 제3탑문까지는 아멘호텝 3세와 그 후대에서 추가로 건설한 것이다. 제3탑문을 지나면 아멘호텝 3세의 안뜰이다. 거기는 그렇게 크지 않은 안뜰에 투트모세 1세의 제4탑문이 있었다. 그러니까 제4탑문은 당초 카르낙 신전의 첫 탑문인 셈이다.

카르낙 신전의 오벨리스크.
왼쪽에 떨어져 희미하게 보이는 것이 투트모세 1세의 오벨리스크이고 오른쪽의 것이 핫셉수트 여왕의 오벨리스크이다.

제5탑문과 핫셉수트 여왕 안뜰에여왕의 석상이 보인다.

제4탑문 앞에 투트모세 1세 석상과 오시리스(머리 없는 것이 대부분) 석상, 비석이 세워져 있고 핑크색 화강석 오벨리스크 하나가 서 있었다. 당초에는 핫셉수트 여왕이 부왕 투트모세 1세를 위해 높이 23m, 무게 143톤 되는 오벨리스크와 석상 한 쌍씩을 세웠는데 지금 한 개씩만 남아 있다.

제4탑문을 지나면 투트모세 1세 안뜰이 나오고 그 끝에 핫셉수트 여왕 자신이 건설한 제5탑문이 서 있다. 이 탑문 앞에 오벨리스크 2개를 세우고 양쪽으로 둥근 기둥 14개를 세웠다. 여기에 여왕 치세 16년에 2개의 오벨리스크를 추가로 설치했다. 그러나 지금은 기둥들 모두 없어지고 높이 30m, 무게 200여 톤 되는 오벨리스크 1개만 외로이 서 있다. 2개는 외국으로 반출되었고 1개는 파손된 채 성스러운 연못가 좀 떨어진 마당에 전시되어 있었다. 지금 서 있는 여왕의 오벨리스크는 투트모세 1세의 것보다 7m 더 높다. 멀리서 보면 부녀의 오벨리스크가 쌍립을 이루고 하늘을 찌를 듯 우뚝 서 있다. 핫셉수트 여왕은 제5탑문 안쪽 넓은 자기 안뜰에 예배소를 두고 양 사방

제2장 파라오의 고도 룩소르

에 두터운 울벽을 쌓았다. 여왕 사후에 투트모세 3세가 이 안뜰에 제6탑문을 세웠다.

　붉은 예배소 동쪽에 동쪽 신전이 동향으로 앉았고 그 다음이 투트모세 3세 신전과 람세스 2세 신전의 유적이 남아있다.

　여왕이 건설한 제 5탑문 앞의 오벨리스크 4개 중 서쪽(앞) 2개는 여왕의 치세 16년째 되는 해에 왕위 갱생용 이벤트로 추가 설치되었다고 앞에서 설명한 바 있다. 추가공사는 이미 완공된 그 주위 일부를 해체하고 설치하였기에 매우 난공사였을 것이다. 그러면 어떻게 건립했는지 아스완 근처 알 마하타의 판각문(板刻文)과 카르낙의 동쪽신전, 그리고 여왕의 장제전 1층 벽에 그려진 벽화를 인용하여 오벨리스크의 제작과 운송, 설치 등을 설명하면 다음과 같다.

　(1) 오벨리스크의 제작
　붉은 화강암 채석장에서 전문가들이 일말의 결함도 없는 거대한 바위를 찾아 필요한 부분에 선을 긋고 다음엔 석공들이 달라붙어 선에 따라 작은 구멍을 촘촘히 만들고 그 안에 나무 쐐기를 박는다. 그리고 쐐기에 물을 잔뜩 붓는다. 나무 쐐기가 부풀어지면 그어놓은 선에 따라 석재가 분리되는데 그것을 깎고 다듬는다. 다음은 서기관들이 상형문자로 된 헌사의 문구를 오벨리스크 표면에 쓰면 조각가가 섬세하게 끌질을 한다.

　(2) 운반
　오벨리스크를 목재썰매에 단단히 묶고 널찍한 운반선의 갑판 위에 올려놓는다. 운반선은 누비아의 돌 무화과나무로 만들어져 가볍고 단단했다. 운반선의 크기는 대게 너비 21m, 길이 63m였다.

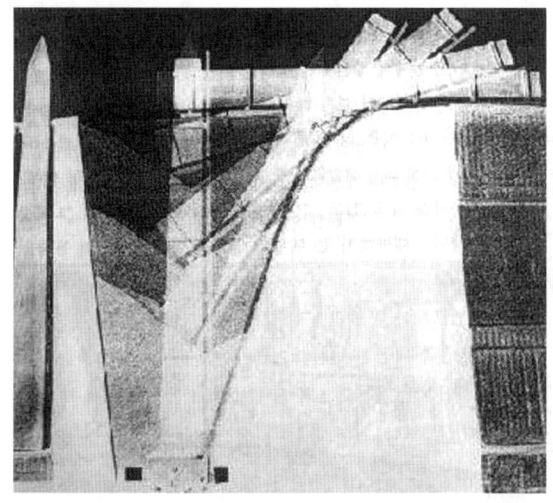

오벨리스크를 설치하기 위해 내리는 장면. 왼쪽에 서 있는 것이 가설재에 고정된 오벨리스크이며 이것을 롤러에 의해 운반하여 내려 세워 놓았다

(3) 예인

운반선의 예인은 10척으로 구성된 예인선 3팀이 앞에서 끌고 안내선 3척이 지휘한다. 예인선은 노만 갖추고 강의 범람시기에 물 흐름을 맞추면서 방향을 조정한다.

예인선에는 30여 명의 노꾼들이 좌우현에 배치하였다고 보면 각 팀 300명, 모두 1000여 명의 인력이 달라붙었을 것으로 추정할 수 있다.

(4) 오벨리스크 설치작업

이리하여 오벨리스크 2대가 룩소르 카르낙 신전 선착장에 도착하면 핫셉수트와 투트모세 3세의 환영식에 이어 시민들의 축하공연이 뒤따랐다. 공사 총감독 아멘호텝은 이 두 거석을 기존 신전 안으로 운반했다. 우선 오벨리스크가 앉을 자리의 동쪽에 흙으로 빚은 벽돌로 임시 경사로를 설치하고 정좌할 방향으로 모래더미를 만들었다. 경사로에 묽은 진흙을 발라서 미끄럽게 하고 밑동을 앞세운 오벨리스크를 수백 미터 행렬의 노동자들이 오벨리스크 높이 2/3 이상 되게 끌어올렸다. 거기에서 모래더미 위에 얹어 밧줄로 기울기를 조정하면서 미리 자리 잡은 기초 석 위에 맞도록 하였다.

이것은 수십 년 동안 오벨리스크 설치절차를 연구한 프랑스 건축학자들이 최근 카르낙 현지에서 모형을 만들어 시뮬레이션 작업을 여러 차례 시도한 끝에 가장 실현성이 있다고 제시한 것이다.

(5) 마무리 작업

오벨리스크 전체를 60kg이나 소요되는 호박금[56]으로 덧씌우고 각추부에 봉헌장면을, 몸통에는 상형문자로 판각문을 새겼다. 지금 연못 옆에 누워 있는 오벨리스크의 각추부에서 아몬 신이 여왕에게 왕관을 수여하는 장면을 볼 수 있다. 이렇게 해서 이 공사를 완전히 마무리 하는데 19개월이 소요되었다.

5) 제6탑문

제6탑문은 많이 허물어져 형체만 근근이 보수해 놓았다. 당초 제5탑문에서 동쪽 신전까지는 핫셉수트여왕의 붉은 예배소였었는데 투트모세 3세가 여기를 가로질러 제6탑문을 건설한 것이다. 안뜰에는 색다른 화강암 기둥 두개가 서 있다. 기둥 꼭대기에 예쁜 꽃을 돋을새김으로 부조했는데 하나는 하 이집트를 상징하는 파피루스 꽃문양이고 다른 하나는 상 이집트를 의미하는 연꽃이다. 이들 기념물은 투트모세 3세가 단독 왕이 된 후 상하 이집트를 통일시킨 것을 기념하여 제작한 것이라고 여겨진다.

---

56) 호박금은 75%의 금과 22%의 은, 3%의 구리의 합금이다.

제6탑문, 탑문 안팎에 있는 기둥들. 안의 것은 파피루스 주신과 주두, 밖의 기둥 상부에 활짝 핀 파피루스 꽃을 아름답게 새겼다.

핫셉수트여왕의 붉은 예배소 주위를 둘러싼 벽 밖을 나오면 떠오르는 태양을 바라보고 앉은 '동쪽 신전' 유적이 남아 있다. 이것은 핫셉수트여왕이 '태양의 딸'이란 자기 즉위 명에 부응하기 위해 태양신에게 봉헌한 신전이다. 이 신전 안벽에 네페루레 공주의 이름으로 조각된 부조가 있었다. 아마도 여왕은 자기 맞딸에게 자기 권력을 승계할 생각이었는지 모른다. 여왕은 동쪽 신전 앞에 높이가 54m이고 첨탑에 호박금을 입힌 붉은 화강암 오벨리스크 두 개를 설치했었다. 그 오벨리스크의 각추부(피라미디온) 하나가 지금 카이로 고고학 정원에 전시되고 있는데 거기에 보면 여왕이 아몬 앞에 무릎을 꿇고 있는 부조를 망치로 쳐서 지워버리고 대신 봉헌용 제물을 얹은 식탁을 새겼다. 여왕의 흔적을 없애는데 철저했다.

동쪽 태양신전 유적지를 지나서 넓은 유적지 터가 또 있다. 여기가 투트모세 3세 신전이고 그 보다 더 동쪽의 것이 람세스 2세 신전인데 너무 폐허라서 무슨 신전인지 조차 알기 어렵다. 투트모세 3세 신전은 로마, 이슬람시대를 지나는 동안 다른 용도로 쓰이는 바람에 크게 훼손되고 말았다. 로마시대에는 교회로 사용하였고 이슬람 시대에는 연회장으로 이용하려고 내부시설을 고쳤다. 사각기둥 표면에 어두운 갈색으로 무슨 그림이 많이 그려져 있었으나 희미하여 분별할 수 없었다.

6) 신왕국 개조 아흐모세와 이집트 나폴레옹 투트모세 3세

아흐모세는 테베에서 이집트 제18왕조를 일으킨 파라오다. 고대 이집트는 고왕국시대 제3,4왕조에서 국력이 최고조에 이르렀다가 제12왕조(B.C. 1991~1785) 때에 왕권이 극히 약해져 지방 호족들이 국토를 분점하게 되었다. 그러다 상 이집트는 누비아가, 하 이집트는 힉소스가 점령했다. 다만 테베지방 호족 카흐모세가 이집트의 명맥을 근근이 유지하고 있었다. 제 12왕조 후 이집트를 215년 동안 시리아의 힉소스가 점령했다는 사실(史實)이 바로 이것이다. 그동안 힉소스는 테베를 여러 차례 공격해서 카흐모세 부왕을 도끼로 살해하는 등 테베와 교전이 끊이지 않았다.

그 당시 힉소스는 누비아와 좋은 외교관계를 유지하고 있었다. 그들은 테베를 공격하여 점령하고 테베를 양분하자는데 비밀 합의했다. 힉소스가 구체적인 작전계획을 마련하여 첩자를 누비아에 보냈다. 그 당시에는 통신 방법이 육로에 의한 문서전달 방식뿐이었다. 이런 기미를 알아채고 통행자를 주야 감시하던 테베 병사에게 첩자가 잡혔다. 첩자가 소지한 문서에는 공격방법과 전후처리에 관한 내용이 구체적으로 자세히 적혀 있었다. 그날부터 테베가 본격적인 전쟁준비에 들어갔다.

투트모세 3세 신전 유적 전경

약관의 카흐모세가 힉소스 진지가 있는 아바리스를 기습 공격했다. 그런데 성공 직전에 그는 전사하고 만다. 그때 카흐모세의 동생 아흐모세는 10살의 어린 소년이었으나 형과 같이 이 전투에 참가하고 있었다. 나라와 가족의 운명을 한꺼번에 이어받은 그는 10년 후 끝내 아바리스를 점령하고 힉소스를 몰아낸다. 아흐모세는 내친 김에 누비아까지 항복시켜 그가 이끄는 테베의 군대가 지중해에서 누비아까지 세력을 확장하여 이집트를 통일하고 기원전 1570년 이집트 제18왕조를 세웠다.

이때부터 상 이집트 지방 신에 불과했던 테베의 태양신 아몬이 하 이집트 멤피스 지방의 태양신 라(Ra)와 함께 통일왕국 주신이 되고, 고대 이집트 신왕국 파라오는 국가주신 '아몬 라'를 찬양하는 신전을 각지에 건립하게 되었다.

제2장 파라오의 고도 룩소르 135

아호모세가 신왕국을 창건하였다면 투트모세 3세는 이집트의 나폴레옹이라 칭할 만큼 영토를 확장한 왕이다. 투트모세 3세는 핫셉수트 여왕의 섭정기간이 지나고 공동 집정제에 의한 공동 왕이 되지만 그가 장성할 때까지 실질 왕권은 핫셉수트 여왕이 가졌다. 그는 군인으로서 훌륭하게 성장하고 20년 후 화려하게 왕으로 복귀했다.

그가 왕이 된지 얼마 되지 않아서 주위 왕국들이 연합하여 이집트를 공격하려고 므깃도에 집결했다. 므깃도는 지금 이스라엘의 이즈르엘 평야 남쪽에 있는 도시지만 그 당시에는 히타이트 본채 요새가 있던 곳이었다. 고대 이집트와 히타이트는 대대로 공격과 방어의 연속이었다. 이집트가 약해지는 징조만 보이면 히타이트 연합군이 쳐들어왔고 이집트가 강해지면 그들을 공격하여 점령했다.

투트모세 3세는 이런 전후 사정을 잘 이해하고 있었다. 전임 파라오에서 새 파라오가 들어서면 신구 세력 간 알력이 있을 것으로 짐작하고 히타이트가 연합군을 결성했다는 정보를 입수하고 있었다. 그는 전쟁을 하려면 개조(開祖) 아호모세처럼 선제공격이어야 한다고 생각하고 이를 위한 작전 참모 회의를 개최했다. 므깃도를 공격하려면 두 가지 길이 있었다.

하나는 지금의 아리-가자지구를 지나 지중해변을 따라 북상하여 므깃도 요새의 정면을 공격하는 길이다. 두 번째는 네게브 사막(이스라엘 남부)을 지나 사해 지구대(死海地溝帶)[57]를 따라 므깃도 후방을 공격하는 길이다. 후자는 감히 생각할 수 없는 험하고 먼 길이었다. 파라오의 참모들은 잘 알려진 평탄로를 이용한 정면공격 계획을 수립했다. 그러나 왕은 참모들의 계획과 달리 사막을 지나는 멀고 험난한 길을 택했다. 아무도 생각할 수 없는 이 아이디어도 개조 아호모세의 것을 빌린 것이다. 평탄한 길에는 므깃도 동맹

---

[57] 이스라엘 갈릴리호수에서 사해까지 지각변동에 의해서 계곡처럼 움푹꺼진 요르단 강 유역

군이 매복하고 있었지만 먼 길로 통하는 요새 뒤쪽엔 무방비 상태였다. 기원전 1456년 난공불락이라던 므깃도 요새를 드디어 정복했다. 투트모세 3세는 많은 전리품을 싣고 당당히 개선했다. 전차 892대, 마차 1299대, 노예 1,000여 명의 전리품을 카르낙 신전에 바치고 전쟁 전말을 카르낙 신전 기둥실 큰 기둥 하나에 기록했다. 이렇게 투트모세 3세는 북으로 시리아, 남으로 누비아를 아우르는 강대한 면적의 통일국가를 이루었으며 파라오 역사상 드문 강력한 군주가 될 수 있었다.

7) 허물어진 고대 이집트의 영광

다시 제4탑문 쪽으로 되돌아 와서 투트모세 1세의 오벨리스크가 있는 아멘호텝 3세의 안뜰에서 멈추었다. 거기서 남쪽으로 람세스 9세의 문을 통해서 건물 바깥으로 나왔다. 신성한 연못과 제7~10탑문이 보였다. 제7~10탑

제 8탑문. 핫셉수트 여왕이 건설하여 왕의 가족 석상을 세웠다. 여기서부터 룩소르 신전까지 참배길이 있었다. 지금은 그 흔적만 남아 있다.

문은 본 건물과 직각(┣형태)으로 섰고 그 사이에 신성한 연못이 있었다. 핫셉수트여왕이 제8탑문을 건설하고 아멘호텝 1세를 비롯하여 여왕 당시 가족의 석상을 세웠다. 여왕의 건축가 하프세네브[58]가 여왕을 기리기 위해 이 탑문을 세우고 탑문 벽에 여왕의 푼트 원정에서 일어난 일을 부조해 놓았는데 지금 벽에는 여왕의 부조가 지워지고 대신 손자인 아멘호텝 2세의 것이 자리해 있다. 그때 제8안뜰에는 사방으로 기둥이 서 있었는데 후에 투트모세 3세가 제7탑문을 세워 안뜰을 갈라놓았다. 7탑문 벽에 투트모세 3세 왕이 한 손에 치켜든 무기로 무릎 꿇은 적의 무리를 위협하는 부조를 볼 수 있다. 제7탑문 안뜰에는 앞에서 말한 핫셉수트여왕이 세운 오벨리스크 하나가 밑동이 달아난 채 누워 있었다.

제8탑문은 새해 첫날 아몬신의 거룻배를 이고 거창한 행진이 시작되는 곳이며 룩소르 신전까지 가는 스핑크스 참배길의 출발점이었다. 그 뒤 제9, 10탑문이 생겼으니 오늘날은 제10탑문에서 룩소르 신전으로 가는 스핑크스 참배 길의 흔적이 뚜렷이 남아있다.

제9탑문은 아멘호텝 4세(아케나톤 왕)가 아마르나로 천도하기 전 그의 신전이었는데 그가 죽자 바로 파괴된 것으로 추정된다. 여기 탑문 앞에서 1925년에 6,000여 사암(Sand stone) 파편이 땅 속에 묻혀 있는 것을 발견했다. 그런데 이 많은 사암 파편 일부를 끼어 맞춰보니 신왕국 시대 당시 서민생활을 부조한 큰 석판 하나가 만들어졌다. 지금 룩소르 박물관에서 283개 파편으로 복원한 4m×18m 부조 벽에는 고대 이집트 사회에서 농민이 들에서 일하는 장면, 화공이나 석공들 작업, 신전에서의 일상생활이 그려져 있다. 아주 희귀하고 고고학적 가치가 크다고 평가한다.

---

58) 아몬의 대신관으로 누비아로부터 들어오는 봉물들과 신의 영지에 속하는 부동산을 관리하였다.

8) 신성한 연못 sacred lake

　제사장이 매일 신성한 의식을 시작하기 전 신성한 연못에서 목욕하고 몸과 마음을 가다듬었다. 신성한 연못의 크기는 길이가 120m, 폭이 77m이다. 제법 크지만 이런 정도의 신전에 그 정도는 돼어야지 생각했다. 연못 주위에는 길이 잘 닦여 있어 거닐거나, 멀리 서서 유적전경을 구경하기에 좋다.

　광장과 접해 있는 이 연못 모퉁이에 핑크색 네모 화강석 기단(基壇)이 있었다. 그 위에 왕쇠똥구리 석상, 스카라베(scarabs) 하나를 얹어 놓았다. 기둥 기단에는 태양신에게 제물을 봉양하는 벽화를 새겼다.

　스카라베는 고대 이집트의 태양사상과 관련이 있는 동물이다. 이집트인들은 매일 동쪽에서 떠올라 서쪽에서 땅속으로 떨어지는 태양을 거대한 쇠똥구리가 굴리고 다니는 원반이라고 연상(聯想)했다. 동물의 배설물을 동그랗게 떼어내서 땅 속으로 밀고가 그 안에서 새끼를 낳는 쇠똥구리의 생활 방식에서 인간의 탄생과 새로운 생명, 더 나아가 부활을 연상하는 것이다. 그

신성한 연못 모퉁이 키 큰 야자수 아래에 스카라베가 보이는데 그 주위로 젊은 관광객들이 소원성취를 기원하면서 돌고 있다.

래서 삶을 상징하는 푸른색으로 쇠똥구리 장식물을 만들어 사자(死者)의 가슴에 달아주었다. 사자의 영혼이 오시리스 심판관을 무사히 통과하여 영생을 얻게 하는 주술(呪術)이 되었다.

스카라베는 아멘호텝 3세가 처음 조각하여 카르낙 신전에 두었다. 그 후 알렉산더 대왕이 이집트를 정복하고 파라오로 추대되었을 때, 파라오 대관식에 사용하기 위하여 스카라베 석상 4개를 제작했다. 그 중 한 개가 지금 연못가에 남아있다. 이것이 떠오르는 태양의 영원성을 형상화한 것이라 해서 그날도 여러 젊은 남녀들이 줄을 지어 스카라베 주위를 탑돌이 하고 있었다.

초현대에 살고 있는 요즘 사람들도 수천 년이 지난 저 돌덩이에다 자기 소원을 빌고 있다니! 양의 동서를 막론하고 소원 성취를 무속적(巫俗的) 신앙에 의탁하려는 심정은 그때나 지금이나 별로 다를 것이 없는가 보다.

아몬 카르낙 신전은 결국 스핑크스 참배길-제1탑문에서 제6탑문, 성소로 대 단원을 이루고 별도로 동쪽 신전, 투트모세 3세 신전, 람세스 2세 신전이 동쪽을 향해 배치되었다. 모든 방이 정확히 좌우 대칭이고 평면이 균제법(Symetric Rule)에 의거 배치되었다. 그리고 신전 외주 벽이 안쪽으로 70도 경사져 있고 무주(無柱) 무창(無窓)으로 속계와 구별했다.

기둥은 주초, 통주, 주두, 그리고 돌 평지붕으로 되었는데 성소 방향으로 갈수록 바닥은 높아지고 천장은 낮아진다. 조명은 기둥실을 거치면서 점점 어두워지고 고창(cleastory)으로 신화적 분위기를 연출하다 성소에서는 천창(top-light)에서 들어오는 희미한 조명으로 종교적인 사색이 가능하도록 했다. 참으로 거대한 신전군이 1,300여년(투트모세 1세에서 타하르카왕까지는 850년 간) 을 장기간 건설했음에도 마치 당초부터 전체 설계도가 있었던 것처럼 전체 평면구성이 질서정연하다. 이것은 그들의 신앙과 전통이 수백 년을 지나도 변함없이 일관되게 존중되어 왔기 때문일 것이다.

벌써 하루해가 다 저물어간다. 바깥으로 나와 보니 이집트의 태양도 강 서쪽 언덕 너머로 저녁 하늘을 붉게 물들이며 서서히 가라앉고 있었다.
　마차를 타고 어둑어둑한 강변도로를 달리면서 그림 같은 나일강을 바라보았다. 아무리 바라보아도 아름다운 한 폭의 그림이다.

3 파라오의 장제전

1) 핫셉수트여왕 장제전

오늘은 모처럼 제대로 한다는 전문 가이드를 모시고 나일강 서안 왕가의 계곡을 답사하는 날이다. 유럽 관광객 8명과 우리 둘 모두 10명을 태운 미니버스는 남쪽으로 한참을 내려가서 나일강을 건넜다. 다시 북쪽으로 오는 사이에 보니 강 서안에도 수로시설이 되어 있어 농사를 짓고 있었다. 수로시설은 옛날 석재를 싣고 나르던 운하임에 틀림없다. 밭은 옛날부터 있었지만 사람 사는 집은 별로 없었는데 이제 보니 여기도 꽤 많아졌다. 룩소르에도 강 서안은 사자(死者)만이 사는 곳이라 했던 고대 이집트의 사고방식은 이미 아니었다.

강 서안에서 바라 본 룩소르 신전이 그야말로 그림 같이 아름답다. 우리는 멤논 거상 유적지를 지나서 제일 먼저 도착한 곳이 핫셉수트여왕 장제전이었다.

핫셉수트여왕은 고대 이집트의 신왕국 제18왕조 제5대 파라오다. 투트모세 1세의 딸로써 투트모세 2세의 왕비였다가 왕이 일찍 죽자 양아들 투트모세 3세의 섭정과 공동통치 제왕으로 초기 신왕국의 기틀을 마련한 여걸이었다. 고왕국 시대 장제전은 마스타바 안이나 아니면 피라미드 곁에 건설했으나 신왕국 시대에는 사체가 있는 무덤을 왕가의 계곡 어느 바위 밑에 은밀히 숨겨두고 장제전은 사람의 발길이 잘 닿는 서쪽 강변에 따로 건설했다. 사자를 추모하고 영생을 축원하는 곳일 뿐 아니라 벽과 기둥에 죽은 파라오의 생전의 치적을 기록해 놓은 곳이기도 하다.
  나일강 서안, 병풍처럼 둘러싸고 있는 절벽 밑에 핫셉수트여왕의 장제전이 고요히 휴식하고 있었다. 이른 아침, 황금색 바위 절벽과 나일강에서 반사된 부드러운 햇살이 이 장제전을 환하게 비춰준다.
  여왕의 장제전을 '북쪽의 수도원' 이란 뜻의 '데이르 엘 바하리' 라고 하는 것은 로마시대 초기 콥트 교인들이 이곳을 수도원으로 사용한데서 유래한다. 이집트 역사상 최초로 여자 파라오가 된 핫셉수트여왕이 자신의 장례사원 예정지를 직접 가보고 이 언덕아래 낙점했다. 건축가 세넨무트는 병풍처럼 둘러싸고 있는 황토색 절벽의 상하 줄무늬에 맞추어 장제전 3층 건물을 설계하였다. 세넨무트는 주위 여건과 조화되게 한 새롭고 혁신적인 아이디어로 이 장제전을 설계함으로써 후대 건축 설계에 큰 영향을 끼친 건축가로 명성을 얻었다. 그러나 필자는 사각 창문 배열이 너무 기하학적이라 황토색 절벽의 자연적 배경에 부합되지 않은 것으로 평가했다. 그러나 복원한 기둥이 원래의 핫셉수트여왕의 오시리스 석상으로 조각되었다면 지금같이 인위적 단순함이 아니라 불규칙적인 기둥선이 되어 뒤 언덕과 퍽 조화를 이루었을 것이라 여겨진다.
  여기는 우선 다른 장제전이나 신전과 달리 3층으로 구성되었고 지하실이 있다. 나일강에서 또는 강 건너에서 넓은 안뜰 위에 있는 기둥 배열이 다 보이는 것은 안뜰이 3개 층으로 층계되어 있기 때문이다. 경사로 2개가 건물 가운데에 직선으로 배치하여 3층 제일 높은 지성소에 바로 다다르게 한 것은 기능적인 목적 뿐 아니라 하늘로 떠오르는 기분을 느끼게 한다.

완전히 폐허인 채 남아 있는 왼쪽의 멘투호텝 2세(약 500년 선대 왕)의 장제전에 이와 같은 경사로가 있는 것으로 봐서 아이디어를 따온 것 같다. 그리고 절벽에 바짝 붙어 또 다른 장제전 하나가 멘투호텝 2세 장제전과 핫셉수트 장제전 위에서 내려다보고 있다. 이것은 너무 폐허인지라 잘 구별이 되지 않지만 투트모세 3세 장제전이다. 원래 핫셉수트 여왕이 건축가 투티를 시켜 자기 장제전과 멘투호텝 왕 장제전 사이, 접근조차 힘들만큼 높으면서 좁디좁은 자리에 카-아케트(위대한 옥좌)라는 새로운 기념물을 아몬 신에게 봉헌했다. 이것을 투트모세 3세가 자기 장제전으로 개축한 것이다. 우리는 지금 모랫바닥으로 되어 있는 넓은 제1안뜰에서 핫셉수트 여왕의 장제전 건물과 뒤에 전개된 절벽을 감상하면서 한참동안 서 있었다.

(1) 본래의 장제전 모습

이 장제전도 비잔틴 시대에 콥트교 수도원으로 변신했다가 이슬람교가 들어온 이후 폐가가 되었다. 수백 년을 지나면서 모래에 완전히 매몰되어 있었다. 그러다가 나폴레옹의 이집트 원정대에 따라온 학자들이 이를 발견했다. 그 당시에는 이 신전이 언제, 누구에 의해 건설되었는지 전혀 몰랐다. 1829년 샹폴리옹이 상형문자를 해독하기 위해 유적 여기저기를 방문하고 있었는데 데이르 엘 바하리 장제전의 폐허 더미에서 여왕에 관한 판석을 발견했다. 거기에 쓰인 상형문자를 해독해 보니 여왕이 고대 이집트를 통치했다는 내용이었다.

그때만 해도 파라오 가운데 여왕의 이름이 전혀 나타나지 않았었다. 샹폴리옹이 다녀간 후 30년이 되는 1859년 프랑스인 오귀스트 마리에트가 여기

핫셉수트여왕의 장제전 전경. 여왕의 오시리스 석상이 각 기둥 전면에 있었는데 지금은 1층 오른쪽 끝에, 2층과 3층에는 중간과 끝에 몇 개 붙어 있다.

를 처음 발굴하기 시작했다. 그가 손댄 곳은 이 장제전의 중간층 왼쪽에 해당하는 푼트 열주 홀이었다. 여기 홀에 그린 벽화의 상형문자를 보고 샹폴리옹이 말한 그 여왕이 핫슙시투(당시 발표한 이름)임을 밝혀냈다. 이렇게 해서 데이르 엘 바하리의 장제전과 베일에 가려진 핫셉수트여왕의 이름이 망각의 늪으로부터 찬란한 모습을 들어나기 시작했다.

그러다가 1893년에는 에두아르 나빌이 이집트 탐사재단의 하워드 카터(훗날 투탕카문 무덤 발굴자)와 함께 모래를 치우면서 발굴 작업을 계속했다. 그런데 다른 왕족의 부조물은 모두 깨끗하게 보존되어 있었는데 유독 여왕과 관계된 조형물이나 벽화는 의도적으로 말소되고 있음을 알았다. 그들은 이런 위대한 건축물을 건설한 주인공이면서 여기 조형물뿐 아니라 역사에서도 철저히 말소된 여왕에 관해 조사하기 시작했다.

에두아르.나빌은 그동안의 조사 결과를 토대로 당초 건물을 추정한 도면

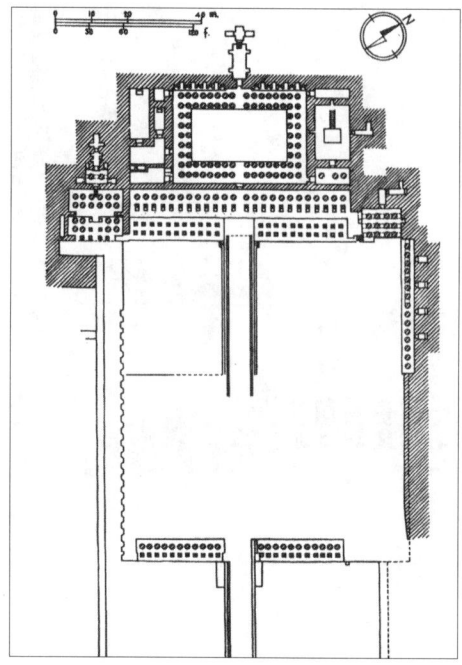

핫셉수트 여왕 장제전 평면도.
앞쪽에서부터 제 1안뜰과 경사로, 2줄 회랑열주, 제 2안뜰과 경사로와 하토르 예배소(좌), 아누비스 예배소(우)이다. 다음이 3층 기둥실과 제 2탑문, 그 다음이 안뜰과 열주회랑과 지성소이다.

을 그렸고 이 도면에 의거 1958년 폴란드 바르샤바대학 고고학팀이 복원한 것이 지금의 모습이다. 그러나 지금 복원된 장제전은 당초의 건물이라고 작성한 나빌의 도면과 비교하면 생략된 것이 너무 많아 이 건물의 원형을 감상하기는 어렵다. 그가 그린 당초의 건물을 설명하면 다음과 같다. 필자가 서 있었던 모래땅은 제1탑문에 해당한다.

제1탑문은 어떤 장식이나 부조로 장식됐는지 그리고 오벨리스크 두 개가 있었는지 지금으로서는 알길이 없다. 다만 탑문 앞에도 큰 나무들이 양쪽으로 늘어져 있었고 탑문에서 운하 선착장까지 13m 폭에 800m 길이의 참배길이 있었다. 그 참배길 양쪽에는 사자의 몸을 한 스핑크스 120개가 10m 간격으로 도열해 있었는데 스핑크스 얼굴이 전부 여왕을 빼닮았으며 머리에는 네메스를 쓰고 있었다. 스핑크스 받침대에 '두 대지의 옥좌에 앉으신 아버지 아몬을 위해 이 신성한 장소에다 지극히 아름다운 석회암으로 이 기념물을 만들었다' 라는 글귀를 판각했었다. 19세기 초 이집트 탐사단 소속 졸루아와 빌리에가 이 참배길을 부분적으로 발굴하였을 때만 해도 그런 스핑크스가 도열해 있었다.

그런데 훗날 마리에트와 렙시우스가 다시 여기를 탐사하러 왔을 때 여기까지 현대식 도로가 새로이 조성되는 바람에 스핑크스 상들은 기초만 남겨둔 채 모조리 없어져 버렸다. 그런데 20년에 걸쳐 없어진 스핑크스 조각들을 모으기 시작해서 기어이 하나를 조립하는데 성공한 사람이 있었으니 그가 미국의 하버트. 윈록이다. 참 대단한 사람이다.

다음 경사로쪽으로 몇걸음 닥아서면 제1안뜰이다. 폭이 100m에 길이 115m의 안뜰 주위는 두꺼운 벽이 둘러있었고 경사로 앞에는 T자형 연못 두 개가 양쪽으로 꽃나무에 둘러싸여 있었다. 연못에서 제1탑문까지 50여 m의 가도 양쪽으로 14개의 제법 큰 스핑크스가 도열해 있었다. 그리고 그 나머지 땅에는 부식토를 채운 밭을 일구어 종려나무, 포도나무 등 갖가지 나무와 꽃으로 된 정원이 꾸며져 그윽한 향기를 뿜어내고 있었다.

제1안뜰 안쪽으로 22개 사각 기둥이 경사로 양쪽으로 나뉘어 두 줄로 서 있다. 앞줄 기둥은 사각기둥이고 뒷기둥은 16각주다. 앞줄 기둥의 전면에 왕의 오시리스 석상을 붙이기 위해 사각주로 했을것이다. 지금 1층 양 끝에 있는 7.25m 높이의 오시리스 기둥을 보면 알 수 있다.

다른 장제전의 오시리스는 양손에 도리깨와 갈고리를 쥐고 옥좌에 앉아 있는 모습인데 여기에 있는 여왕의 오시리스는 안크와 개의 머리를 한 우아스를 가미했다. 도리깨와 갈고리는 범람의 1년 주기를 뜻하고 왕권을 상징하며 안크는 생명, 우아스는 태양의 운행을 상징한다. 여왕은 이때까지의 오시리스 이미지에서 태양에 의한 영원한 생명 즉 부활을 표현했다. 이게 훗날 아톤신앙[59]의 단초가 된다.

경사로 왼쪽 방들 벽에는 오벨리스크를 운반하는 장면을 새긴 벽화가 가득하다. 여왕이 부왕 투트모세 1세를 위해 카르낙 제 4,5탑문 사이에 오벨리스크 2개를 세우는 난공사를 착공하고 아스완에서 제작하여 나일강을 거쳐 카르낙 신전에 옮기는 과정이다.

이제 제2 안뜰로 올라가기 위해 경사로를 지난다. 지금 경사로 기저부(基底部) 양쪽에 돌사자 상(像)이 앉아 있다. 앞발로 땅을 짚고 몸을 곧추 세운 늠름한 기세다. 사자가 상징하는 의미는 용맹과 호전성을 상징한다. 백수의 왕은 이집트에서는 강력한 수호자의 상징이다. 그래서 왕이 행차하는 참배길에 사자의 머리로 된 스핑크스를 세운다.

길이 50m의 경사로는 완만한 오르막을 형성하고 있는데 양쪽에 있는 연못과 경사로가 겹쳐 묘한 이미지를 준다. 연못이란 이미지는 이 세상의 온갖 고초를 이기고 닻을 내리는 항구를 연상시킨다. 이제는 휴식을 하는 시간임을 자각케 한다. 경사로는 천상으로 다가가는 편안함을 느끼게 한다.

폭 100m에 길이 95m의 제 2 안뜰에 올라보니 지금 남은 것이 아무것도 없다. 당초에는 안뜰 참배길 양쪽에 아주 거대한 3쌍의 스핑크스 상이 도열해 있었다. 그 나머지 공지에는 남국에서 가져온 갖가지 나무를 심고 연못 주위에 입상을 세워 제 2안뜰을 장식했다. 제 2안뜰 열주 홀 기둥이 두 번째 경사로 좌우에 두 줄로 서 있는데 앞쪽 기둥은 아무런 꾸밈이 없는 도리아식 사각 기둥이고 뒷줄 기둥은 16각 기둥이다. 여기도 아래층처럼 사각 기둥앞에 여왕의 오시리스 석상을 붙였다. 지금 양쪽 끝에 있는 기둥에 그 석상이 남아 있다. 양쪽 끝 벽에 오시리스 석상을 세웠다. 왼쪽 방에는 여왕이 푼트에 원정한 장면을 벽화로 남겼다고 해서 푼트 열주 홀(colonnade of punt)

---

59) 태양원반을 의미하는 유일신으로 고대 이집트인들이 믿었던 종교중의 하나. 아톤(아텐)은 태양의 다양한 신들 라, 아톰(아툼), 케프리 등과 구별되는 독특한 신으로 부각되기도 했다. 아크나톤왕에 의해 아톤신은 유일한 신으로 추앙되었다.

하토르 예배소 내부. 여왕을 닮은 하토르 여신을 조각한 기둥들이 가득하다. 지붕도 없어져 절벽과 그 옆에 멘투호텝 장제전을 볼 수 있다.

이라 하고 오른쪽 방은 여왕의 출생에 관한 벽화를 그려 놓았다고 해서 출생 열주 홀(colonnade of birth)이라 부른다.

푼트 열주 홀의 벽에는 공동 집정제(執政帝) 9년째 있었던 푼트 나라 원정 장면을 묘사하고 있다. 원정의 목적과 영광스런 귀환의 순간을 자세하게 그렸다. 여왕이 보낸 원정대가 신비의 나라 푼트에서의 군사 활동과 노예들이 여러 봉물을 운반하는 모습을 새긴 벽화가 가득하다. 이것은 역사상 처음으로 유향의 나라, 신의 땅, 하토르의 영지인 푼트와 직접적인 교역이 시작되었음을 자신있게 천명하고 있는 것이다.

출생의 열주 홀 벽에는 여왕의 신성한 출생과 어린 시절에 관한 이야기를 서술하고 묘사한 벽화들이 가득하다. 한 벽면에는 여왕의 어머니가 침대 위

지성소 앞의 도리아식 16각 기둥

에서 아몬에 의해 임신이 되었다는 그림, 만삭이 된 어머니가 웃으며 출산실로 들어가는 모습, 또 다른 벽에는 출산하는 광경, 프타 신이 태어난 아이를 여왕의 아버지 아몬에게 보여주는 장면 등이 새겨져 있다. 이것은 신이 점지한 여왕의 탄생배경과 두 대지(大地)의 옥좌에 대해 신이 부여한 권리를 세상 누구도 의심할 수 없도록 했다. 왕좌를 차지한 가문의 혈통과 자기 왕권의 정통성을 강조하려는 뜻으로 보인다.

출생 열주 홀 오른쪽에 있는 별채의 방이 아누비스 예배소다. 거기를 들어가면 12개의 16각 기둥이 서 있는 홀이 있고 그 안쪽 터널을 깊이 들어가면 아누비스의 의식용 네브리드[60]를 보관한 방에 아누비스 상이 있다.

그리고 왼쪽 끝에 하토르 신 예배소는 원래 제1안뜰에서 올라가게 돼 있었는데 지금은 제2안뜰에서 출입할 수 있었다. 주두가 신성한 암소의 형상을 한 하토르 기둥이 예배소 홀을 가득 메웠다. 여기서 안으로 더 들어가면 암굴의 문을 지나 터널로 들어가게 된다. 지금 하토르 예배소 뒤쪽 벽이 모두 없어져서 밖을 내다볼 수 있다. 남쪽 아래를 보면 아주 넓은 공지가 있는데 거기에도 경사로가 있는 유적 터가 있다. 중왕국 제11왕조 멘투헤텝 2세의 장제전이다. 핫셉수트여왕보다 450년이나 선대왕이다.

이제 제2경사로에 오른다. 그런데 여기에 장식이 하나도 안 보인다. 여기에는 갈기가 수북한 사자상이 틀림없이 있었을 텐데 말이다. 경사로를 오르니 제2탑문 앞에 두 줄의 기둥이 탑문 양쪽으로 늘어섰다. 뒷기둥은 다각주이고 앞은 사각 기둥 모두에 5.5m의 오시리스 입상을 세웠다. 지금은 복원한 오시리스 석상 몇 개가 있을 뿐이다.

제2탑문 오른쪽 벽에는 투트모세 3세의 즉위식 판각문헌을 새긴 벽화가 있고 공동 집정자의 이름이 새겨진 입구를 지나면 열주가 늘어선 제3안뜰이 나온다. 사방 벽 따라 16각 기둥들이 두 줄로 회랑을 이루고 있었고 아몬 성소 쪽에는 세줄의 기둥실이 있다. 이 기둥들은 16각주 위에 아바쿠스(Abacus)[61], 프리즈(Frieze)[62]가 있어 그리스 도릭[63] 기둥의 원형이다. 가운데 안뜰에는 아몬 성소에 이어지는 참배길 양 편에 여왕의 스핑크스가 도열했다.

제3안뜰의 주벽(周壁)에는 18개의 벽감이 있었는데 큰 사각벽감에는 여왕의 오시리스 입상이, 작은 벽감에는 평상복을 입은 여왕의 좌상이 있었다. 그런데 지금은 콥트교 수도사들이 이 안뜰을 개조해서 타원형 열주 안뜰로 변형시켜 놓았고 벽감 안에나 통로에 있었던 조각상은 하나도 없다.

---

60) 사체에서 흘러나온 체액을 보관하는 짐승 가죽으로 된 가방.
61) 아바쿠스란 도릭식 건축의 기둥 상부에 주두가 둘이 있는데 아래 것을 케피탈이라 하고 위의 것을 아바쿠스라 한다.
62) 프리즈란 도릭식 주두 위 큰 보의 마감장식을 3등분으로 나누는데 제일 위에 코니스, 중간은 프리즈, 제일 아래의 마감장식을 아키트레이브라고 한다.
63) 고대 그리스 건축 3양식(도릭식, 이오니아식, 코린트식)의 하나로 제일 초기의 간단한 양식이다(150p의 사진 참조).

아몬신 지성소의 자그마한 문 주위에는 공동 집정자의 이름이 새겨져 있고 지성소 안은 들어갈 수 없게 막아 놓았다. 여기부터는 절벽을 뚫은 암굴이다. 지밀한 곳에는 아몬신과 거룻배에 경배를 바치고 있는 여왕을 모셨다.

제3안뜰에서 왼쪽과 오른쪽으로 들어가는 유개(有蓋)공간이 있는데 왼쪽 방인 갱생의 공간은 여왕과 그녀의 부왕, 그들의 선조들의 의식용 네브리드를 모셔 놓은 곳이며 동시에 여왕과 투트모세 1세에게 제사를 지내는 예배소이다. 이 예배소 안은 여왕의 이미지가 훼손되지 않은 상태로 보존되어 있다. 오른쪽 방은 태양신을 모시는 제단 실인데 이들 방은 낮은 천장에 천광이 들어오게 되어 있어 성스러운 분위기에 젖어드는 성소다.

여기서 나일강 쪽을 쳐다보니 페루카가 유유히 떠다니고 있다. 강 건너 동안(東岸)에는 룩소르 시가 보이고 그 끝에 카르낙 신전, 룩소르 신전이 강 따라 배치되어 있다. 핫셉수트여왕이 이 자리를 자기 장제전으로 정했을 때 죽어서도 나일강 건너 카르낙 신전과 아름다운 룩소르 신전을 내려다 볼 수 있을 것이라 생각했음 직하다.

필자는 왕가의 계곡으로 가기 위해 장제전에서 제법 멀리 떨어진 주차장까지 나와 아쉬운 듯 뒤돌아보고 있었다. 입구를 똑바로 향하고 전체 건물을 정면에서 바라보았다. 넓은 안뜰 2개는 전혀 보이지 않고 1,2층 경사로가 한 줄로 이어진 것처럼 미끈하게 뻗어 있다. 3개 층 기둥 모두가 오시리스 모습으로 가지런히 서서 아침 일찍 떠오르는 태양 일출을 보고 있다고 생각하면 여왕의 간절한 소망이 무엇인지 느껴진다. 수천 년 세월을 거치면서 깎이고 다듬어진 암벽 배경이 주는 자연적 분위기가 석회암 구조물과 매우 잘 어울렸을 거라고 상상했다. 앞에서 잠깐 언급했지만 핫셉수트여왕 장제전은 여왕의 사후 여러 차례 인위적 훼손을 입었다. 여왕뿐 아니라 그녀의 측근들의 기념물도 비슷한 훼손을 당했다.

아크나톤왕 시대에는 이곳 뿐 아니라 아몬 신전 모두가 파괴의 대상이 된

적이 있었고 비잔틴 시대에는 초기 기독교 교인들이 이 건물을 수도원으로 사용해서 그 안에 있었던 많은 기념물을 파괴했다. 또 이슬람교도들이 들어와서는 더더욱 심했다. 그러나 여왕의 사후 여왕의 기념물이 자국민에 의해서 이렇게 철저히 훼손되는 일은 드문 일이다. 그런데 이상한 것은 공동 집정제의 한쪽인 투트모세 3세의 석상은 건재한데 핫셉수트여왕의 석상과 부조는 남김없이 상처를 입은 것이다. 이것을 두고 여왕의 사후 기념물에 가장 큰 피해를 입힌 사람은 그녀 사후 자기 양아들이자 후계자인 투트모세 3세에 의하여 저질러졌다고 했다.

(2) 핫셉수트여왕과 투트모세 3세와의 악연

사학과 출신의 고대 이집트 유적 전문 가이드가 '출생의 방'에서 여왕과 투트모세 3세와의 이야기를 열심히 설명했는데 그도 같은 생각이다. 이를 간추려 보면 대충 이렇다.

"핫셉수트여왕은 신 왕국(제18~20왕조, B.C. 1570~1069)을 개조(開祖)한 아호모세의 손녀이다. 그녀의 아버지 투트모세 1세는 4명의 자식을 두었으나 모두 일찍 죽고 핫셉수트 공주만 남았다. 당시 파라오 왕실은 왕가의 순수한 피를 보존하기 위해 근친결혼을 하였고 또 파라오 유고시 후계자는 왕권 모계상속 원칙에 따라 왕비 우선순위 1위와 결혼하는 자가 된다. 그것도 그녀와 결혼하고 있을 동안만 그 정통성이 인정되었다. 투트모세 1세 사후 핫셉수트 공주가 왕비 1순위가 되었다. 그러므로 그녀와 결혼하는 자가 왕이 되는 것이다. 이런 전통이라면 친형제와의 결혼이 이상적이다. 그러나 핫셉수트 공주는 친오빠나 남동생이 없었기 때문에 그녀 부왕의 처첩 가운데서 태어난 이복동생 투트모세 2세와 결혼해야 했다. 그런데 그가 후손 없이 일찍 사망해버리자 20세 초반에 갑자기 과부가 된 그녀의 남편감은 죽은 남편의 첩에서 난 9살 박이 어린 양아들뿐이었다. 그가 바로 투트모세 3세다. 어린 양아들을 대신하여 섭정을 했으나 자기 가문에 대한 긍지가 유난히 컸던 그녀는 양아들의 이름으로 이집트를 통치하는 것이 불만이었다.

그녀는 양아들과 함께 공동 집정제 왕이 된다. 그녀는 여왕으로는 드물게 강력한 왕권을 가지고 21년 간 이집트를 다스린다. 공식 석상에서는 남자 왕과 마찬가지로 남자 옷을 입고, 무장도 하고, 수염도 달고 다녔다. 강력하고 오랫동안 집권하고서도 왕권에 대한 정통성 시비가 끊이지 않았다는 증거가 된다. 그 당시 투트모세 3세는 공동 왕이면서 군대에 있었다. 항상 골칫거리인 그를 견제하느라고 그가 이끄는 군대를 푼트에 보냈다. 그의 군대가 전쟁에서 지면 지는 대로 여왕에게 정치력이 좋아지고, 반대로 그가 전쟁에 성공하여 그 당시 귀한 물건인 향료, 보석, 가죽 등을 전리품으로 가져오면 그것대로 여왕의 공적이 되니 나쁠 게 없는 작전이었다. 세월은 흘러 어언 투트모세 3세가 30살이 되었다. 그는 푼트 나라 원정대 개선장군이 되어 귀국하자 왕권에 도전한다. 이것은 여왕의 계산과 정 반대가 되어버린 셈이다. 그는 한술 더 떠서 여왕과 건축가 사이의 불륜을 밝히기 시작한다.

(3) 핫셉수트여왕의 애절한 사랑

핫셉수트여왕은 지체나 가문은 화려하지만 사랑에 대한 복(福)은 전연 없었던 모양이다. 그녀가 파라오 재위기간 동안 유일하게 사랑했던 사람은 신전 건축가 세넨무트였다. 그녀가 자기 무덤과 장제전의 위치를 정하고 설계 내용과 진행과정을 보고 받는 등 그와 같이 있는 시간에 그를 향한 그녀의 사랑은 날로 익어갔다. 여왕과 건축가 사이의 사랑이 얼마나 뜨거웠는지는 지금으로서는 알 수 없지만 그 당시 그는 고관이고 여왕의 측근으로 그들의 불륜은 은밀하게 이루어졌을 것이라고 충분히 짐작할 수 있었다. 건축가 세넨무트는 여왕의 장제전을 건축하면서 그 지하에 자기의 비밀 묘혈을 만들었다. 그러나 이 계획은 사전에 누설되어 실패로 끝났지만 죽어서도 맺어지길 소원한 애틋한 사랑의 아픔이 오늘날의 일이 아니라 3,500년 전에도 있었다니!

세넨무트의 비밀 묘혈은 제1안뜰 모서리 아래 지하방에 조성되었다. 실제로는 동쪽 채석장과 여왕 장제전 사이 중간 지점에 묻혔고 그의 장제전은 세티 1세 장제전에서 얼마 떨어지지 않은 세이크 압델 구르나에 있다.

그러나 이 비밀무덤 계획은 이외의 결과를 가져왔다. 여왕은 세넨무트에게 죽음을 내렸다. 그 때는 그들에게 좋지 않은 시기라고 할 수 있었다. 여왕이 낳은 첫째 딸이며 투트모세 3세와 결혼한 네페루레가 죽은 것이다. 그래서 그녀를 어릴 때부터 보육시킨 세넨무트에 대한 여왕의 생각도 달라지게 되었는지 모른다. 하여간 그가 죽은 후 여왕의 마음도 몸도 급격하게 무너진다. 설상가상으로 성인이 되어 군 우두머리가 된 투트모세 3세의 왕권 도전은 더욱 여왕에게 깊은 상처를 주었다.

얼마 후 여왕이 사망하고, 투트모세 3세가 실질적 왕권을 장악하게 되었다. 그가 왕좌에 오른 즉시 양어머니에 대한 모든 것을 없애기 시작했다. 20여년 간 왕이면서도 실권 없이 보내면서 키워 온 복수심이 작용하였을 것이다. 뿐만 아니라 당초부터 안돼야 될 왕이 관례를 깨고 왕이 되었으니 핫셉수트 장제전, 그리고 다른 신전에서조차 여왕의 모습이나 이름을 철저히 지워버렸다. 이 결과 19세기 전만 해도 이집트 파라오의 리스트에 핫셉수트란 이름이 빠져 있었다.

그러나 가이드의 이야기는 픽션의 냄새가 아주 강하다. 유독 여왕에게만 가해진 고의적 훼손 때문에 그의 이야기가 그럴듯한 짐작임엔 틀림없다. 그러나 이를 확인할 증거는 어디에도 없다. 더욱이 여왕이 쿠데타에 의해 왕이 되었다거나 공동 집정제 기간에 투트모세 3세와 마찰이 있었다는 흔적이 전혀 없고 실질적으로 왕권은 여왕에게 가 있었지만 모든 공식 벽화에는 공동 집정제가 여전히 가동되고 있었다. 뿐만 아니라 발굴자들의 보고와 해석에는 여왕 사후에도 건축가이고 세력가인 세넨무트가 죽지 않고 살아 있었고 여왕의 기념물을 훼손한 것은 투트모세 3세 집권 후 상당한 시일(약 20년)이 지나서 이뤄졌다는 것이다. 그렇다면 유독 핫셉수트여왕의 기념물을 훼손한 진짜 이유가 무엇인지 좀 더 추적해 보기로 한다.

핫셉수트여왕이 투트모세 3세와 공동 집정제로 왕의 위치에 있었던 당시 상황을 알 수 있는 벽화들이 푼트 열주 홀에 남아있다. 거기엔 투트모세 3세가 공동 집정 왕으로서 모습을 나타내고 있다. 그리고 투트모세 3세는 여왕의 생존시에 여왕의 첫째 딸과 결혼했고 사후에는 둘째 딸과도 결혼한다. 그리고 여왕의 사후 상당한 세월동안 여왕과의 관계가 좋게 유지되었음이 벽화 여기저기에서 발견되고 있다. 이런 관점에서 본다면 항간에 떠도는 여왕과 후계자 사이의 악연은 사실이 아닐 수 있다. 다만 언제부터 이들 사이 관계가 급변했는지 그리고 누구에 의해, 왜 그렇게 깡그리 여왕의 흔적을 없애려 했는지는 보다 더 연구가 필요하다.

(4) 핫셉수트여왕의 퇴장과 기념물 훼손

여왕의 퇴장이나 죽음에 대한 벽화, 문헌 등 어떤 기록도 발견되지 안했다. 다만 여왕의 국정 활동에 대한 벽화가 치세 20년이 들면서 현저히 줄어졌고 투트모세 3세가 치세 22년에 처음으로 당당하게 아시아 원정길에 올랐다는 것은 투트모세 3세가 독자적으로 통치권을 행사한 역사적 사건이라고 판단되며 이때 여왕은 권좌에서 퇴장한 것으로 봐야 한다. 그러면 어떻게 퇴장했느냐가 남은 숙제다. 병사했을까? 축출되었을까? 양위했을까? 그 어느 것도 지금 까지는 확실한 것이 없다.

현재로서 가장 가까운 해답은 병사로 보는 것이다. 그러면 왜 왕의 연대기에서 그녀의 이름이 빠졌을까? 그것에 대해서 중요한 단서를 제공한 문서가 왕가의 가정교사로 있었던 아흐모세 펜 네크베드(투트모세 1세의 전우,

여왕 사후에 죽었다)의 무덤 석비에서 나왔다. 그 석비에 그가 모신 왕의 이름을 기록했는데 아흐모세로부터 투트모세 3세만 있고 핫셉수트의 이름은 빠져 있었다. 이것으로 유추하면 그녀의 생전에 그녀와 그 주위 사람들이 여왕임을 강조했지만 공식적으로는 섭정이었다는 것이다. 당대 왕의 목록에서 그녀가 배제된 것 또한 그 때문이었다고 생각할 수 있다. 그렇게 위대했던 여왕의 죽음이 왜 그렇게 조용했을까? 공동 집정자 한 사람이 죽어도 새 군주를 위한 의식이 필요하지 않았을 것이고 공식적인 왕의 죽음이 아니므로 장례 의식도 왕비의 예에 의해 치러졌으리라 짐작된다.

그렇다면 여왕이 거친 국가행사에서 그녀의 이름이나 부조물이 철저히 제거된 이유는 무엇일까? 이것으로만 보면 틀림없는 축출에 해당된다. 그런데 1990년에 발굴된 한 파피루스 문헌에는 여왕의 부조가 훼손된 시점이 그녀의 사후 20년이라 되어 있다. 이것은 적어도 앞에서 가이드가 들려준 여왕과 투트모세 3세와의 악연 때문에 여왕 기념물이 훼손된 것은 아니라는 것이 증명된 셈이다. 그렇다고 해서 투트모세 3세의 혐의가 완전히 벗어난 것은 아니다. 복수를 단행했거나 적어도 묵인했다는 사실은 벗어나지 못하고 있다.

여왕은 그녀의 장제전이나 카르나크 신전 공사에서 오시리스 신에다 태양신을 결합하여 부활사상을 정립했다. 이것은 오시리스 경배사상과는 배치되고 있다. 기존의 오시리스신 – 아몬신 숭상에 권력기반을 두고 있던 기득권 세력-오시리스 신관들이 이 사상에 크게 반발했다. 여왕의 종교개혁 작업이 왕권으로 교묘하게 추진되고 있는 것을 꾹 참고 바라보고 있던 오시리스 신관들은 세넨무트가 죽자 신관들이 득세해서 그녀의 장제전에 세워진 석상부터 부조, 세넨무트의 석상까지 대체 혹은 훼손하거나 파손작업에 나선 것이 아닐까? 더욱이 아크나톤왕 때는 이것이 태양신앙으로 발전하여 아몬신의 부조물이 파손되었다. 아크나톤왕 때 신관과의 갈등은 최고조에 이르렀다. 아크나톤왕 사후에는 신관들이 여왕의 태양신 사상과 아크나톤왕의 태양 유일신 흔적을 함께 지우기에 급급했다는 것이 더 진실에 가깝다 할 것이다.

(5) 아크나톤왕의 유일사상

신왕국시대(B.C. 1570~1069) 제18왕조가 250여년이 지나면서 왕권과 신권 사이에 암투가 심화돼 갔다. 신왕국 시초에는 태양신 라와 아몬 신과의 쟁투가 있었으나 차츰 왕권과 신권의 쟁투로 변화된다. 왕권이 강화되면 신권이 침잠되어 있다가 왕권이 약하면 신관들이 왕권에 도전했다. 그래서 신왕국 시대는 줄곧 왕권과 신권의 쟁투로 이어지다 뒤에 가서 결국 에티오피아 출신의 신관에게 왕권이 넘어가게 된다. 이 발단이 핫셉수트여왕 시대부터 싹트게 된다. 그때는 어린 투트모세 3세를 대신하여 핫셉수트여왕이 아몬 신과 태양신을 대등하게 숭상함으로써 아몬 신관들이 크게 반발하게 되었다.

여왕 생존시에는 아무 불평도 못하다 그녀가 죽은 후 신관들은 제 목소리를 내게 되었고 이로 말미암아 아멘호텝 3세 말기에는 신권이 매우 강화되고 따라서 부패, 비리가 극심했다. 아멘호텝 4세는 룩소르 신전을 건설한 아멘호텝 3세의 아들로 등극하자말자 '아몬 라' 대신 유일신인 '태양신 아톤'을 숭배하도록 종교개혁을 단행하고 신관들이 파라오에 버금가는 막대한 권력을 행사하던 수도 테베에서 300km나 멀리 떨어진 텔 엘 아마르나로 천도한다. 이곳에서 궁전과 아톤 신전을 건설한다. 신전도 아몬 라 신전과 달리 지붕도 없이 하늘을 향해 훤히 열려 가장 깊고 먼 곳까지 구석구석 밝히는 아톤 신이 모든 이에게 하루 종일 보이도록 했다.

수도를 천도하고 농지와 군대 조직을 개편하고 오랫동안 믿어 온 다신교와 아몬에 대한 전통신앙을 부정하고 태양으로 대표되는 아톤 신앙을 창건

했다. 태양신 아톤을 유일신으로 숭배하며 아톤이야말로 보편적인 유일한 신이며 모든 생명의 원천이라 했다. 이것으로 왕권을 강화하고 부패한 신전을 개혁하려했다. 신관의 부패권력을 누르고 불쌍한 백성들을 구제해야겠다는 왕권의 발로였다. 그래서 자기 이름을 '신성한 도시 테베의 지도자'라는 뜻의 아멘호텝에서 '아톤을 섬기는 사람'이란 뜻을 가진 아크나톤으로 개명하고 그의 아들도 투탕카톤이란 이름을 지어주었다. 아크나톤은 아톤에게 신을 찬양하는 여러 찬송가를 지어 바쳤다.

이 석판에는 아나크톤왕과 그 일가가 태양의 원반 아톤 신에서 쏟아지는 햇빛을 받으면서 제물을 바치고 있는 모습을 새겨 놓았다.

"그대가 빛의 산에 모습을 보일 적에 비로소 대지는 밝아집니다.
아톤이여, 그대 빛날 적에 만물은 기쁨이 넘쳐납니다.
눈을 뜨고 곧장 일어납니다……"

위의 사진은 아마르나 궁전 난간을 장식했던 석판 부조다. 아크나톤 왕 부부가 아톤 신에게 봉헌물을 바치는 모습을 새긴 것이다. 아톤 신은 둥근 태양으로 수많은 빛을 발산하고 있으며 빛의 끝은 사람 손 모양으로 그려졌다. 이 태양의 빛이 인간에게 삶의 즐거움과 부귀와 아름다움을 준다고 믿었다. 태양의 빛이 닿는 손끝에 생명을 상징하는 십자가 앙크가 달려 있어 아톤을 믿는 사람들(왕의 부부)에게 영생을 약속하고 있다. 왕은 더 나아가 지상에서 인간의 운명을 지도하는 파라오가 우주를 창조한 아톤 신을 대리하는 자임을 표방하고 아톤에 대한 신앙을 강화하기 위해 다른 신들을 배척하고 신관들을 추방했다. 그의 눈에 신관들은 신전에 들어오는 예물을 탐하는 물신 숭배자이고 약한 농민들을 수탈하는 중간 악덕 상인처럼 보였다. 한편 압박받는 백성들, 심지어 이민족이나 노예, 불쌍한 동물에게는 한없는 자비를 베풀었다.

아크나톤은 화려한 건물을 짓는 것을 금하고 평민을 위한 공동주택을 짓도록 했다. 노동자를 위한 도시를 건설하고 집집마다 난로를 설치하고 화장실을 두어 아무 곳에서나 용변을 금지시켰다. 급료가 지불되지 않아 걸식을 하던 군대도 해체했다. 신전과 신관에 속해 있던 모든 토지를 농민에게 돌려주었다. 일대 개혁이요, 무혈 혁명이었다.

그러나 아무리 좋은 보물도 받는 쪽에서 그 진정한 뜻을 이해하지 않으면 역효과가 나는 법이다. 농민이나 노예들은 이런 갑작스런 개혁조치를 제대로 이해하지 못했다. 이제 이들은 일하지 않고 편안함을 즐겼고 부자 행세를 했다. 그들은 지도자가 없었고 행동지침도 제시받지 못했다. 새로운 자기 권리를 쓸 줄도 지키지도 못했다. 이것은 신관들을 비롯한 이때까지의 사회지도자 및 기득권자의 반발을 사게 되었고 농민이나 노예도 이를 제대로 이해하지 못해 나라 전체에 큰 혼란을 초래했다. 이 혼란은 아크나톤에 반대하던 신관이나 귀족들에게 반격의 기회를 주게 된다. 온 나라가 불안해진 상황을 교묘하게 이용해서 아크나톤에 대한 원한과 불만을 부추겼다. 드디어 아몬에게 충성을 맹세한 무리들이 반란을 일으켰다. 피비린내나는 싸움이 계속되는 사이 이집트는 둘로 나눠졌다. 아톤 편에 선 사람들은 노예와 농민 등

무산계급이고 아몬 편에 선 사람들은 신관, 서기 등 유산계급이다. 신관들은 군인들에게 돈을 대며 무기를 주고 아몬의 이름으로 싸우게 했다. 전 나라가 혼돈 그 자체가 되어 버렸다.

어느 날 아크나톤은 시의가 주는 약을 먹고 숨을 거두고 다시 옛날로 되돌아갔다. 압박자도, 피압박자도 없는 세상, 지상천국을 만들려던 왕의 원대한 꿈은 그야말로 일장춘몽이었다. 지금 남아있는 그의 조각상이나 부조에 나타난 아멘호텝 4세의 외모는 괴상하고 볼품없는 모습이다. 얼굴은 길고 어깨가 축 늘어졌으며 배는 튀어 나오고 다리는 약하다. 그의 선·후대 왕들의 우아하고 품위 있는 모습과는 너무 대조적이다. 이것만 봐도 그의 사후가 험난했음을 짐작케 한다. 왕권과 쟁투에서 승리한 아몬 신 사제단은 이후 아크나톤왕 뿐 아니라 핫셉수트여왕, 투탕카문왕의 흔적도 말끔히 지우게 했다고 한다.

(6) 멘투헤텝 2세 장제전

멘투헤텝 2세 장제전은 핫셉수트 장제전의 하토르 예배소에서 잠깐 언급은 했지만 경사로와 장제전 터로 봐서는 핫셉수트여왕 장제전 설계에 큰 영향을 주었다고 생각되어 조금 더 소개할 필요를 느낀다.

멘투헤텝 2세는 중왕국 제11왕조의 첫째 왕(BC 2010-1991)이다. 그때는 왕조가 교차됨에 따라 왕권이 강화되고 종교적으로 안정이 되어 있는 상황이어서 그의 장제전 건축이 본 궤도에 진입했다고 볼 수 있다. 멘투헤텝 2세 장제전을 살펴보자. 1층 넓은 정방형 열주홀을 나와 경사로로 2층을 오르면 피라미드 지붕 벽주위에 사방 줄의 기둥들이 있고 기둥실 가운데 더 높은 기둥이 피라미드 천장을 받치고 있다. 이 피라미드 천장은 오늘날 루불박물관 입구와 같은 고도의 역학적 wiring structure는 아닌 것으로 보인다. 이 기둥실에서 암벽쪽으로 전실과 예배실, 88개의 또다른 기둥숲이

멘투헤텝 2세 장제전의 거대한 유지. 핫셉수트여왕 장제전 왼쪽에 있으며 뒷쪽이 경사로이고 가운데가 정방형의 피라미드 기둥실이다. 앞쪽의 움푹 패인 검은 부분아 전실과 예배실이고 맨 앞쪽이 기둥숲이다.

고요한 정적속에 잠겨 있다. 기둥숲 사이 암벽 안 성소에는 왕의 좌상이 있었을 것이다.

그의 장제전의 복원도를 보면 경사로가 1개, 그러니까 2층 정방형의 베란다에 두세 줄의 열주가 정방형 경계 벽주위 안팎으로 기둥회랑을 이루면서 지붕을 받치고 있다. 신전 경계벽 안쪽 회랑 가운데에 있는 안뜰의 지붕이 피라미드형이다. 안뜰은 피라미드 지붕 하단에 있는 고창으로부터 채광되도록 했다. 이 장제전의 설계는 구체적 고증이 없기는 하지만 참으로 음미해 볼만하다 싶다. 열주 배치, 피라미드 지붕, 암굴 신전, 2층으로의 부상 등을 보면 이 건물이 이집트 건축의 원형이 아니냐 할 정도다. 2층 평면은 핫셉수트여왕 장제전의 3층 평면에 영향을 주었고 피라미드에서 도출된 피라미디온 지붕은 훗날 서양의 돔 지붕으로 발전했고 절벽 안으로 깊숙이 터널을 뚫은 것은 500년 후 암굴 무덤의 시초가 되었다고 볼 수 있다.

2) 람세스 2세 장제전 라메세움

데어엘 바하리의 핫셉수트여왕 장제전에서 왕가의 계곡쪽으로 가는 길 오른편 아래로 태양신 아몬의 아들 콘수를 위해 봉헌되었다는 라메세움이 있다. 람세스 2세의 부왕 세티 1세 장제전에서 보면 마치 폐광처럼 황량하다. 매표소의 매표원 두 명과 그늘에 앉아 있던 전속 가이드가 배낭을 메고 허술한 차림의 우리를 반긴다. 아무도 찾아오는 이 없는 유적지를 오랜만에 찾는 우리들 관광객이 그렇게도 반가운 모양이다.

우리가 매표소를 지나 들어간 마당은 잡초가 가득한 첫째 안뜰이었다. 첫째 탑문으로 들어오지 않고 장제전 옆 담장을 통해 바로 안뜰로 진입한 셈이다. 첫째 탑문이 너무 허물어져 그 문으로는 통행을 못하도록 긴 목재로 막아 놓았기 때문이다. 장방형으로 된 장제전의 길이가 162.25m, 폭이 50.9m, 면적은 8,258.53m²(약 2,500평)이다. 탑문과 안뜰, 기둥실과 성소 모두가 좌우 대칭이다.0

첫째 안뜰은 50.9m 정방형이고 좌우 양쪽에 2열로 40개의 기둥이 늘어선 열주회랑이다. 둘째 탑문 입구 왼쪽에 람세스 2세의 거대한 좌상 1구가 왕관을 쓰고 안치돼 있었는데 지금 박살이 난 채 넘어져 있다. 이 석상의 왕관과 두상만 해도 엄청나다. 기록을 보면 그 높이는 17m, 무게는 거의 1,000톤에 이른다니 입이 절로 벌어진다. 누가 저렇게 파괴한 것일까? 박살 난 좌상 옆에 람세스 2세의 오시리스 석상 기둥 4개가 한 줄로 서 있다. 저것은 안뜰 양쪽으로 도열해 있던 오시리스 기둥의 일부다. 양쪽 열주회랑은 구

라메세움 유적 전경. 왼쪽이 제1탑문이고 오른쪽이 기둥실과 지성소다. 가운데 안뜰 회랑의 기둥들이다.

조적으로 도괴방지 버팀벽 역할을 담당한 것인데 지금은 기초만 두 줄씩 양쪽에 박혀 있다.

제2탑문을 들어가면 둘째 안뜰인데 폭은 기본 길이 50.9m에 38m 폭이다. 안뜰에도 원기둥과 오시리스 기둥이 줄지어 서 있다. 제3탑문을 가려면 안뜰에서 계단으로 제법 올라가야 한다. 마치 동양 궁전에서처럼 계단이 3개로 나눠져 파라오만의 전용 계단을 두었다. 20계단을 올라가면 기둥실이다.

기둥 실은 50.9m에 29.26m이고 당초 48개의 기둥이 있었다. 네이브(本廊) 기둥 2열 12개와 아일(側廊) 기둥 3열 6기둥 양쪽이 36개, 모두 48개다. 지금은 중심 부분 29개만 남아 있다. 카르낙 신전처럼 네이브 기둥은 높이고 아일 기둥들은 낮게 하여 고창을 만들었다. 여기에서 스며드는 햇빛이 열주들을 비추고 바닥에서 역으로 벽과 천장으로 반사시켜 밀폐의 기둥실에 신비스런 분위기를 감돌게 한다. 이런 분위기는 성소로 가기 전 참배자의 마음을 순화시켜주고 종교적 감정이 솟아나게 해 줄 것이다.

이 기둥실은 3 방향성 건축언어를 갖고 있다. 네이브 기둥 6주 2열이 주축을 따라 성소 방향으로 유인하는 수평성, 그리고 측랑 36주 사이로 빠져나가려는 전개성, 고창과 천장으로 솟아오르려는 상승감이 함께 작용하는 소위 3 방향성의 건축공간이 적용되었다.
　다음의 제3탑문 벽에 히타이트를 무찌른 파라오의 위대한 업적을 새겼고 그 다음의 전실 벽에는 여름 첫째 달에 열리는 축제에서 황소를 모신 장면을 음각했다. 이 축제는 풍년을 담당하는 민(min)신을 기념해서 열린다. 민신은 남성의 발기한 성기를 갖고 있는 신으로 형상화 되어 있다. 벽에 그런 모습을 새겨 놓아 처음에는 사람을 당황하게 하였으나 람세스 2세의 그것을 보는 것 같아 재미있어 했다. 다음에 3전실을 지나 성소가 있었는데 제1안뜰

제1,2안뜰 사이 두상이 파손된 오시리스 입상과 오른쪽에 넘어져 있는 것이 람세스 2세의 거상이다.

제2안뜰에서 바라본 람세스 2세 장제전의 기둥실. 멸주회랑에 새겨져 있는 오시리스 입상들이 잘 보인다.

에서 이곳 성소까지 대칭으로 일직선이 되게 하였다. 하늘로 통하는 안뜰에서 계단으로 올라가 기둥숲을 지나면 바닥은 높아지고 천장은 낮아져 성소로 갈수록 조명은 어두워 진다. 가장 밝은 안뜰에서 기둥숲을 지나 전실, 예배소, 그리고 성소에 이르기까지 천창에서 들어오는 자연 광선이 희미하게 실내를 밝힌다.

탑문이 높고 안뜰에서 사진 촬영하기가 어려워 몇 컷만 찍고 그냥 나오려는데 가이드가 그때서야 슬그머니 다가와서 따라오라고 내 손을 잡아끈다. 가보니 허물어지고 있는 첫째 탑문 위로 안내하는 것이 아닌가! 거기는 무너진 돌 틈으로 생긴 터널도 있어서 꽤 위험하다. 무엇 볼 만한 게 있을까 하고 돌을 밟고 올라가 보니 탑문 꼭대기였다. 과연 전경이 다 보인다.

첫째 탑문은 높이 15m, 길이 70m이고 10m 두께의 큰 폭인데 가운데 亞

자 평면으로 중간에 리세스(recess)를 두어 거기에 기념문을 세웠다. 탑문 전면 벽에 람세스 2세가 시리아에서 히타이트 인들과 싸우는 활기찬 장면을 음각으로 새겼다. 단순 강직한 탑문 이미지에 이런 부조를 넣어 부드러운 분위기를 만들고 있다. 람세스 2세의 장제전은 많이 파괴되었지만 아작도 옛날의 웅자의 기품을 엿볼 수 있다. 탑문 앞에는 분명히 거상이 양쪽에 서 있고 오벨리스크와 스핑크스 참배길이 있었을 것이다.

이 장제전도 균제법에 의한 황금분할이 적용되었다. 첫째 안뜰은 탑문 두께 10m를 합쳐 50.9m 정방형(기본형)이고 둘째 안뜰의 폭은 50.9m이되 길이는 38.2m다. 두 안뜰 길이의 합은 기본 폭의 $\sqrt{3}$의 근사치고 기둥실 길이의 $\sqrt{3}$ 배가 기본 길이 50.9m의 근사치가 된다. 또 기둥실과 지성소를 합한 길이 73.15m는 기본 길이의 $\sqrt{2}$의 근사치다. 이와 같이 첫째 안뜰의 기본 길이에서 무리수를 곱하여 신전의 평면을 구성하고 있다.

라메세움은 지금 비록 폐허나 진배없지만 기초를 따라가면서 원형을 그려본다면 참으로 많은 것을 읽을 수 있다. 기둥의 크기 대소, 열주의 다과, 방들의 크기의 대소, 바닥의 단차, 천장의 고저, 광선의 강약, 공간의 허실 등 내부공간이 변화무쌍하다. 그것의 의미는 앞에서 간단히 설명한바 있지만 고대 이집트인들의 사상, 종교, 문화 모두를 내포하고 설명한 공간구성이란 것을 알 수 있다. 또한 오늘날의 건축이론과 실제를 그대로 구현하고 있지 않은가!

아무도 찾는 이 없는 폐허를 보고난 뒤 매우 답답한 마음으로 나온 것은 박살난 람세스 2세의 어마어마한 거상을 보고서다. 어쩌면 저럴 수 있단 말인가! 왜 그랬을까? 무엇으로 저렇게 큰 석상을 파괴할 수 있었단 말인가? 그리고 그걸 수십 년 아니 수백 년을 저렇게 방치한 채 그대로 두고 있다. 그 의미는 무엇인가? 필자는 인간의 잔인함과 파괴 본능을 전시하고 있는 역사의 현장을 보고 매우 착잡한 심정이 되었다. 이런 영상을 지우려고 한동안 말없이 나일강을 바라보고 앉아 있었다.

그런데 한편으로 람세스 2세, 그는 과연 누구이기에 이렇게 거대한 신전을 많이도 건설했으며 곳곳마다 자기 석상을 세워 놓았을까?

불세출의 풍운아 람세스 2세가 왕이 되는 과정을 이야기하려면 투탕카문 왕으로 거슬러 올라가야한다. 투탕카문 왕이 후손 없이 죽자 그의 모후 네페르티티가 섭정을 맡았지만 왕위 계승권은 투탕카문 왕의 왕비인 안케세나문과 결혼하는 사람이 가진다. 권력은 세력집단인 신관에게 돌아갔는데 얄궂게도 신관의 우두머리는 황태후 네페르티티의 아버지인 아이였다. 즉 왕비 안케세나문의 새 남편으로 자기 외할아버지인 늙은 아이로 결정된다. 여기에서 안케세나문은 최후의 반격을 가한다. 시리아 히타이트 왕과 내통하여 히타이트 왕자를 불러드린다. 그와 결혼을 선언함으로써 아이와의 결혼을 막아보려 했던 것이다. 그러나 히타이트 왕자는 이집트 땅을 밟아보기도 전에 죽음을 당하고 결국 왕비의 계획은 수포로 돌아갔다. 그녀는 아이와 결혼하였으나 유폐된 채 평생을 외롭게 보냈다. 아이가 왕이 되었지만 얼마 살지 못하고 사망하자 왕자 출신의 호렘헤브가 군대를 앞세워 새 왕이 되었다.

그 때 군대의 실력자는 람세스 2세의 할아버지 람세스 1세였다. 람세스 1세는 사실 왕의 피를 전혀 갖지 않은 군인이었다. 나이 많은 호렘헤브왕이 죽기 직전 람세스 1세가 공동 통치자로 지명된 것이다. 람세스 1세와 부왕 세티 1세를 거쳐 람세스 2세가 왕이 되었다. 람세스 2세는 부왕 세티 1세와 한동안 공동통치자로서의 국정경험을 갖고 있었다. 즉위 4년 만에 카데쉬(시리아 중부)에 자리 잡고 있는 히타이트를 공격하였다. 람세스 2세의 주력부대는 5,000여명의 전차부대와 보병부대로 이루어진 4개 사단이었으나 초반부터 패퇴하기 시작, 급기야 왕은 적의 포위망에 들게 되고 심각한 위기에 처해진다. 대부분의 군사는 죽거나 도망가고 불러도 돌아오지 않게 되었다. 절망적 상태에서 그는 국가의 신 아몬에게 자기 운명을 맡기는 절대 절명의 순간에 신의 영감을 얻어 구사일생의 기적 같은 전과를 얻는다. 비록 완전한 승리는 못했지만 그들과 평화를 이룩한다. 이때부터 그는 신 아몬에 대하여 절대적인 신앙을 강조했고 그의 재위 기간 60년을 신전 건설하는데 남다른 열정을 쏟았다. 이해가 갈만도 하다.

3) 멤논의 거상

저녁이 다 되어서야 더위가 누그러졌다. 우리를 태운 미니버스는 돌아오는 길에 먼저 지나쳤던 멤논 거상 앞에 멈춰 섰다.

필자는 처음에 멤논이 트로이 전쟁에서 살해당한 그리스의 영웅, 멤논을 가리키는 줄 알았는데 실은 그리스 신화에 나오는 '여명의 여신' 에오스의 아들인 멤논을 말한다. 거상 이름은 매일 아침 해가 뜰 때 슬픈 울음소리를 내는 데서 유래했다.

기원 전 27년에 발생한 지진으로 이 거상에 심각한 균열이 생겼는데 외기의 온도차는 이 균열을 더욱 심화시켜 언제부터인지 해가 뜰 때마다 소리를 내기 시작했다. 과학자들의 조사 분석에 의하면, 이 소리는 태양이 뜰 때 햇빛을 받는 부분과 못 받는 부분의 온도 차에 의하여 석상의 균열 틈에서 소리가 난다는 사실이 밝혀졌으나 당시 그리스 시대 여행자들은 석상의 임자가 여명의 여신에게 아침 문안 인사를 하는 것으로 해석했다. 거상 받침대 측면에 그리스어와 라틴어로 쓴 낙서는 로마 하드리안 황제와 사브리나 황후가 이곳을 방문했을 때 거상에서 나는 소리에 관하여 수행원들이 쓴 것이다. 로마 초기 때만 해도 아침이면 여명의 소리를 들을 수 있었는데 지금은 보수하여 그 소리도 들을 수 없게 되었다.

이 석상은 아멘호텝 3세가 왕관을 쓰고 앉아 있는 모습이다. 온 얼굴이 상

멤논 두 거상, 뒤에 있는 바위 언덕 너머 왕가의 계곡이 있다.

처투성이라 알아 보기 힘들다. 일설에 의하면 마물루크(이집트의 아랍시대 A.D. 1250)들이 대포를 쏘아 저렇게 되었다고 하나 확실한 것은 아닌 것 같다. 저것도 우상 파괴자들의 소행임에 틀림없을 것이다.

본래 여기는 테베시대의 문화를 제일 먼저 열었던 아멘호텝 3세 장제전이 있던 자리고 이 거상은 탑문 앞에 앉아 있었다. 그런데 그 뒤에 있던 장제전이 지진으로 파괴되는 바람에 거상만 남게 된 것이다. 파괴된 장제전의 석재는 무심한 이슬람교도들이 뜯어 다른 건물을 짓는데 가져가버리고 지금 여기는 나무 몇 그루만 남았다.

거상의 발 옆에 미니 여자상이 조각되어 있는데 오른쪽의 것이 아멘호텝 3세의 어머니 무템위야 왕비고 왼쪽 것이 그의 왕비 티에다. 또 왕좌 양 쪽에 상 이집트를 상징하는 연꽃과 하 이집트를 상징하는 파피루스를 묶고 있는 부조가 있다. 이것 또한 상·하 이집트가 한 몸 되듯 영원한 통일을 염원한 다는 뜻이다. 상·하 이집트 통일을 기념하는 조각품을 이집트 곳곳에서 보면서 남북통일을 염원하는 지금 우리 나라 예술 작품에도 이런 컨셉이 나옴 직하다 생각했다.

이 거상은 높이가 21m이고 무게가 각각 720톤이다. 이 거상은 카르나크 신전에서 우연히 발견된 한 건축가의 비문에서 카이로 근교 헬리오폴리스의 아하말 야산에서 원석을 운반해 이 자리에서 조각했다고 적혀 있었다.

거상은 몸도 마음도 얼굴도 흉칙하게 망가진 채 이 넓은 벌판에 서 있다. 그렇게 찬란했던 조상들의 문화유산을 보존조차 하지 못하는 후손이지만 세계 각지에서 연일 수많은 관광객을 불러 모아 그들의 후손들을 먹여 살리며 조상의 몫을 톡톡히 하고 있다.

4 왕가의 계곡과 투탕카문왕

1) 왕가의 계곡

　핫셉수트여왕 장제전 뒤 언덕으로 몇 사람들이 올라가는 것이 눈에 띈다. 저 언덕길을 넘어가면 바로 왕가의 계곡 옆구리로 내려가게 된다. 우리 일행이 타고 있는 미니버스가 저 언덕 옆을 돌아 도착한 곳은 왕가의 계곡 입구 매표소 앞 주차장이었다. 표를 구입한 사람들을 서울대공원에서 보는 코끼리열차로 묘역 중심까지 데려다 준다.
　태양이 지는 나일강 서쪽 사막은 고대 이집트인들이 죽어 영혼이 사는 곳이라고 믿었다. 사후에도 영원불멸을 굳게 믿은 파라오는 동쪽에서 떠오르는 태양신과 같이 일정한 세월이 지나면 다시 부활하기를 기원하면서 자기 육신을 온전하게 보존하고자 거대한 피라미드를 건설하였다. 부활은 육신의 온전한 보존이 필수적이기 때문이었다.
　사카라, 기자가 고왕국 시대 왕들의 네크로폴리스라면 왕가의 계곡은 신왕국 왕들의 무덤이 있는 곳이다. 이곳에 자신의 시신을 안치하려 한 최초의 파라오는 제18왕조 투트모세 1세(핫셉수트의 부왕)였다. 그는 선대 파라오들의 무덤이 도굴범들에 의해 파헤쳐지고 있다는 것을 알고 있었다. 도굴범들을 소탕하려는 노력에도 근절하기 어려웠다. 그래서 투트모세 1세는 아무도 모르게, 알아도 손을 댈 수 없는 바위 속에 무덤을 만들려고 생각했다. 그곳이 바로 왕가의 계곡[64]이었다. 테베에서 가깝고, 강 언덕 뒤로 돌아 앉아 있으며, 더욱이 부드러운 사암으로 된 언덕에 둘러싸여 파라오의 영원한 안식처로 명당이라 할 수 있었다. 투트모세 1세는 건축가 이네니의 도움으로 지하 깊이 그리고 길게 미로를 만들고 무덤 안에 있어야 할 시설–기둥실, 안뜰, 전실, 현실–을 만들었다. 그리고 사이사이에 함정을 두고 왕의 시신이 현실에 든 후, 입구를 완전 봉쇄하도록 했다. 입구 표식도 없애고 묘지 건설에 참여했던 인부마저 완전 입을 막아버렸다. 장제전은 가능한 무덤에서 멀고 사람들의 발길이 잦은 강변에 두어 자기의 '카(혼백)'를 모시도록 했다.

핫셉수트여왕은 자기 장제전을 지을 때부터 자기 무덤을 준비하기 시작했다. 여왕의 무덤은 장제전의 뒷산 절벽의 반대편에 있는 왕가의 계곡 언덕 중턱, 사람들이 그냥 올라가기도 힘든 곳이다. 절벽 중턱에서 200여m를 파고 들어가서 또 100여 m 깊이로 파내려 가 현실을 만들었다.

그렇게 고심하여 찾아낸 명당이고 어렵게 비밀 무덤을 만들었지만 도굴꾼이 손대지 않은 무덤은 하나도 없었다. 파라오가 그들의 무덤을 숨기면 도굴꾼은 자기들만의 노하우로 이를 찾아냈다. 파라오의 무덤에 관한 한 도굴꾼과 숨고 쫓는 치열한 숨바꼭질의 역사라 할 수 있다. 어떤 무덤은 파라오가 묻힌 직후부터 약탈당하기 시작했다. 신관들이 왕의 무덤의 약탈을 보고

---

64) '왕가의 계곡'이란 말은 프랑스인 샹폴리옹(상형문자 해독자)이 붙인 이름이다. 고대 이집트 사람들은 왕들의 공동묘지가 있는 이 계곡을 '대평원'이라 했다.

왕가의 계곡 투탕카문왕의 묘 입구다. 지금 사람들이 많이 모여 있는 곳은 람세스 6세의 묘이고 투탕카문의 것은 그 옆으로 놓인 것이다.

는 남아 있는 미라만이라도 수습해서 다른 무덤에 피신시키기까지 했다. 그렇게 쫓기다 보니 언젠가 데이르 엘 바하리 계곡의 한 지하무덤에 수십 구의 미라가 숨어 있기도 했다. 도굴범들은 보물을 약탈할 뿐 아니라 미라를 불살라 버리거나 사막에 갖다 버렸다. 미라가 훗날 부활하여 보복할 것을 두려워하였기 때문이다.

미라는 땅속에 묻히거나 건조되어 자연적으로 부패하지 않고 보존되는 경우와 인공적으로 만들어지는 두 가지 방법이 있는데 고대 이집트에서는 영생과 부활의 종교관에서 시체를 썩지 않게 보존하고자 인위적으로 만들었다. 고왕국시대부터 시신에서 내장을 제거해서 자연산 소금으로 부패하지 않게 보존했고 시신을 리넨 천으로 붕대를 감듯 둘러싸고 향료와 송진 같은 방부제를 사용하였다.

왕가의 계곡을 19세기 중엽부터 유럽 고고학팀이 대대적으로 탐사하여

60여기의 무덤을 발굴했으나 미라나 부장품은 이미 도굴꾼 손에 넘어간 후였다. 그러다 보니 어느 것이 누구의 무덤인지조차 알 수 없게 되었다. 1880년 경, 고대 유물들-석관, 미라, 파피루스에 그려진 미술품, 항아리 등이 골동품 암시장에서 빈번히 암거래되고 있었다. 카이로 고고학박물관장으로 있었던 마스페로는 도굴과 불법 유통으로 유물이 도난당하고 파손되는 것을 막고자 고민하고 있었다. 그는 도굴 조직의 우두머리를 붙잡아 오랜 시간을 설득한 끝에 도굴 전모를 알아냈다. 마침내 이들로부터 받아낸 정보에 의해 핫셉수트 장제전이 있는 데이르 엘 바하리 근방 한 지하 바위 무덤에서 엄청난 양의 석관과 미라를 찾아냈다. 아크나톤왕 부부, 아멘호텝 1세, 투트모세 1세, 2세, 3세, 세티 1세, 람세스 1세, 람세스 2세, 핫셉수트 여왕의 것들이 쏟아져 나왔다. 지금 박물관 2층 미라 실에 가면 이때 발굴된 신왕국 시대 왕들의 미라를 만날 수 있다.

그러면 각각 자기 무덤에 안치되어 있을 미라들이 어떻게 여기 한 곳에 모여 있었을까?

미라와 함께 발견된 신관들의 기록이 그 사유를 알려 주었다. 기원 전 1150년쯤 제20왕조 시대 이집트의 왕권은 극도로 쇠약해 있었다. 당당했던 파라오의 권위는 더 이상 찾아보기 힘들었다. 평민들은 기아에 허덕이고 사방에서 도둑이나 산적이 출몰했다. 파라오에 대한 존경심을 잃은 사람들이 도굴단을 조직해서 무덤을 파헤치고 미라를 파괴했다. 결국 신관들은 도둑의 눈을 피해 무덤들을 은밀하고 소박한 곳으로 이장했다. 람세스 2세의 미라는 아버지 세티 1세의 무덤으로 옮겨졌다가 거기가 도굴 당하자 또 다른 곳으로 피난 갔다. 1898년 아멘호텝 2세의 무덤에서 투트모세 4세와 그의 아들, 그리고 아멘호텝 3세의 미라가 같이 있었다. 이런 노력에도 도굴꾼의 눈을 벗어나지 못했다. 이장을 끝내자말자 도굴꾼의 습격을 받아 이곳에 모아졌다고 짐작된다.

2) 투탕카문왕의 무덤 발굴

(1) 도굴꾼도 몰랐던 투탕카문왕의 무덤

투탕카문왕(제18왕조 B.C. 1352~1344)은 아크나톤왕의 뒤를 이어 9살에 왕위에 올랐다. 그는 9년을 통치하고 18살의 젊은 나이로 세상을 떴다. 그가 죽은 원인은 지금도 의문에 싸여 있다. 독살됐다는 설도 있었지만 그의 미라를 해부한 바, 그의 두부가 크게 훼손되어 있어 피살되었다고 주장하기도 한다. 하여간 그가 죽고 난 뒤 후계자는 제사장이었던 '아이'였다. 투탕카문왕의 가장 강력한 반대파였다. '아이'가 선왕의 이름을 조직적으로 지워버렸다. 그러니까 고대 이집트에서 조직적으로 왕의 이름이 지워진 것은 핫셉수트여왕과 투탕카문왕인 셈이다.

투탕카문왕이 그의 부왕과 텔 엘 아마르나에 있을 때 그 이름은 투탕카텐

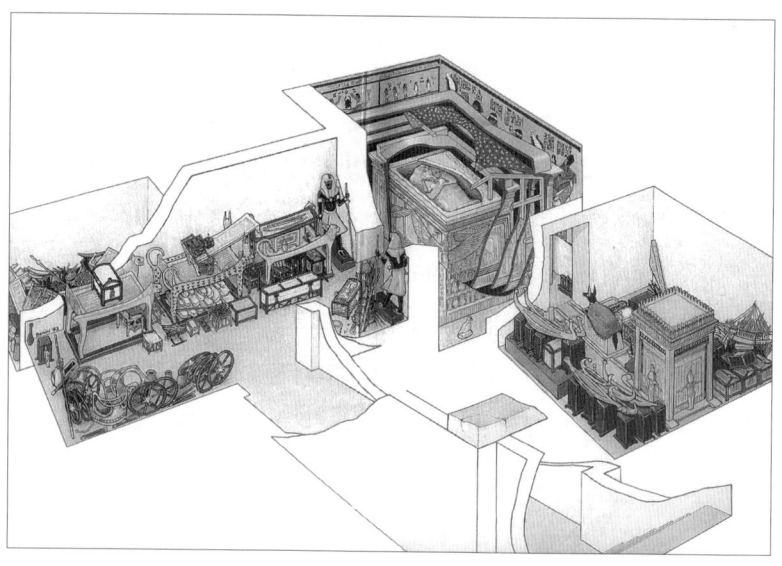

투탕카문왕 무덤 발굴 당시 전경/왼쪽이 전실, 가운데가 현실, 오른쪽 방이 보물실이다.

(The living image of the Lord, 아텐신Aten이 생명을 살아 이어 준다는 뜻)이었으나 부왕의 사후, 왕이 되어 테베에 돌아와서 투탕카문(The living image of the Lord, 아문신Amun이 생명을 살아 이어 줌)으로 개명하고 그가 어릴 때 결혼한 여동생 안케세나톤도 안케세나문으로 개명했지만 아몬신의 절대 옹호자들은 이들을 용납하지 않았다.

그와 그의 부왕이 모두 갑자기 죽은 사유는 알려져 있지 않지만 아톤 신을 강요한 그의 부왕과 관련이 있을 것이라는 추측만 있을 뿐이다. 갑작스런 죽음으로 미처 무덤을 준비하지 못한 그에게 그의 후계자가 된 늙은 제사장이 쓰려고 이미 조성해 둔 무덤에 급히 묻히게 되었다. 그의 초라한 무덤은 그 후 제대로 관리되지 않아 도굴꾼조차 왕의 무덤으로 쳐주지 않았다. 그것을 1922년 하워드 카터가 발견한 것이다. 왕가의 계곡에서 그때까지 도굴되지 않은 무덤으로 전문 고고학팀에 의해 발굴된 것은 투탕카문왕의 것이 유일하다.

여기서 아몬신은 숨겨진 자라는 뜻으로 원래는 테베의 지방 신이었으나 신왕국이 상·하 이집트를 통일한 후 국가의 신으로 섬겨지게 되었다.

한편 아톤신(아텐신)은 아크나톤왕이 창안한 신으로 아톤은 태양 원반을 의미한다. 태양신을 숭배하는 이집트의 종교적 환경에서 자연히 태양 원반으로 의미가 변화되었고 이것이 태양의 신인 '라' 와 구별되는 것은 아톤이 아크나톤왕에 의해 유일신으로 부각된 이후라 할 수 있다.

(2) 투탕카문왕의 미소

20세기 초부터 미국의 고고학자 데이비스가 왕가의 계곡에서 많은 무덤을 발굴하고 있었다. 그는 투트모세 4세, 호렘 헵왕, 스피트왕, 핫셉수트여왕, 왕비 티에의 부모 무덤 등을 발굴하고 서기 1912년 발굴 허가권을 이집트 정부에 반환했다. 그 때 이집트 유물국 감독을 지냈던 하워드 카터는 데

생화로 만든 화환을 목에 두르고 미소를 띠고 있는 투탕카문왕의 미라

이비스 발굴현장에 입회하고 발굴에 참가하면서 이때까지 발굴되지 않은 투탕카문 왕묘에 관한 정보를 찾고 있었고 왕가의 계곡 어딘가에 숨겨져 있을 것이란 징조를 여기저기에서 발견하고 있었다. 그의 『투탕카문 왕묘 발굴기』에서 서술한 내용을 간추려 기록해 보기로 한다.

"데이비스는 발굴 작업 마지막에 람세스 4세 무덤에서 얼마 떨어지지 않은 지하의 작은 방에서 상형문자가 적힌 하얀 토기 12점을 발견했는데 그 항아리 속에는 도기잔, 아마포 묶음과 동물 뼈, 그리고 여러 가지 방부제가 들어 있었다. 이 항아리가 미술관 골동품 담당 허버트 윈 록을 거쳐 카터의 손에 넘어 왔다. 카터는 항아리 뚜껑과 도기잔에, 그리고 두루마리 천에서 투탕카문왕의 카르튀시를 발견하였으며, 그로부터 3년 뒤 그 근방에서 투탕카문 왕의 것으로 짐작되는 술잔과 얇은 금속판을 또 발견했다. 그는 아직도 발견되지 않은 투탕카문 왕의 무덤이 이 계곡 어딘가에 있다고 확신했으나 도굴되었을지 모르는 무덤을 찾아보아야 할 것인지 고민하고 있었다. 결국 카터와 그의 재정적 후원자 카나본 경은 1914년, 이집트로부터 왕가의 계곡 발굴권을 얻어내어 1917년부터 본격적으로 발굴에 들어갔다. 그때 카터의 나이는 44세, 이집트로 건너온 지 26년이 되는 해였다. 그동안은 유물국 관리로서 입회만 하다 이제 실질적 발굴작업에 뛰어든 것이다. 그의 발굴사업은 다른 도굴꾼과 달라서 돈이 되는 사업이 아니라 고고학 유물을 전설과 신화에서 역사로 바꾸는 순수한 학문적 작업인 것이다. 이에 대한 열정과 집념 없인 안되는 작업이었다.

그는 그동안 배운 고고학 지식과 경험을 바탕으로 정밀한 발굴계획을 작성해서 카나본경과 작업에 착수했다. 작업을 시작한 지 3년이 지났다. 카터가 발굴구역으로 예정했던 삼각지역(람세스 2세 묘~메르네프타왕의 묘~람세스 6세의 묘)에서 20만 톤이나 되는 흙을 파 보았지만 옛 노동자의 오두막터를 발견한 것 외에는 별 소득이 없었다.

발굴을 시작한 지 5년이 지나고 있었다. 당초에 예정한 카나본경의 재원이 바닥나고 있었다. 더 이상 부탁할 형편이 아니었다. 작업을 끝내기로 결심한 카터가 아쉬운 마음을 달래기 위해 현장을 돌아보고 있을 때 언제나 보아 온 오두막집이 눈에 띄었다. 그는 이 오두막집을 철거하고 그 밑을 파헤치기 시작했다. 며칠 만에 내려가는 계단이 발견되었다. 14 계단 끝에 통로를 막은 벽이 나왔다. 찰흙과 강회, 풀가사리를 반죽해서 바른 벽엔 재칼 한 마리와 9명의 노예가 그려져 있고 투탕카문 왕의 카르투시가 찍혀 있었다. 이 오두막은 투탕카문 왕보다 훨씬 후대인 람세스 6세 무덤(B.C. 1143년)에서 일하던 일꾼들의 휴게소였다. 이것이 투탕카문왕 무덤 입구 위에 있었기 때문에 아무도 이를 눈여겨보지 못했던 것이다. 그 때가 1922년 11월 4일이었다.

하워드 카터는 후원자 카나본과 그의 딸 에블린 여사가 영국에서 도착하기를 기다렸다. 드디어 그들이 지켜보는 가운데 계단통로를 막은 찰흙 벽을 뜯어내기 시작했다. 2계단을 더 내려가 약 9m 길이의 올라가는 경사로가 있었는데 거기엔 먼지와 잡다한 돌 부스러기와 모래 등이 가득 쌓여 있었다. 그것들을 다 치우고 나니 통로 끝에 두 번째 벽이 나타났다.

1922년 11월 26일, 그 벽에 사람이 들어갈 수 있는 구멍을 냈다. 카터가 칠흑 같은 방안에 머리를 디밀고 있었다. 후끈한 더운 공기가 밖으로 흘러나왔다.

카터는 이 방 안에서 3,300년 전의 모습을 조심스럽게 들여다보고 있었다. 캄캄한 어둠이 눈에 익어가면서 그 안의 광경이 그의 눈에 비치기 시작했다. 모든 것이 황금빛이었다. 더 이상 궁금증을 참을 수 없었던 카나본 백작이,

"여보게 뭐가 보이는가?"

"……예, 아주 기막힌 것들이……" 겨우 이런 말로 자신의 감회를 표현할 수밖에 없었다. "……ye ees, wonderful things ……" 이 말은 한동안 유명 언어(言語)가 되어 세인(世人)의 입에 오르내렸다.

카터가 여기에서 아주 기막힌 것들을 본 방은 전실(前室)이었다. 카터가 이 구멍을 통해 제일 먼저 본 것은 맞은 편에 이상한 동물이 몸을 쭉 뻗은 형상인 장례용 의자 3개였다. 가로 8m, 세로 3.6m 규모의 이 전실에 들어가 보니 설화석고로 만든 화병과 항아리들, 나무의자, 전차바퀴들이 3,300년 동안 침묵 속에 잠자다 이제 막 기지개를 펴고 일어나고 있었다. 다음날 카터는 전실에 전등을 설치하고 보니 도굴꾼의 흔적을 여기저기 볼 수 있었다. 도굴꾼은 한두 번 정도 침입했는데 무언가에 의해 방해받아 보물 몇 개만 들고 도주한 것으로 보였다. 현실이 있는 문 양쪽에 검은 나무로 만든 실물 크기의 여신상 2개가 황금 길트를 입고 철퇴와 곤봉으로 무장한 채 마치 보초병처럼 마주 보고 서 있었다. 이 나무 등신상의 머리카락, 팔찌, 샌들은 도금

되어 있었다. 문지방에는 못내 아쉬워 두고 간 듯 시들은 오래된 꽃 한 송이도 있었다. 아름다운 무늬로 장식한 보석상자들, 옥좌를 비롯한 여러 의자들, 침대, 마차, 전차바퀴 등 약 650여점의 부장품이 있었다.

    수천 년을 외부와 격리됐던 유물들은 갑자기 바깥 공기에 노출되어 사람 손이 닿자 가루로 변해버렸다. 청동 고리들은 서로 엉켜 붙어 있었고 전차들이나 장례용 의자들은 너무 커 해체해야 밖으로 끄집어내올 수 있었다. 도금된 3개의 장례의자들은 손잡이 끝에 각각 황소, 사자, 악어 머리를 조각되어 있었다.

    카터가 전실에서 제일 먼저 꺼낸 유물은 설화석고로 만든 항아리 2개였다. 그 중 하나에는 영원한 생명을 상징하는 연꽃을 형상화한 것으로 항아리 표면에는 왕의 탄신일과 왕을 칭송하는 글로 가득찼다. 또 거기에 많은 상자들이 있었는데 그 중에 설화석고로 만든 아름다운 상자에는 깊은 부조에 유색 상감으로 장식되어 있었다. 흑요석으로 만든 손잡이에는 왕과 왕비 이름이 새겨져 있고 전면엔 사냥과 전투 장면이 그려져 있었다. 그 외에도 나무 침대, 갈대의자, 팔걸이의자, 화살통과 화살, 터키석 색깔의 도자기 그릇, 구리 촛대, 금가락지, 금 풍뎅이, 큰 금박상자가 있었다. 이 금박상자 겉면엔 투탕카문왕의 결혼생활이 기록되어 있으며 그 상자 안에 있었던 투탕카문왕의 흉상은 도굴당하고 기단만 남아 있었다. 학자들의 연구에 의하면 왕의 흉상은 노란 금박이었고 목걸이와 귀걸이, 그리고 왕관에는 왕가를 상징하는 코브라가 장식되어 있었다.

    여기 유물 가운데 가장 유명한 것은 금박에 유리와 도자기, 보석으로 장식된 왕의 옥좌다. 이것은 네 다리가 사자 모습이고 팔걸이는 뱀 장식이다. 옥좌의 등받이가 그렇게 아름다울 수가 없다. 유리로 상감한 그림에는 왕이 푹신한 의자에 앉아 왕비가 향유 맛사지를 받고 있었고 그의 머리 위에서 태양신 라의 밝은 빛이 부드럽게 그들 부부를 비쳐주고 있었다.

장례용 의자가 있던 뒷쪽 벽에 작은 구멍이 뚫어져 있어 거기를 들여다보니 어느 방인지는 아직 모르지만 무슨 방이었다. 카터는 조금씩 구멍을 넓혀 방 안으로 들어가 보니 그 방에도 많은 부장품들이 마구 어지럽혀 있었다. 도굴꾼이 무엇을 찾으려고 한 것 같았다. 거기에는 의자, 팔걸이, 침대, 주전자, 상자, 장난감, 화살과 창, 옷, 식사용품까지 왕이 평소 사용하던 물건들이 방안을 가득 채우고 있었다. 알고 보니 이 방은 길이 4m에 폭 2.9m의 별실인데 금, 상아, 유리, 도자기로 상감된 금속 상자들이 엄청나게 많이 발견되었다. 왕과 왕비의 이름이 아름답게 장식되어 있는 상자 안에는 금, 은 등 귀금속, 향료, 몰약, 진주, 장난감, 부채 등을 포함하여, 과일, 고기 등 온갖 일상생활 용품들이 가득 들어 있었다. 41개의 주전자 안에는 포도주를 담아 매장했다. 주전자 하나하나에 언제 어디에 있는 포도나무에서 딴 것이라고 기록돼 있었다. 수천 개의 물목 하나하나에 이와 같이 출처와 왕이 언제 무엇을 할 때 사용하던 것이라고 설명해 놓았다. 산자가 죽은 자를 보내는 그 정성이 참으로 지극정성이었다. 이런 것들을 보면 당시 생활과 문화예술의 수준을 증명해 주는 아주 귀중한 것들이었다. 카터는 이 두 방에 있는 것들을 정리하는 데만 50일이 걸렸다.

카터의 『투탕카문 왕묘 발굴기』 클라이막스를 들어보자.

하워드 카터와 카나븐경이 1923년 2월 17일 드디어 현실(玄室)의 벽을 허물었다. 무덤을 발견한 지 3개월만이다. 3,300년 전의 파라오를 만나는 역사적인 순간이다. 이 세기의 현장에 카나븐경과 그의 딸 에벌린여사를 비롯해서 세계의 저명한 학자-고고학, 화학, 의학, 미생물학, 해부학, 고대 미술 전문가, 미술관 관계자 등 20여 명이 전실에 모였다. 현실 안에 제일 먼저 들어간 사람은 카터와 카나븐이었다. 캄캄한 현실 안으로 들어가 전등을 비쳐보니 벽화로 온 벽을 장식한 현실 안에 도금한 큰 나무관함이 방을 가득히 차지하고 있었다. 도금된 관함 모서리에는 여신 조각상이 손과 날개를 펴고 침입자를 막고 있었고 관함에는 황금 바탕에 검은 색 도자기로 상감한 상형문자와 장식용으로 붙인 화려한 도자기 파편으로 반짝이고 있었다. 돋을새김으로 된 상형문자는 "나는 어제를 보았다. 그래서 내일을 안다"라는 파라오의 경구(警句)였다. 정말 그는 오늘의 이 일을 그리고 수천 년이 지난 오늘의 세계를 예견하고 있었단 말인가!

현실 벽에는 벽화와 비문들이 상형문자로 부조되어 색칠해져 있었다. 관함의 문은 현실 안(동쪽)에 있었으며 빗장이 걸려 있었지만 봉인되지는 않았다. 카터는 관함 문을 열어보니 두 번째 관함이 나왔다. 이 관 문은 완전히 봉인되고 빗장까지 처져있고 장미 무늬로 장식된 아마포가 그 위에 드리워져 있었다. 카터는 이 안에 미라가 있을 것으로 보고 관함 문을 닫고 방 안을 둘러보았다. 카터와 카나븐은 숨을 죽인 채 현실 안을 조사하기 시작했다. 놀라운 일이 또 그들을 기다리고 있었다. 현실에 열려있는 출입문 하나가 더 있었다. 그 방으로 들어가니 '죽은 자들의 4여신'이 또 다른 황금 관함을 호위하고 있었다. 관함을 열어보니 투탕카문왕의 내장을 넣은 항아리 4개가 나왔는데 항아리 뚜껑 모양이 왕의 얼굴과 닮았다. 황금 관함 옆에 새까만 자칼의 신 아누비스가 자기 관함 위에 앉아 있었다. 그 방에도 상자와 모형 배들 그리고 전차들이 많이 있었다. 두 사람은 전실에서 기다리는 사람들을 생각해서 서둘러 밖을 나왔다. 전실에서 기다리고 있던 입회인들은 두 사람이 한조로 해서 현실 안으로 들어가는 영광을 얻었다. 너무 놀라고 당황한 고고학자들은 3,300년 전 파라오의 장례식에 참석하고 있는 듯한 장엄한 감동을 느꼈다고 했다.

카터는 대강의 탐색작업을 마무리하고 무덤을 일단 폐쇄했다. 그 이후 두 달 만에 카나븐이 모기에 물려 3주 만에 호텔에서 사망한 사건이 발생했다.

계속해서 발굴 작업에 관여한 학자, 의사들, 도우미들 가운데서 17명은 왕의 저주를 받았다. 카나븐의 죽음에도 카터는 초지일관 작업을 계속했다. 1924~25년에 현실에 있는 보물들을 운반하는 작업에 들어갔다. 우선 관함 주위에 있는 물건들이 무덤 밖으로 옮겨지고 큰 관함을 여는 작업에 들어갔는데 우선 전실과 현실 사이에 있었던 벽이 해체됐다.

큰 관함이 한 조각 한 조각 밖으로 옮겨졌다. 세 번째와 화려한 모습인 네 번째 관함은 봉인되지 않은 채 닫혀 있기만 했다. 문을 열어보니 누런 규암(硅巖)석관이 나왔다. 한쪽 끝에 손과 날개를 펼치고 있는 여신 조각상이 마치 침입자를 막고 있는 듯 했다. 관함을 하나씩 빼내 석관을 끄집어내었다. 그리고 이것을 현실 한 가운데에 놓고 열기 시작했다. 수많은 고고학자들과 관계자들이 참석한 가운데 무게가 무려 1톤이나 넘는 관 뚜껑을 열었다. 그 안에 있는 아마포를 걷어낼 때는 사람들은 숨을 멈추었다. 모두들 그 안에 미라가 있을 것으로 예상했는데 그 안에도 황금으로 도금된 길이 1.8m의 인형관이 세 개나 겹쳐 있었다. 인형관의 이마에는 파라오의 상징인 코브라와 독수리(상하 이집트를 상징함)의 머리띠를 쓰고 있었다. 카터는 황금 인형관을 전실로 옮기고 거기서 관 뚜껑을 열었다. 거기에는 미라의 얼굴 위에 어린 왕의 황금가면(길이 1.8m, 두께 2.5mm)이 덮여 있었는데 그 위에 시들은 장미 꽃다발이 놓여 있었다. 어린 파라오의 죽음을 누구보다 애도한 어린 왕비 안케세나문의 마지막 사랑의 증표임에 틀림없다.

1925년 11월 11일 하워드 카트는 고고학, 의사, 생물학, 기자 등 세계 유수의 관련자들이 지켜보는 가운데 황금가면을 벗겼다. 3,300년 전에 세상을 떠난 파라오의 모습이 드러났다. 그는 평온하게 사람들을 바라보고 있었다. 세련되고 교양 있는 용모로 가벼운 미소를 머금고 있었다. 그 광경을 본 참여자들은 그 당시 예술가들이 만들어 놓은 황금가면과 인형관에서 왕을 늠름하고 멋진 젊은이로 묘사했는데 왕의 특징을 정확하게 찾아냈다고 감탄해 마지않았다. 미라는 예술가들이 묘사한 모습 그대로였다. 부검학자 데리가 시신을 싸고 있는 것들을 모두 제거하고 세심하게 조사한 바로는 투탕카문왕은 18세에서 20세 사이에 사망했고 체격은 탄탄했으며 키는 165cm 가량이었음을 밝혀냈으나 정확한 사인은 밝혀내지 못했다. 카터는 계속하여 여러 유물들을 정리하기 시작했다.

현실과 옆방인 보물실, 전실과 별실에서 엄청난 양의 유물들, 값으로는 도저히 셈할 수 없는 보물들이 쏟아져 나와 세계를 놀라게 했다.

왕이 살아 있을 때 일상으로 사용하던 용품들, 앞에서 열거한 것들 외에도 일일이 전부 열거하기 어려울 정도의 많은 양의 부장품이 있었다. 그것들을 모두 정리, 분석하여 지금 카이로 고고학 박물관 2층에서 전시하고 있다. 다만 왕의 석관과 그 속에 미라는 그의 영원한 안식을 위해 본래의 장소인 여기에 안치했다. 지금 필자가 그를 만나고 있는 것이다.

투탕카문왕의 무덤의 4개의 방에서 발굴된 보물이 3,500여점이나 된다는 점을 생각하면 도굴되지 않은 당초에는 또 얼마나 많은 보물이 있었을까 하는 생각이 든다. 그리고 어느 가정에서나 죽은 사람에 대한 경외심으로 자기가 갖고 있는 가장 값진 물건을 바쳤다. 그렇다면 5,000년 동안 나일강변에서 죽은 사람을 약 2억이라 추산하면 이들 중 상위 계급이나 부유층에 속한 사람이 10%라고 가정한다 해도 약 2천만 명에 이른다. 이 중에서 10%만 계산해서 2백만의 무덤이 아직 발굴되지 않은 채 지하에 남아 있다는 계산이다. 현재까지 밝혀진 무덤으로는 고작 100명 이하이다. 발굴되지 않은 무덤에는 어떤 보물들이 있을 것이며 또 어디서 언제 발굴될 것인지 벌써 궁금해진다. 이것은 아직도 그리고 앞으로 활동할 세계 각국의 고고인류학자들의 몫일 것이다.

3) 왕의 무덤에서 발굴된 보물들

　여기에 소개하는 투탕카문왕 무덤에서 출토된 보물들은 카이로 고고학박물관 2층에 있는 투탕카문 왕 유물의 전시실에 있는 것들이다. 카이로 타흐리르 광장에 있는 고고학박물관 건물은 주위 건물과 다르게 분홍색이다. 멀리서도 색깔만 보고 알 수 있다. 안뜰 중앙에 데어르 엘 바하리의 참배길에서 발굴한 스핑크스를 전시하고 있었고 고대 이집트 신전에 있던 석상이 있어 박물관 분위기가 물씬 풍긴다. 이 건물은 1900년에 초대 관장 오귀스트 마리에트가 건설했다. 그는 고대 이집트 유물을 발굴, 수집하고 분류, 정리하는데 일생을 바친 사람이다(사카라 고분 설명에서 언급한 바 있음). 그의 업적을 기려 박물관 정원 모퉁이에 그의 석상을 세웠다.

　투탕카문왕 무덤 유물 전시실은 앞에서도 언급했지만 발굴자 하워드 카터가 분류하고 정리하며 설명을 붙인 것이다. 많은 보물들 가운데 대표적인 것 몇 개만을 여기에 소개한다.

(1) 황금 마스크와 장식물

　황금 마스크는 방 한가운데 높이 1m 정도의 유리 케이스 안에 전시되어 있었다. 투탕카문왕의 미라 머리 위에 놓여 있었던 것이다. 머리에는 푸른 줄무늬로 상감한 네메스를 두르고 앞머리에 하 이집트의 상징인 코브라 와제트(Wadjet)여신과 상 이집트의 상징인 독수리 네크베트(nekhbet)여신을 붙였다. 눈썹과 눈 가장자리엔 짙은 푸른 색 보석을 상감하였다. 고대 이집트인들은 사람 몸에서 머리는 생명의 중심으로 생각했다. 사람이 죽어 오시리스 신의 심판을 받고 무죄가 결정되면 신의 힘을 빌려 초자연적인 힘을 얻게 된다. 영혼이 머리의 생김새를 보고 주인을 찾아 몸속으로 들어가면 몸은 부활한다고 믿었다. 그래서 미라의 머리에 가면을 덮어 사자(死者)의 모습을 보존하는 것이다.

투탕카문왕이 몸에 걸쳤던 장식물 전시대에도 관람자가 많이 모이는 곳이다. 거기에는 가공기술이 정교하기 짝이 없는 훌륭한 귀금속 장식물을 정리해 놓았다. 필자는 황금 가면 위에 놓였던 시든 꽃다발에 관심이 많았다. 장미꽃이었다. 이것은 젊은 파라오의 죽음을 누구보다 애도했던 안케세나문 왕비가 마지막으로 바쳤을 것이다. 3,300년 전의 생화가 지금 시든 모습으로 전시되고 있는 것이다. 참으로 믿기 어렵지 않은가!

황금가면

(2) 황금 목관

투탕카문왕의 미라를 넣은 겹겹의 목관 중에 제일 바깥 것이다. 이 관은 가로 5.1m, 세로 3.3m, 높이 2.7m의 큰 이삿짐 나무 박스 같은 것이었다. 이것은 하워드 카터가 투탕카문왕 무덤의 현실에 처음 들어갔을 때 현실을 가득히 차지하고 있었다. 관함 표면에는 황금으로 도금해서 모자익 도자기로 상감한 상형문자를 새겼다.

신분에 따라 관을 몇겹으로 만들었는데 투탕카문 왕묘에는 4중으로 넣어져 있었다. 마치 책상 서랍을 꺼내듯 5번째를 끄집어내 보니 이번에는 석관

현실을 가득 채운 황금 목관. 수천년의 세월에도 목관은 아주 건실했다.

이었다. 석관 안에 또 황금 인형관 3겹이 나왔다. 마지막 인형관을 벗겨보니 황금마스크(가면)가 미라 위에 놓여 있었다. 관은 맹수나 도굴꾼들로부터 미이라를 보호할 뿐아니라 사자의 영혼이 머무는 집으로 여겼다. 처음은 사각형이었지만 중왕조 이후부터는 인형관으로 발전하였다.

(3) 황금 인형관

석관 안에서 나온 3개의 인형관 중 하나이다. 황금관 두께는 2.5mm고 길이가 1.8m 조금 넘는다. 왕의 인형관 머리에는 왕의 상징인 코브라와 독수리를 달고 있었다. 여기에 소요된 금이 22카라트 225kg이라니까 황금 목관에 도금한 금을 포함해서 모두 22카라트 885.4kg이다.

3개의 인형관 중 하나는 왕가의 계곡 그의 무덤에 그의 시신과 함께 안치되어 있다.

(4) 내장(內臟)보관함

투탕카문왕 무덤 현실 옆방인 보물실에 있던 것이었다. 육면체의 집처럼 생긴 목관에 금으로 도금한 것이었다. 네 벽면에 여신이 팔을 벌리고 내장함을 보호하고 있었다. 이시스[65], 네프티스[66], 네이트[67], 셀케트 여신[68]이다. 이 안에 왕의 시신을 방부처리하기 전에 끄집어 낸 내장을 특별 방부처리하여 보관하는 카노프스 단지 4개가 들어 있다. 이 카노프스란 이름은 메넬라우스왕이 트로이 전쟁에서 승리하고 귀국 중에 갑자기 돌풍을 만나 방황하다 알렉산드리아에 도착했는데 거기에서 배를 고치다가 부인과 함께 뱀에 물려 죽은 카노프스선장의 이름이다. 그후 그는 그리스 사람들에 의해 신으로 받들어졌다. 이 항아리와 뚜껑은 석회암이나 알라바스타 또는 도기로 만들어졌고 그 위에 여러가지 색칠을 했다. 여기처럼 죽은자의 얼굴을 조각하기도 하고 호루스신의 아들 4명의 얼굴을 조각해 놓기도 하였다.

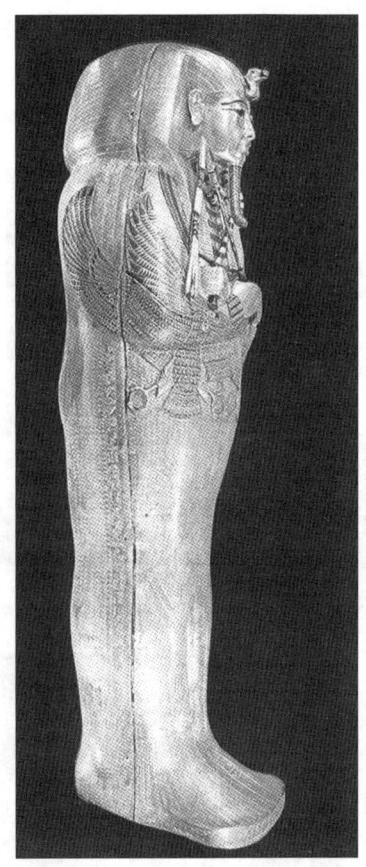

황금인형관

---

65) 고대 이집트에서 숭배된 여신이다. 대지의 신 게브와 하늘의 여신 누트 사이에 난 딸인데 오빠 오시리스와 결혼하여 호루스를 낳았다. 그리스의 비너스, 기독교의 성모 마리아로 변신한다.
66) 천신 누트와 지신 게브 사이에 오시리스, 세트, 이시스신과 같이 태어났는데 오시리스와 이시스, 세트와 네프티스가 부부가 되었다. 세트가 오시리스를 죽였으나 이시스와 네프티스가 죽은 오시리스를 살려 명계의 왕이 되게 하였다.
67) 이집트 신화에서 하 이집트(델타지역)의 수호신이며 사자(死者)를 보호하는 수호신이다.
68) 목구멍을 숨쉬게 만드는 여신. 시체의 내장이 보관된 항아리를 지키는 역할을 한다.

내장보관함에 이시스, 네프티스, 네이트, 셀케트 여신들이 각 면에 서서 팔을 벌려 내장함을 보호하고 있다.

왕의 옥좌. 투탕카문왕과 왕비가 조각된 황금의자이다.

(5) 자칼 아누비스 신

이것은 투탕카문왕 현실 옆 방인 보물 실에서 왕의 내장보관함 앞에 있었다. 하얀 아마포에 쌓여 도금칠한 나무 상자 위에 새카맣게 앉아 있었다. 이 신은 사자와 미라를 지켜주는 방어와 치료의 신이다.

(6) 왕의 옥좌

여기 유물 가운데서도 가장 마음에 드는 것은 등받이 그림이 유명한 왕의 옥좌이다. 조각한 나무의자에 금으로 도금하고 유리, 보석, 색색의 도자기, 은 등을 상감하여 장식했다. 의자의 팔걸이는 코브라, 의자 다리는 사자 머리에 사자 발이다.

옥좌 등받이에 유리로 상감한 그림에는 투탕카문왕이 푹신한 옥좌에 앉아 있다. 왕비가 왼손으로 향수병을 들고 오른손으로 조용히 왕의 어깨에 향수를 발라주고 있다. 왕의 머리 위에서 태양이 생명의 빛을 비추고 있다. 이 빛은 아톤 신을 의미하는데 부왕의 사후, 왕은 이 때문에 왕좌뿐 아니라 그의 생명까지 내놓아야 했다.

(7) 파수꾼 상

투탕카문왕 무덤 전실에서 발견된 것이다. 현실 입구에 양쪽에 서서 지키고 있었던 실물 크기의 목상이다. 검은 바니시 칠과 금도금으로 장식했다. 가발에 네메스 머리 옷을 둘러쓰고 철퇴와 막대기를 들고 있다.

투탕카문왕의 무덤 전실에서 발견된 나무로 된 보석상자다.

(8) 보석상자

투탕카문왕의 무덤 전실에서 발견된 나무로 된 보석상자다. 전면은 투탕카문 왕의 전쟁하는 장면을 상아로 세공하여 상감했다. 말이 끄는 전차 위에서 궁사로서 앞장 서 나가고 그의 군사들은 대오를 정렬하여 그 뒤를 따르고 있다. 포로를 잡아 짓밟고 지나가는 승리자의 모습도 묘사했다. 그는 한 번도 전쟁에 나간 적이 없는데 소아시아와 아프리카 나라와 싸우는 장면도 있다. 뒷면에는 왕이 사냥하고 낚시하는 그림을 상감했다. 뚜껑에 하이에나, 영양, 타조, 사자잡는 그림이다. 또 왕비가 왕에게 꽃을 주는 그림은 그 세공이 훌륭하다. 흑요석으로 만든 손잡이에는 왕과 왕비의 이름이 상형문자로 새겨져 있었다.

(9) 장례용 긴 의자

무덤 전실에서 제일 먼저 카터의 눈에 들어 왔던 것이다. 이상한 동물이 몸을 쭉 뻗은 형상인데 미라를 만들 때 사용되었던 것이다. 전실에서 3개가 발견되었는데 금으로 도금되었고 각각 사자, 황소, 악어 머리를 하고 있었다.

4) 투탕카문왕과의 독대

왕가의 계곡에서 중앙로에 위치한 세티1세와 메르네프타왕의 무덤 안을 관람하였다. 메르네프타왕은 람세스 2세 다음 왕 즉 제19왕조 4번째 왕이다. 람세스 2세와 이시노프라왕비 사이에 13번째 왕자였다. 이 왕이 모세가 이스라엘 백성들을 데리고 이집트를 탈출할 때 모세 뒤를 쫓다가 홍해에서 익사한 바로왕으로 알려져 있다.

또한 그의 무덤은 하워드 카터가 투탕카문왕 무덤을 찾을 때 발굴구역으로 계획한 삼각지점 중 한 곳이다. 투탕카문 왕 무덤을 사이에 두고 양쪽으로 왔다 갔다 하면서 변죽만 울린 셈이다. 정작 보고 싶은 투탕카문 왕의 무덤을 보려면 입장료를 별도로 내야했다. 20년 전에도 이곳을 찾은 적이 있었다. 그때는 한 겨울인데 무덤의 개방준비가 제대로 안된 상태에서 너무 많은 관광객이 몰려들어 무덤 안은 먼지투성이 같았다. 밖을 나와 보니 너나 할 것 없이 눈썹이 하얗게 되어 있었다. 이번에는 제대로 살펴볼 요량이었다. 할 수 없이 다시 내려가 40파운드를 별도로 지불하고서야 투탕카문왕 무덤 안으로 들어 갈 수 있었다.

투탕카문왕 무덤은 왕가의 계곡 중심 거리에 나란히 앉아 바로 지하로 들어가게 되어 있었다. 카터가 처음 발굴할 당시의 16개의 돌계단을 지금 내려가고 있다. 14 계단 째 여기가 인부들이 발견할 당시, 막혀 있었던 첫째 벽이고 잡석으로 가득했던 경사진 통로를 지나면 전실인데 지금 전실에는 나무로 만든 관람석이 설치되어 있었다. 관람석에 앉아 투탕카문왕의 석관이 있는 현실을 보게 되어 있었다. 붉은 석관 한 쪽에 손과 날개를 펼치고 있는 셀케트 여신을 조각해서 무엄한 침입자를 막고 있었고 석관 안에는 황금 인형관이 누워있었다. 현실 벽에는 화려한 프레스코화가 그려져 있었는데 하늘의 여신 누트와 투탕카문왕의 후계자 아이가 사자의 입 벌리기 의식을 하

투탕카문왕의 무덤 현실에 놓여 있는 왕의 석관이다. 전실에 설치한 관람석에서만 현실 안을 볼 수 있다.

고 있다. 그리고 투탕카문왕의 사후세계를 그려 놓았는데 왼쪽부터 투탕카문왕 오시리스, 하토르 여신, 하늘의 신 누트, 왕의 카, 왕의오시리스 순서로 서 있다. 이것은 그의 사후 하토르 여신과 하늘의 신 누트의 도움으로 오시리스 신이 되어 부활하여 영원한 생명을 얻는다는 뜻이다.

하워드 카터가 투탕카문왕의 미라를 만나본 지 꼭 78년이 지난 지금 필자는 또 석관 안에 있는 그를 조용히 독대하고 있는 것이다. '정말 그대가 염원하던 영원한 삶과 부활을 지금도 확신하고 있는가?'라고 물어 보았다. '그대가 염원했던 영원한 생명은 아직 얻지 못했다 해도 지금 이렇게 우리가 만날 수 있고 대화를 나눌 수 있는 것이 어쩌면 다른 의미의 부활이 아니던가? 그대 선대와 후대 파라오들이 받은 홀대와 수모에 비하면 이것은 참으로 영원한 안식이 아닐는지!'

카터와 함께 더글라스 데리가 투탕카문왕의 시신을 해부하였지만 사인을

제2장 파라오의 고도 룩소르 193

밝히지 못했다. 그후 이에 대하여 구구한 억측과 주장들이 난무했는데 그로부터 80년이 지나서 2005년 1월 5일, 왕의 사인을 정확히 밝히기 위해 독일 지멘스사에서 공수한 CT기로 컴퓨터 단층촬영(CT)이 진행됐다. 이 미라의 X선 촬영은 36년 전에도 이뤄졌으나 두개골이 잘게 부서져 있고 시신이 황급히 매장됐다는 사실이 알려졌을 뿐, 머리 부분의 함몰부가 왕이 죽기 전에 가격되어 생긴 것인지는 확인할 수 없었다. 이번 CT 촬영은 그의 무덤 인근에 마련된 대형 트레일러에서 15분 동안 계속되었는데 찍은 사진은 1,700여 장이나 되었다. 미국 지리학회지 『내셔날 지오그래픽』이 후원하는 이번 촬영에서 3차원 영상을 통해 끊임없이 제기되어 온 왕의 타살여부, 사망 당시 정확한 나이 등을 확인하고 부서진 뼈들의 입체적 복원을 시도했다. 이 단층 결과 투탕카문 왕은 9세에 왕위에 올라 19세에 사망했으며 167cm의 키에 가냘픈 체격이었음이 밝혀졌다.

　단층작업에 참여한 연구진들은 왕이 사망 수일 전 왼쪽 허벅지 뼈가 부러져 살 밖으로 튀어나올 정도로 큰 상처를 입었고 이 상처에 염증이 생겨 죽음에 이르렀을 것이라고 설명했다. 이때까지 앞에서 왕은 두부가 가격되어 피살되었을 것이라는 가정 하에 전개된 여러 주장들은 불가피 수정하지 않으면 안되게 되었다. 드디어 이집트, 프랑스, 미국 등 전문가들은 3,300년 전 살아있을 당시 투탕카문왕의 얼굴 모습을 복원했다고 2005년 5월 10일 공표했다. 이집트 고대유물보존 위원회의 자히 하와스 사무국장은 복원된 얼굴은 수염이 없고 턱 선이 각지지 않았으며 윗니가 아랫니보다 많이 튀어나와 있었다고 설명했다. 그리고 덧붙여 그는 복원된 얼굴이 1922년 하워드 카터가 왕의 무덤에서 발굴한 황금가면의 형상과 놀라울 정도로 비슷하다고 했다. 그렇다면 여러 왕들의 황금가면은 사자의 진짜 초상화를 그린 셈이다. 이렇게 되고 보니 박물관 당국은 이집트 고고학 박물관에 있는 전 미라를 복원하기로 결정했다고 발표했다.

5) 왕의 무덤을 발굴한 하워드 카터와 카나븐 백작

투탕카문왕의 무덤 발굴자는 영국인 하워드 카터(Haward Carter)와 그의 재정 후원자 카나븐경(Lord Carnavon)이었다. 카나븐경은 영국의 명문 출신으로 1887년 케임브리지에서 수학한 뒤 7년 동안 여러 나라를 여행한 모험가였다. 그는 독일 여행 도중 그의 자동차가 소달구지를 피하려다 뒤집히는 바람에 발과 가슴, 얼굴에 중상을 입게 되었다. 이 사고를 계기로 가문의 전통을 이어받아 정치가가 되려던 당초의 야심을 버리게 되고 성격도 크게 변한다. 운동과 여행을 즐기던 쾌활한 성격에서 사려 깊고 관대하며 판단력이 있는 사람으로 변했다. 그의 주치의는 런던을 떠나 따뜻한 이집트로 요양을 권했다. 이것이 그가 카터를 만나게 되고 상당한 이집트 전문가가 된 계기다. 만년에는 모든 관심을 이 사업에 쏟았다. 하워드 카터의 집념과 그의 관대함이 고고학 사상 그 유래가 없는 큰 업적을 남기게 된다.

한편, 하워드 카터는 1873년 영국 켄싱턴의 가난한 집안의 아홉 형제 중 막내로 태어났다. 공식적인 교육을 받지 못하고 동물그림을 전문으로 하는 아버지 밑에서 수채화 그림 공부를 했다. 어린 카터는 아버지를 닮아 그림을 잘 그렸다. 그때 뉴 베리라는 이집트 학자가 고대 이집트 유적을 모사(模寫)하려고 카터를 이집트에 데리고 갔다. 그 당시에는 카메라가 없었기 때문에 이런 종류의 건물 현황을 보존하기 위해서는 화가의 손을 빌려 해결했다. 이집트에 건너 와서 고대 이집트 문명을 접한 어린 카터는 마음속에 잠재한 신비로운 호기심이 발동하기 시작한다. 그 당시 카이로박물관 유물국장인 프랑스 인 마스페로도 이 소년을 주목하고 아낌없이 지원한다. 드디어 25세의 나이로 나일강 상류 누비아 지방에서 유적 수석 감독관이 되었다가 생각지도 않은 사건에 연루되어 해임된다. 이로부터 그 곳에서 4년 간 온갖 고생을 다하다 마스페로의 주선으로 1907년 카나븐 백작을 만나 세기의 대 발굴을 성공시킨다.

　카터의 왕묘 발굴 작업은 매우 치밀하고 조직적이며 신중하게 진행되었다. 현장에서 발굴한 유품을 정리하고 기록하고 나서 모두 카이로에 있는 이집트 고고학박물관으로 옮겨 전시했다. 카터는 『투탕카문 왕묘 발굴기』를 3권으로 나눠 출간하고 1939년 66세의 나이로 세상을 떠났다. 그야말로 그는 인류문명의 발굴자이고 기록자였으며 해설자였다.

　필자는 그의 왕묘 발굴기를 감명 깊게 읽었다. 그의 엄청난 자제력과 인내심, 후원자 카나본경에 대한 예의와 발굴계획의 치밀함이 너무 돋보였다. 고고학자로서 이런 큰 발굴을 눈앞에 두고 있을 때 느끼는 감정은 경험하지 않은 사람들은 도저히 이해하지 못한다. 왕묘의 첫 번째 벽을 그대로 두고 후원자 카나본이 현장에 도착할 때까지 3주일을 기다리는 그의 심중을 헤아려 보았다. 대단한 인내심이 아니고는 불안과 초조함을 견디기 힘들었을 것이다. 세계의 뉴스와 신문이 온갖 상상을 보도하고 있는데 정작 그는 아무것도 말할 수 없을 때 저 벽을 허물고 싶은 충동을 자제하면서 유물을 정리할 치밀한 준비를 하고 있었으니. 그 절대절명의 순간, 모든 영광의 첫 프레쉬(flash)를 자기 후원자에게 돌리려는 그의 인간 됨됨에 필자는 눈시울이 뜨거워짐을 느꼈다. 그는 초등교육도 받지 못했으면서도 그의 행동은 그 어느 누구보다 지적이었고, 사려 깊었고 또 사리에 밝았다.

　카터는 트로이 유적 등 고고학에 큰 업적을 남긴 하인리히 슐래이만과는 차원이 다른 고고학 발굴자로 평가된다. 슐래이만은 명성이 당대를 풍미하였지만 그들의 발굴과정은 나쁘게 말하면 서부의 사나이들이라고 할 수 있다. 유적을 발굴하고 그 과정과 뒤처리가 좋지 않아 폐해가 많았다. 우리 나라 대표적 고고학자였던 김원룡박사가 공주의 백제 제25대 무령왕릉 발굴을 하룻밤 만에 해치우고 평생을 후회하였다고 했는데 이들에 비해서 카터의 그것은 전문가적 유물발굴이었고 이를 정리하여 이집트 고고학 박물관에 기증하여 전 인류에 크게 공헌했다. 그래서 필자는 카터를 진실로 가장 위대한 고고학자로 기억한다.

여기서 필자는 3,300여년을 연결시켜 준 하워드 카터의 위대한 왕묘 발굴을 보고 몇 가지 연상되는 게 있다. 무덤의 주인 투탕카문왕쪽으로는 싫든 좋든 그의 부왕 아크나톤, 후계자 아이가 있다. 카터 쪽으로는 무엇보다 그의 제정 후원자 카나븐경이 있다. 카나븐경이 있게 한 독일에서의 교통사고, 카나븐의 이집트 여행을 추천한 주치의, 카터와 연결시킨 마스페로의 우정이 있었다. 그리고 그림재주를 전수해준 카터의 아버지, 그를 유물모사(模寫) 보조사로 이집트에 데리고 간 이집트 학자 뉴베리, 그리고 상형문자를 해독한 장 프랑스와 샹폴리옹이 있었다. 이렇게 역사적 우연과 필연을 거쳐 이 위대한 사업이 종결되게 된 것이다.

6) 투탕카문왕의 저주

'파라오의 영면을 방해하는 자는 무서운 벌을 받는다' 는 신의 저주에 관련한 전설이 전해오고 있다. 더욱이 이것이 언론에 의해 가십화되어 한때 세상을 떠들썩하게 했다.

투탕카문왕의 묘실에 제일 먼저 들어간 카나븐경이 모기에 물린지 3주만에 카이로의 한 호텔에서 세상을 떠났다. 그는 최후의 고통이 엄습할 때 투탕카문의 이름을 부르며 "이제는 끝이다. 나를 부르는 소리가 들린다. 나는 각오가 되어 있다"라고 헛소리까지 했다. 두려움에 질린 간호사는 방에서 뛰쳐나갔다. 10여분 뒤 그녀가 방에 돌아 왔을 때 카나븐은 이미 죽어 있었다. 그의 나이 57세였다. 바로 그 순간 영국에 있던 카나븐의 개가 갑자기 긴 울음소리를 내더니 쓰러져 죽었다. 7개월 뒤 카나븐의 동생 허버트 대령도 죽고, 카나본을 간호하던 간호사도 죽었다. 이것이 우연한 일일까? 그뿐만이 아니다. 카터의 비서가 죽고, 비서의 아버지도 죽었다.

카터는 오랫동안 이집트에 있으면서 카나리아 한 마리를 키우며 애정을 쏟았다. 이집트인들은 카나리아가 행운을 몰고 오는 새라고 믿었으며 카터가 파라오의 무덤을 발견한 것은 그 새의 덕이라고 했다. 그러던 어느 날 이상한 일이 일어났다. 커다란 코브라 한 마리가 그 카나리아를 잡아먹었다. 코브라는 파라오의 수호자이다. 이를 두고 주위 사람들은 파라오의 저주라고 수군댔다.

그 며칠 뒤 카터의 친구인 고고학자 메이스가 왕가의 계곡에 와서 발굴 작업을 돕다가 몇 주 뒤 이름 모를 병에 걸려 죽었다. 카터의 측근인 그는 묘실 벽에 구멍을 뚫는 순간 온몸에 힘이 빠지면서 바닥에 쓰러진 것이다. 또 저명한 고고학자 화이트는 카터의 열성적 협력자로 묘실에 들어간 사람 가운데 한 사람이다. 묘실에 들어갔다 나온 뒤 불쾌감을 호소하고 신경쇠약 증세를 보이던 며칠 뒤 그는 자살했다. 그의 일기장에 '나는 저주 때문에 죽는다.'라고 기록했다 한다.

방사선 사진을 찍었던 의사도 며칠 뒤 죽었다. 투탕카문 왕의 무덤에 관여했다가 목숨을 잃은 학자는 모두 17명에 이르렀다. 이건 대단한 숫자다.

과연 그 연유가 무엇일까? 그 당시 언론에서 떠들었던 대로 신관들이 묘실 돌에 독을 발라 두었을까? 이집트처럼 건조한 지방엔 독이 오랫동안 효력을 발생한다는 것이다. 또 고대 이집트인은 원자력의 비밀을 알고 있어 유효한 방사능 물질을 무덤 안에 두었다고도 했다.

그러나 정작 카터는 이를 강력히 부인한다. 파라오의 저주가 있는 게 사실이라면 그 희생자는 제일 먼저 카터 자신이어야 한다고 주장한다. 카터는 그 뒤에도 파라오의 무덤, 별실, 보물실, 전실 등 곳곳을 뒤적이면서 미라를 수습하고 보물을 정리하는 등 많은 시일을 묘실 속에서 지냈다. 그래도 66세까지 살았고 투탕카문 왕을 검시했던 해부학자는 80세가 넘도록 장수했다.

7) 미라와 사자의 서

여왕의 계곡으로 이동하여 *네페르타리의 무덤에 들어갔다. 고대 이집트 고왕국 시대부터 사자(死者)에게 기도문이나 주술문을 암송하는 피라미드 텍스트를 앞에서 설명한 바 있는데 여기 벽화에 이와 유사한 것이 가득하다. 1842년 독일의 고고학자 리처드 레피우스가 이것을「사자의 서」라고 이름을 붙였다. 고왕국 시대의 임호텝이 피라미드 텍스트를 창작했는데 신왕국에서 「사자의 서」로 발전한 셈이다. 「사자의 서」에는 사자가 오시리스의 심판을 무사히 통과하고 영생을 얻기 위해 배심원에게 자기 자신을 보고하고, 죄를 고백하는 고백서와 기도문, 그리고 마술적 주문이 적혀 있었다. 다음에 나오는「사자의 서」삽화 내용은 다음과 같다.

재판관 오시리스는 42명의 배심원을 거느리고 사자의 부활 여부를 결정하는 최후의 심판을 주재하고 있다. 천개차양(天蓋遮陽) 아래에 앉아 이시스와 네프티스의 시중을 받고 있다. 사자의 서 오른쪽에는 정의와 진실의 여신 마트(maat, 베일에 가려 있다)가 사자를 소개하고 있다. 안내자 자칼 아누비스 신과 매의 모습을 하고 있는 검사 호루스 신이 진리를 상징하는 깃털을 천칭 한쪽에 올려놓고 반대쪽에 사자의 심장을 올려놓으면서 무게를 재고, 그것을 서기 토트 신이 기록하고 있다. 심장은 양심을 상징하기 때문에 깃털보다 가벼울 정도로 죄가 없어야 한다는 뜻이다. 아마메트 신이 입회인이다. 그런 다음 사자가 내세로 들어갈 수 있는가를 결정하는 배심원 재판이 열린다. 사자는 제일 상단에 배석한 42명의 신들에게 42가지 죄악에 대해 하나

오시리스신이 배심원들과 함께 천칭의 한쪽에 진리의 깃털을 한쪽에 사자의 심장을 올려놓고 부활의 최후 신판을 하고 있다.

하나 결백을 선언해야 한다.

"나는 거짓말을 하지 않았습니다. 나는 도둑질을 하지 않았습니다……"
오시리스는 배심원의 의견을 모두 듣고 종합 평가한다. 판정이 좋게 나오자 사자를 먹고 사는 아마메트는 실망하고 라. 헤라크트가 그를 오시리스에게 그리고 마지막으로 정의와 진실의 신 마트가 사자를 세상에서 누렸던 풍요의 땅으로 안내한다는 것이다.

아누비스는 죽음을 관장하는 신의 오시리스와 죽은 자의 여신 네프티스 사이에 불륜으로 탄생한 신이다. 이 신은 영혼의 죄를 조사하고 그 죄의 무게를 잰다. 투탕카문 왕묘 현실 옆방에서 출토된 자칼 아누비스는 다 그런 뜻이 있었다. 아누비스 신의 보호를 받은 그에게 필자가 '부활했는가?' 라고 물은 이유가 바로 이것이다.

고대 이집트 사람들은 사자가 결백 판정을 받으면 스스로 오시리스 신이 되어 신들의 보호를 받게 되며 부활해서 영혼이 사자의 몸으로 찾아온다고 믿었다. 머리는 신체에서 가장 중요한 부분, 생명의 중심이라고 생각했다. 영혼은 머리를 보고 주인을 찾아 몸속으로 들어가 부활한다는 것이다. 그래서 미라의 머리에 가면을 덮어 사자의 모습을 그렸다. 신체의 일부를 훼손한다는 것은 큰 재난으로 생각하고 시신을 영원히 부패하지 않도록 방부 처리했다. 또 사자는 죽음을 두려워해선 안되고 저승의 여로를 두려워해서도 안 된다고 믿었다. 무덤은 시신과 영혼이 다시 만나는 장소이고 내세에서 그리고 부활해서 쓸 가구와 개인적 소유물까지 보관해 놓는 곳이다. 무덤에는 사자의 생을 말해주는 비문들, 이름과 호칭들, 가족과 하인들의 모습을 설명한 것까지 있어서 이승의 일상생활 모두를 알게 했다. 지위가 높거나 돈이 많은 사자에게 하는 미라는 영원히 부패하지 않도록 뇌와 내장을 빼내고 사체를 방부제 액속에 오래 동안 담가둔다. 그리고는 젤리성 방부제를 묻힌 천으로 칭칭 감아 인형 관에 넣어서 석관에 안치했다.

이 내용들은 카이로 이집트박물관에서 투탕카문왕 미라와 부장품을 이해하는데 큰 도움이 될 것이다. 「사자의 서」에서 보듯 그들의 종교관과 재판과정이 오늘의 현대 종교와 배심제도가 너무 흡사하지 않은가? 성경의 창세기, 십계명, 부활, 내세에 대한 불교사상, 우리 나라에서 오랜 전통을 갖고 있는 무속 신앙의 천도제 등이 3,000년 전의 이집트 고대 문명의 흔적에서 너무 비슷한 점을 찾을 수 있었다.

3

누비아 지역 신전

1 댐의 도시 아스완

1) 엘레판티네섬과 두 신전

룩소르에서 급행열차를 이용하여 아스완으로 이동했다. 아스완은 카이로에서 남쪽으로 1,000km 떨어진 공기 맑고 물 좋은 그야말로 풍광이 뛰어난 관광 도시다. 아침 9시 반에 아스완에 도착했다. 청명하고 따스한 아침이다. 강변에 있는 호젓한 2층 방과 내일 아부심벨 신전 투어를 예약했다.

오후는 페루카(Felucca)를 타고 키티네섬과 엘레판티네섬을 탐방하기로 했다. 페루카는 두 사람이 운전하는데 앞에서 돛을 올리고 방향을 잡으며, 뒤에서는 노로 물길을 잡거나 키를 내리고 올리는 역(役)을 한다. 바람이 정(正)방향일 때는 살같이 빠르나 역(逆)방향이면 힘을 못 쓴다. 갈지(之)자 모양으로 가거나 아예 멈추기도 한다. 시원한 바람도 좋지만 맑은 강물, 천천히 나가는 그 여유로움이 한껏 맘에 든다. 오랜만에 가져보는 평온함이다. 저 멀리 강변 언덕에 암굴무덤들이 부엉이 눈처럼 줄지어 있고 모스크, 성

엘레판티네에 있는 프타 신전과 유적지 복원공사 장면

시몬 교회가 보인다. 이쪽엔 특급호텔들이 나무 숲 속에 가려져 있다.
  키티네섬은 영국이 지배하던 시절에 주둔군 사령관 키티네가 거주하던 곳이었다. 그가 취미삼아 열대식물을 채집하고 키우기 시작한 것이 오늘 같은 공원이 되었다. 열대 식물이 우거져 그늘이 좋은 데다 바람마저 시원하다.
  엘레판티네섬 이름은 승선장 옆의 바위 모양이 코끼리를 닮아 유래된 것이라고 한다. 그 바위 옆 승선장에 페루카를 세워 두고 아스완박물관, 나일로미터, 그리스 로마 시대 주거지역, 사다테[69] 신전과 크눔 신전 유적을 살펴보았다. 이 두 신전은 핫셉수트 여왕이 대신관 겸 공사 총감독인 아멘호텝을 시켜 여왕 치세 5년에 축조한 것으로 엘레판티네 섬의 여주인인 사다테와 나일강의 수호신인 크눔[70]에게 바친 성소이다. 이 건물들은 지금 복원공사 중이었는데 장방형의 사면이 벽으로 둘러있고 그 안에 원주가 늘어서 있는데 이것이 고대 그리스 신전의 원형이다.

나일로 미터는 엘레판티네섬 승선장 왼쪽에 있었는데 강의 수위를 알 수 있게 강가에 있는 바위를 쪼아 계단을 만들고 바닥과 벽에 눈금을 새겼다. 성경의 창세기에 보면 고대 이스라엘 사람들이 이집트에 식량을 구하러 갔다고 기록하고 있다. 주변 지역은 가뭄으로 기근이 들곤 한데 나일 강변은 항상 풍년이었다. 나일 강의 주기적 범람으로 천연 퇴비가 누적되어 강 유역은 옥토로 된 것이다. 그러므로 파라오의 제1사업은 강의 치수에 있기 때문에 나일로 미터를 나일강변에 90여 개소를 설치하여 홍수를 관리했다.

나일강 수위를 측정하는 나일로미터

---

69) 엘레판티네섬의 수호신
70) 고대 이집트인들이 섬기는 우주의 신. 숫양의 머리를 한 괴물. 아스완의 엘레판티네섬에서 숭배되었는데 나일강의 수호신이기도 하다. 또 만물을 창조하는 신으로 진흙으로 아이를 만들어 여자의 자궁속으로 넣어주는모습으로 묘사되기도 한다.

2) 다듬다 그만 둔 대형 오벨리스크

아스완 남쪽 1km 지점, 아스완 하이 댐으로 가는 도로 가에서 언덕으로 조금 올라가면 고대 파라오 시대에 화강석을 캐던 채석장이 있다. 나일강변에 건설한 그 많은 신전과 무덤들에서 필요했던 석재를 캐던 채석장 중 하나다. 그러나 여기는 어디를 보아도 채석장과 같은 살벌한 곳은 보이지 않는 휴면 상태에 있다.

거기에 다듬다 그만 둔 오벨리스크(Obelisk)를 보면 고대 석공이 돌을 어떻게 절단했는지 알 수 있다. 처음 반반한 바위에 절단하려는 선(線)을 긋고 그 선에 따라 홈을 판다. 그 홈에 나무쐐기를 박고 물을 부어 적시면 그것이 팽창하여 자연히 돌이 갈라지게 되는 이치다. 왜 오벨리스크를 다듬다 그만 두었을까? 오벨리스크는 하나의 통돌(通石)이어야 하는데 바위 한 부분에 균열이 생겨 그대로 버려야 했다. 지금 미완성 오벨리스크 크기가 대단하다. 아마도 지금까지 본 오벨리스크의 어느 것 보다 대형이다. 길이가 40m 넘고 폭이 3.4m다. 그러니 $3.4 \times 3.4 \times 40 \times 2.5톤/m^3$=약 1,156톤이나 된다. 이것을 룩소르나 그 인근의 신전에 옮기기로 했다면 1,156톤×3명/톤=3468명의 인력이 받침 장비와 로프로 끌었을 것이다.

3) 이시스신전과 아스완 로 댐(Low dam)

이집트 나일강 유역의 중요성을 앞에서 여러번 설명한 바 있지만 기실 강 유역이라야 전체 면적 100만km^2의 3%에 불과하다. 20세기 들어와 급증하는 식량수요를 확보하기 위해 댐 건설이 제기되었다. 이리하여 아스완(길이 2km, 높이 41.5m, 밑폭 47m, 저수량 50억m^3의 댐을 건설하게 되

아기르키아섬으로 가는 배 위에서 본 이시스 신전 전경, 오른쪽이 제1탑문이고 가운데가 제2탑문이다.

었다. 이렇게 되어 필라에 섬에 있던 이시스 신전, 트라얀 황제 별궁 등이 수몰되게 된 것이다. 그래서 이들 신전을 여기보다 높은 아기르기아 섬으로 이전했다.

 이시스 신전을 보려고 나세르 호수 가에 설치된 승선장에서 배를 타고 아기르키아섬으로 갔다. 호수에서 본 신전은 그림같이 아름답다. 이시스 신전은 프톨레마이오스 왕조(B.C. 350) 때에 필라에섬에 건설하기 시작하여 로마시대에 완공했다. 매년 홍수로 물에 잠겨있을 때가 많아 아스완 로 댐 건설 때 유네스코가 주도하여 아기르키아섬으로 아예 옮겨 복원했다. 지금 이시스 신전 제1탑문 아래 벽이 하얗게 바랜 것은 홍수에 잠겼던 부분이며 그 아래 불그레한 부분은 사자 석상을 포함하여 내내 물 밑에 잠겨 있었기 때문이다. 물 속에 잠긴 신전들을 어떻게 이전했을까? 물에 잠긴 이시스 신전 주위에 2줄의 쉬트 파일(sheet pile)을 박고 그 사이에 있는 물을 펌프로 배수했다. 이시스 신전을 약 4만 개 조각으로 절단해서 고지대인 아기르키아섬으로 옮겼다. 이렇게 복원하는 데 2년 6개월 걸렸다.

이시스 신전 제 1,2탑문 사이 좌측 회랑 열주. 오른쪽에 보이는 것이 제 2탑문이다.

첫째 탑문 상부 벽에 음각된 6신은 프톨레마이오스 12세를 비롯하여 이시스, 하토르, 호루스 신 등이며, 제2탑문 벽에 음각된 부조는 프톨레마이오스 12세가 이시스 신에게 제물을 봉헌하는 장면이다. 둘째 탑문을 자세히 보면 본래 있던 큰 자연석을 그대로 탑문으로 끼워 넣었는데 교묘해서 자세히 보아야 안다. 외따로 서 있는 트라얀 황제 별궁은 신전에 의식행렬이 있을 때 처음 이들을 접대하던 곳이다. '탄생의 집'의 기둥 주두는 연꽃 위에 하토르 여신을 조각했는데 섬세하고 선명하다.

탑문을 나오다 보면, 탑문 측면에 프랑스어로 낙서를 해 놓았다. '1799년 프랑스 나폴레옹 군대가 필라에섬을 방문하였노라'라고. 프랑스 인들의 치기(稚氣)를 세상에 드러낸 꼴이다. 18세기 마지막 해에 나폴레옹 군대가 이집트를 점령해서 군인들이 전국을 휩쓸고 다니던 시절이었다. 저녁에는 강변에 있는 이탈리아 레스토랑에 갔다. 스파게티를 시켰는데 맥주를 마시고 주스를 다 마셔도 요리가 나오지 않는다. 주문이 잘못된 걸까 걱정되어 시커먼 누비아 안내원에게 물어 보았더니 요리하고 있으니 기다리라고 손가락을 모으고 흔든다. 드디어 요리가 나왔는데 양이 엄청 많다.

　스파게티 요리는 새우 가루, 조개 국물을 가미한 면발에 치즈, 버터, 토마토 삶은 것으로 소스를 했는데 맛이 기막힌다. 우리는 거의 한시간을 걸려 이걸 다 먹었다. 소화를 시킨다고 강변로를 걸어서 시내 가운데 있는 야시장에 갔다. 내일 아부심벨에 가져갈 석류와 망고 등 과일과 음식을 한 배낭 사서 넣었다. 여기 망고 주스는 달고 향기가 너무 좋으니 이곳을 다녀갈 때는 꼭 한번 맛보기 바란다.

2 아부 심벨 신전

룩소르 지역 일대 신전과 암굴무덤들은 신왕국 제18왕조에서 기획하고 건설했으나 아부심벨 신전은 그로부터 300년 후대인 제19왕조 람세스 2세가 건설했다. 상 이집트 유적들은 람세스 2세의 손길이 안닿는 데가 없을 정

아부심벨 신전, 좌) 대신전 , 우)소신전

도로 광범위하게 널려 있다. 이때가 고대 이집트 건축문화의 전성기였다. 그러므로 이 신전은 그의 장제전과 함께 고대 이집트 건축의 완성품이라 할 수 있다.

새벽 4시 30분에 아부심벨 행 미니버스에 올랐다. 모래벌판 한가운데로 달린 지 얼마 지나지 않아 동쪽 하늘이 불그스레하더니 모래밭 언덕 위로 해가 이글거리면서 떠오른다. 사막에서 일출을 보고 3시간 반 만에 아부심벨에 도착했다. 아부심벨 신전은 아스완 남쪽 320km 지점인 나세르 호반에 위치하고 있었다.

바위 언덕 두 개가 강을 따라 약간 어긋나게 계곡을 이루며 서 있는데 그 바위 절벽에 람세스 2세가 두개의 거대한 암굴 신전 즉 왼쪽 바위 언덕에 람세스 2세의 대 신전을, 오른쪽 언덕에는 람세스 2세 부인(네페르타리)의 소 신전을 건설한 것이다.

람세스 2세가 노예, 금, 상아, 흑단 등이 풍부한 누비야 지방을 정복한 자기 치적을 스스로 기념하고 왕권을 과시하기 위해 이 신전을 건립하여 아몬에 봉헌했다. 북회귀선 남쪽을 넘어 수단과의 국경지대 가까운 이집트 최남단, 인가도 없이 낫셀 호수 변에 오직 거대한 두 신전만 서 있다.

우뚝 선 바위 절벽에 세워진 신전 앞뜰에 파란 낫세르 호수, 그 건너에는 광활한 사막의 수평선이 무한으로 전개된다. 이런 환경은 고대 이집트 종교관에 딱 부합되는 자리라 할 만하다.

1) 아부심벨 대신전

아부심벨 대신전은 나세르 호숫가에서 보아 왼쪽 바위 언덕에 위치한 람세스 2세 신전이다. 대신전 전면(facade)은 암벽에 38m 폭, 31m 높이의

아부심벨 대 신전 전면에 람세스 2세 조각상 4구가 있고 그 뒤 암벽에 라.호라크티 여신상이 보인다.

벽면을 닦고 그 앞에 앉아 있는 람세스 2세의 거상 4좌(座)를 조각했다. 거상 뒤 바위 벽면 가장자리에 볼록 테두리(convex molding)를 돌리고 그 위에 2.5m 높이의 코니스(cornice)를 두었다. 코부라 무늬로 장식한 코니스 위에 22마리 바분[71]이 한 줄로 앉아 있다. 그 바로 아래에 상형문자로 람세스 2세의 업적을 밴드처럼 새겼다. 벽 가운데에 사각 감실을 두고 그 안에 태양 원반과 매 머리를 한 '라 호라크트 여신'을 조각하여 세웠고 감실(龕室) 좌우에 젊고 발랄한 람세스 2세가 감실 안에 있는 여신에 공물을 바치는 부조를 얇게 새겼다. 라 호라크티(RaHorakti) 여신은 동쪽 지평선에 떠오르는 어린(아침) 태양신이며 하 이집트의 지방신이다.

람세스 2세 거상은 대좌에서 2중 왕관까지 19.0m 높이다. 얼굴 높이 4.17m, 왼쪽 귀에서 오른쪽 귀까지 4m이고 입술 크기 1.1m, 귀 길이

---

71) 고대 이집트 사람들이 신성시한 원숭이과 동물, 태양신이 하늘을 여행할 때 그를 안내하는 신이다. 아침에 태양이 지평선에 떠오르면 제일 먼저 영접한다. 그래서 여기 신전 전면 제일 위쪽인 코니스 위에서 아침 해를 맞이하고 있다.

람세스 2세 석상좌대에 새겨져 있는 부조.
나일강의 두 여신 하피가 연꽃과 파피루스를 한데 묶고 있다. 왼쪽 위의 카르투쉬는 '진리에 강한 자, 라', '라의 선택을 받은 자' 라는 뜻이다.

1.05m, 코 길이 0.9m, 눈 길이가 0.84m에 달하는 엄청난 크기이다. 람세스 2세 석상은 공석상의 성장(盛裝)을 하고 용좌에 앉아 두 손을 무릎 위에 얹은 자세로 미소짓는 얼굴이다. 학생시절 「왕가의 계곡」이라는 영화가 있었는데 너무 오래되어 영화 줄거리조차 기억할 수 없지만 람세스 2세 거상의 어깨에서 고고학자와 도굴꾼이 격투를 벌이는 아슬아슬한 장면으로 손에 땀을 쥐게 하였다.

　이중(二重) 왕관을 쓰고 있는 왕의 얼굴은 떠오르는 태양을 향하고 있다. 이른 아침 태양이 동쪽에서 떠오르면 그 빛이 사막과 강에서 반사되어 바위 언덕에 앉아 있는 파라오의 얼굴이 바알갛게 부활한다. 생기가 돌고 광채를

왼쪽) 라호라크트 여신상. 여신은 코브라와 태양 원반 장식의 머리관을 하고 있으며, 전면 정 중앙에 직사각 벽감 안에 서 있다.

아래) 파라오 앞에 잡혀온 전쟁포로들. 윗부분에 새겨진 카르투쉬는 람세스 2세의 칭호('진리에 강한 자, 라', 라의 선택을 받은 자')가 보인다. 다른 부분은 "이집트 군사들이 이민족들의 나라를 격파했다."라는 뜻이다.

발하기 시작한다. 그러고 보면
이 신전을 건설한 람세스 2세는
태양의 빛을 받아 영원한 생명
을 얻으려는 간절한 소망을 표
현하였다고 볼 수 있다.

람세스 2세의 거상은 대단한
규모다. 얼굴이 좀 넓고 자비스
런 모습의 전형적인 이집트인
얼굴이다. 거상의 가슴, 팔, 다
리에 카르투시를 새겼고 다리
사이와 옆에는 딸 베네트 아나
트, 어머니 투야, 부인 네페르타
리, 아들 아멘호 코페체프, 그리
고 딸 메리트 아문의 미니 석상
을 붙여 놓았다.

기둥실의 기둥 8개는 람세스 2세의 오시리스 석상으로 조각했다. 천장에는 네크베트 신의 큰 날개 문양 장식이다. 가운데 성소에는 누비아 3신과 신이 된 람세스 2세의 석상이 앉아 있다.

발 밑 기단에는 상형문자와 벽화가 가득 새겨져 있다. 누비아 정복 때 포로행렬 모습을 새겼고 누비아 인들이 신전건설에 참여하여 일하는 모습을 그린 부조는 누비아 통일을 의미한다. 그 앞에는 여러 신상(神像)의 새를 조각해 놓았는데 그 키가 사람보다 크다.

기단 옆 면에 조각 책임자를 피아이(Pyay)라고 새겨 놓았다. 그가 이 거대한 바위산을 깎아 람세스 2세 거상 4개를 포함한 파사드를 조각한 솜씨는 대단하다. 기자에서 스핑크스를 조각한 고대 이집트인들의 후손답다. 피아이와 그 조각가들이 이룩한 이 작품은 고대 이집트에서 최고의 예술품이란 명성을 얻는데 모자람이 없을 것이다.

4개의 거상 가운데 왼쪽에서 두 번째의 상체가 심하게 파괴되었다. 얼굴을 전혀 알아볼 수 없게 했는데 지금 기단 앞의 마당에 부서진 채로 두었다. 부서진 그대로 그냥 두는 것이 역사적 의미를 전달해 주는 것 같았다. 저런 자리에서 저렇게 파괴하기도 힘들 텐데, 왜, 누가 저리 했을까? 그의 라메세움 장제전에서도 1,000여톤에 가까운 큰 석상을 무참히 박살을 냈는데!

   신전 내부로 들어갔다. 거상 뒤로 바위벽을 파고 신전에 있어야 할 방들을 조성했다. 처음에 들어간 곳이 기둥실이다. 18m 길이, 16.7m 폭의 장방형 홀인데 거기에는 오시리스 신의 모습을 한 10m 높이의 람세스 2세의 젊은 입상 8개가 기둥이 되어 두 줄로 서 있다. 왼쪽 오시리스는 상 이집트의 흰 왕관을, 오른 쪽 오시리스는 하 이집트의 이중관을 쓰고 있다. 팔은 가슴에 포개고 손에는 왕권을 상징하는 왕홀과 도리깨를 들고 있다. 네이브 천장에는 상 이집트의 수호신인 네크베트(nekhbet)의 큰 독수리 문양을, 아일 천장에는 별들 문양을 그렸다.

   그 방 양쪽 벽에는 람세스 2세가 카데쉬 전투에서 히타이트와 벌인 대규모 전투장면을 그린 벽화를 새겨 놓았으며 거기에 있는 상형문자는 역시 카데쉬 전투에서 람세스 2세의 군사적 승리와 왕의 용감성을 찬양하는 노래와 시다.

   히타이트는 기원 전 1900~1200년 지금의 터키 남부에 있는 아나톨리아 하투샤를 수도로 정하고 이집트와 아시리아와 함께 중동 3대 제국의 하나로 그 세력이 만만치 않았다. 피트 카니스 왕이 히타이트 왕국을 건설한 이후 아나톨리아 반도와 북부 시리아, 메소포타미아 평원까지 세력을 확장한 오리엔트 최강국이었다. 앞에서도 언급한 바 있지만 기원전 1300년 경 히타이트 군대와 이집트 람세스 2세 군대가 지금의 시리아 중부 카데쉬에서 시리아와 팔레스타인 일대의 패권을 놓고 전쟁에 돌입했는데 1차전에서 이집트가 대승을 거두었다. 그러나 2차전(기원전 1296년)에서는 히타이트 군대가 역정보를 흘려 이집트를 대파한다. 이 전투에서 선봉에 섰던 람세스 2세는

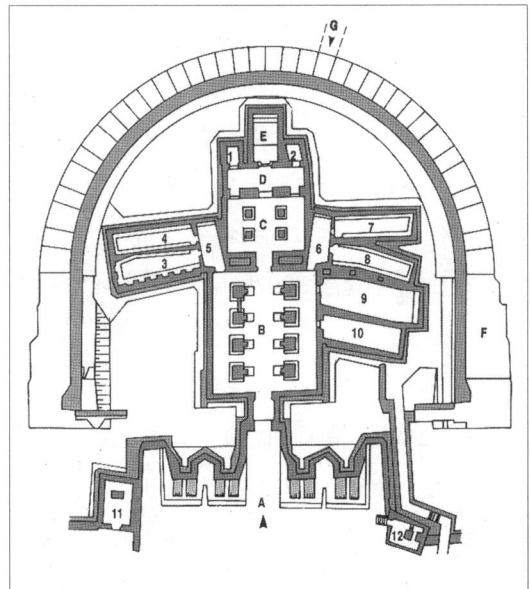

아부심벨 대 신전 평면도
A: 입구 양쪽에 4구의 람세스 2세 석상 B: 오시리스 석상이 있는 기둥실 C: 전실 D: 제단 및 예배실 E: 지성소 1-12 창고실

잘못된 정보를 갖고 적을 공격하다가 완전 포위되어 큰 위기에 봉착한다. 그때 태양신 라의 구원을 얻어 불세출의 리더십을 발휘해 마지막 승리를 얻는다. 이 전투가 끝나고 히타이트의 하트 실리스 3세와 이집트 람세스 2세 사이에 인류 최초로 평화 조약이 이루어진다.

그 다음 방이 4개의 기둥이 있는 전실이고, 그 다음 공간이 예배소, 그 안쪽 방이 지성소(至聖所, Sacrarium)[72]인데 그 지성소 안에 누비아 3신과 람세스 2세가 앉아 있다. 우리가 신전 안에 들어갔을 때는 지성소 안은 캄캄해서 아무것도 보이지 않았다. 필자는 큰 플래시를 비추어 안을 겨우 볼 수 있었다. 왼쪽부터 프타, 아몬 라 신이 된 람세스 2세, 하르마키스 신상 순서로 앉아 있었다. 람세스 2세가 죽어서 아몬 라와 같은 신이 되기를 소망한다는

---

[72] 신을 모신 곳으로 여기서는 누비아 3신과 람세스 2세가 앉아 있다.

의미일 것이다. 기둥실에서 들어갈 수 있는 측실(側室)이 모두 12개소나 된다. 바위 속을 삽으로 토굴 파듯 했다.

아부심벨 신전은 철학적 종교적 개념을 건축공간으로 표현한 보기 드문 건물이다. 아침에 떠오르는 태양이 아부심벨 암굴신전 파사드 정상에 부조한 바분 신상을 처음 비춘다. 그런지 수분 후 그 아래에 있는 벽감에 들어가라 호라크트신상을 비춘다. 그런 다음에 람세스 2세의 거석 얼굴에 환하게 비치게 했다.

그리고 신전 탑문 전체를 붉게 비친 태양은 정문으로 들어가 암굴 안을 비춘다. 람세스 2세의 생일인 3월 21일(춘분)과 대관식 기념일인 10월 21일(추분)에는 해마다 아침 해의 첫 햇살이 65m나 되는 암굴 신전의 가장 깊숙한 지성소까지 들어와 거기 중앙에 앉아 있는 아몬신과 람세스 2세를 환히 비추도록 설계되어 있었다. 오른쪽의 하르마키스신은 광명의 태양과는 무관한 명계신이기 때문에 항상 빛이 비치지 않게 했다. 3신 가운데에서도 가장 오래 정통으로 비치는 데는 람세스 2세다. 춘·추분 때 약 5분 정도 비춘다. 우리 나라 경주에도 토함산에 있는 석굴암의 본존불 이마에 박힌 유리구슬이 춘분, 추분 날 아침 떠오르는 태양 빛을 받아 석굴 내부를 환히 비추도록 하였다는데 그와 같다고나 할까. 그런데 신전을 옮겨서 새로 지은 뒤에는 이 현상이 없어졌다. 석굴암도 앞에 목조 보호각을 짓고는 그렇지 않다. 오늘날의 건축기술이 고대 이집트나 신라 장인들의 기술에 이르지 못했다는 증좌이다.

암석 단애(斷崖)를 파서 평면과 단면의 동서 주축을 춘·추분의 해뜨는 방위와 일치시켜 람세스 2세의 절대성을 건축공간으로 표현한 것이 특기할 만 하다. 암굴신전 안의 폐쇄공간에서 광활한 대자연으로 전개되고 저 멀리 태양과 연결되는 심오한 형이상학적 건축관에 새삼 경탄을 금치 못한다.

조각가 피아이는 바위 한덩어리로 신전을 조각했는데 어떤 순서로 조각했을까? 그는 바깥의 람세스 2세 거상 4구를 대강 깎아 남기고 그 뒤 절벽 파사드를 70도 경사지도록 비스듬하게 절삭하여 신전 탑문 윤곽을 이룬 후에 중앙 출입문 – 다주실 – 전실 – 창고실 – 성소 순으로 파들어 갔다. 마감은 역순으로 하여 성소와 벽과 기둥을 치밀하게 조각했다. 가장 역점이 되는 람세스 2세 거상은 공사 도중 손상을 막기 위해 제일 마지막에 직접 미켈란제로의 조각 솜씨를 발휘했을 것이다. 바위산 하나로 이음 없이 신전 하나를 완성하다니 참으로 놀랍다.

2) 아부심벨 소신전

소신전은 하토르 신과 람세스 2세 왕비 네페르타리를 위하여 세운 아담한 신전이다. 전면에 있는 석상은 람세스 2세의 가족들이다. 좁고 높은 장방

아부심벨 소신전 입구 양쪽으로 람세스 2세 석상 가운데 왕비 석상이 한 조를 이루고 큰 벽감 속에서 태양을 향하여 걸어나오는 모습이다.

제3장 누비아 지역 신전 **221**

형 벽감(niches) 6개 안에서 높이가 거의 10m나 되는 왕과 왕비가 왼쪽 다리를 앞으로 내밀고 태양빛을 향하여 걸어 나오는 그런 자세다. 왕 좌우에 두 왕비가 한조로 하여 두 조를 세우고 다리 사이에 어머니, 딸, 아들의 미니 석상을 두었다. 그러니까 람세스 2세 입상 4개, 왕비 입상 2개가 서 있는 셈이다. 상형문자로 람세스 2세 가문의 위대함과 역사적 업적을 기록하여 입상들이 서 있는 좁고 높은 벽감 주위를 가득 채웠는데 그것이 오히려 장식 효과까지 더해주고 있었다.

소신전 안으로 들어가면 기둥 6개가 있는 기둥실이 나온다. 복도로 향해 있는 기둥면(面)의 주두(柱頭)에 하토르 신의 두상을 조각해 놓고 그 밑에 왕과 왕비에 관한 이야기를 상형문자로 새겼다. 상형문자의 내용을 소개하면 다음과 같다.

제일 위의 '꿀벌과 사초식물'은 각각 하 이집트와 상 이집트의 상징이다. 그 밑의 '반달'은 빵을 뜻하는데 '상·하 이집트의 통치자'라는 뜻이다. 그 아래의 카르투쉬는 '강한 진리의 신 라, 라의 선택을 받은 자'라는 의미로 람세스 2세의 많은 호칭 중 하나이다. ◎는 태양을, 개머리와 막대기는 마트 여신의 기호이다. 그아래 또 태양과 농업, 물결을 뜻하는 기호를 합쳐서 람세스 2세를 표시했다. 그 아래 태양과 오리는 태양신 라의 아들을 뜻하며 그 아래 훼손된 카르튀시는 '아몬신의 사랑받는 자 람세스'를, 그 아래 '언덕과 갈고리 두 줄의 띠'의 갈고리는 양치기의 지팡이를 형상화한 것이며, 언덕과 함께 '통치자'라는 의미이다. 그아래 '두개의 꽃핀 갈대와 괭이'는 '사랑을 받는 자'라는 뜻, 그 아래 '앙크와 삼각형 빵덩어리'는 '생명을 받는다'라는 뜻, 그 아래 '바구니 안의 우유항아리와 태양'은 '태양신 라 처럼'의 뜻, 그리고 마지막 아래의 '코브라와 빵, 땅'은 '영원히'라는 뜻이다. 이들을 모두 합쳐 읽으면 '상·하 이집트의 왕, 라의 아들, 두 땅의 통치자, 라 처럼 영원한 생명을 가진 자'라는 의미이다.

아부심벨 소신전 내부 기둥실에는 태양 원반과 암소 뿔을 쓰고 있는 왕비의 모습을 그렸고 성소 안에 코브라와 깃털 왕관을 쓰고 있는 왕비가 앉아 있다.

이와 같이 왕의 이름을 새긴 상형문자로 신전의 무덤을 장식한 것은 매우 흔하게 볼 수 있다.

기둥의 다른 면과 방 벽에는 온통 네페르타리 왕비의 그림으로 장식했다. 네페르타리 왕비가 하토르 신으로 보이도록 신성한 암소처럼 뿔을 달고 태양원반(solar disk)과 두 매부리 깃을 달고 있다. 람세스 2세는 그의 왕비와 함께 죽어서도 아몬신과 하토르신이 되어 부활한다는 믿음을 표현했다.

신전 밖으로 나왔다. 어두운 데에서 밖을 나오니 호수가 파랗게 부신다. 내가 20년 전에 본 호수 면은 15m 정도 아래에 있었는데 이것이 호수가 생기기 전 나일강변에 있었던 신전 원래의 모습일 것이다. 그동안 낫세르 호에 물이 많이 저수되어 호수 높이가 10m나 높아졌다.

3) 아부심벨 신전의 발견과 이전

(1) 신전 발견

여기 아부심벨 신전도 다른 유적과 마찬가지로 오랫동안 세인의 기억에서 망각되어 있었다. 1813년 스위스 역사가 부루크 하르트(Johann Ludwig Burckhardt)가 현지 안내인을 데리고 람세스 2세 왕비 네페르타리에게 봉헌된 사원을 찾으려고 나일강 상류에 도착하였다. 두 바위 언덕 계곡에는 모래만 가득하고 아무 것도 보이지 않아 한동안 헤매다가 모래 경사면을 타고 올라가서 남쪽을 바라보았을 때 절벽에 거상 머리가 모래 속에서 삐죽이 나와 있었다. 그 때까지만 해도 이것이 입상인지 좌상인지, 무슨 신전인지조차 알지 못했다 한다. 1817년 8월 지오바니 벨죠니가 신전을 덮고 있던 모래를 걷어냈다. 그리고 이 방면에 관련된 탐험가, 화가, 고고학자들을 이 신전에 초대하였다.

아폴리토 롯세리니, 살베이토르 체루비니, 프랑스 화가 네스톨 오테, 상형문자 해독자 장 프랑스와 샹폴리옹, 트로이 유적 발굴자이자 독일 고고학 탐험가인 하인리히 슐리만 등 당시 고고학 대가들이 이 신전을 고증하기 위해 방문했다. 그들은 이 신전이야말로 이때껏 발굴한 이집트 유적 가운데 최고의 예술품이라 입을 모아 극찬했다.

(2) 신전 이전

아스완 로 댐을 건설하고서도 나일강의 범람을 완전히 조절하지 못하며 급증하는 인구를 유지할 농산물 생산을 확보할 수 없었다. 그래서 1959년, 이집트 나세르 정부는 나일강의 범람을 확실히 조절하고 농업생산을 늘리기 위해 로 댐 남쪽 7km에 대규모 다목적 댐인 아스완 하이 댐을 소련의 기술과 차관으로 건설한다고 발표했다. 1972년 소련과 독일의 합작으로 완공된

셀 구조 아스완 댐의 건설로 신전을 이전하기 위해 만든 산모양의 콘크리트 구조물. 구조물 표면에 석재를 붙였다.

아스완 하이 댐의 길이가 3,600m, 높이가 110m, 저변 두께가 130m, 저수량 1,800억m3, 여기에서 얻어지는 발전량은 100억 kwh 규모의 세계 최대의 댐이 되었다. 하여간 이 사람들은 세계 최대를 좋아한다. 이리하여 길이 약 500km에, 폭 평균 30km에 달하는 거대한 나세르 호수가 형성되었고 나일강 상류의 넓은 지역이 사막에서 옥토(관계농토 68,500km2/농업경제 상승률 35%)로 변하였다. 이 하이 댐으로 나일강의 홍수를 조절하고 강 유역에 항시 물을 공급할 수 있어 농산물 증산에 획기적 결과를 가져왔다. 당장 농산물 수입국에서 수출국으로 바뀌었다. 그러나 이 하이 댐의 공과를 놓고 아직까지도 논란이다.

초대 대통령 낫세르가 이집트 1,000년을 보고 밀어붙인 농업정책의 결과에 대해 평가하기는 아직 이르다. 하지만 이집트 환경단체의 보고서는 미래

아스완 하이 댐과 나세르호수. 앞에 검게 보이는 부분이 하이 댐이고 뒤에 나세르호수가 보인다. 이 댐 공사로 아부심벨 신전이 그 위로 옮겨졌다.

의 문제점을 예고하고 있다. 나일강 범람으로 농사지을 때 나타나지 않았던 해충이 급증하고 비료를 사용해야 하므로 토질이 산성화되고 있다는 것이다. 이것이 계속되면 농업수확은 점점 감소하고 인간이나 가축에 만연하는 질병퇴치에 들어갈 비용이 엄청나다는 것이다. 그 당시에는 환경단체들의 의견은 나오지도 않았지만 문화단체의 반발에 부닥쳤다. 이 댐으로 이 지역의 수위(water level)가 182m가 되고 아부심벨 신전 수위 120m 보다 62m 초과되어 카라브샤 신전, 아부심벨 신전 등 누비아 지방의 수천 년 문화유적지가 모두 수몰되게 된다. 3,000년 이상 장구한 세월을 견뎌온 24개의 고분과 사원 등 석조 유적지가 물속에 잠기게 될 위기에 처한 것이다.

이집트 낫셀 대통령은 소련에 이 사원들의 구제를 요청했으나 거절되었고 전 세계 고고학자, 역사학자들이 이 세계적 문화유산을 보존해 주도록 그에게 탄원했으나 그 역시 나라의 천년 대계를 막을 수 없었다. 그들 학자들은 국제사회에 호소했다. 이에 따라 유네스코는 누비아 유적보호에 전례 없는 대규모 국제 캠페인을 전개했다. 유적보호 자금이 모이고 별별 보호방법이 제안되었다. 그 중에서 프랑스 안은 암굴신전 주위에 제방을 만들어 강물을 여과시켜 맑은 물을 만들고 유리제 엘리베이터를 설치해서 관광객이 물속으로 내려가 들여다보게 한다는 것이다. 이 방법은 문화재 보호에 부적합한 것이어서 이태리 안에 따라 아부심벨 신전 당초 위치에서 64m 위로 그리고 180m 안쪽으로 들어간 지점에 당초의 바위 언덕과 같은 인공 바위 언덕을 만들기로 하였다. 인공 바위 언덕은 콘크리트 셸(shell)구조로 그 안은 넓은 무주공간이었다. 여기에 신전 내부공간을 만들었다. 그리고 암벽표면과 암굴내부에 만들어진 조각품들을 사방 3m 크기(중량 30톤 이하 되게)로 760개(총중량 11,600톤)를 절단하여 상부에 있는 인공 콘크리트 산에 옮기는 대공사가 1963년 11월 착공하여 1968년 4월 준공했다.

   신전입구 옆문을 통해서 복원된 신전 뒤로 들어가 인공 산(山) 콘크리트 구조물의 안으로 들어가면 거기 벽에 설치된 안내판에 '유네스코가 아부심벨 신전을 이전하기 위해 이 구조물을 건설했다'는 내용의 설명이 있었다.

4

알렉산드리아
문화유적과 로제타석

1 고대 알렉산드리아

1) 알렉산드리아의 흥망성쇠

카이로에서 알렉산드리아까지는 225km로 2시간 정도의 거리다. 인구 600만의 이집트 제 2 도시인 알렉산드리아(현지어는 아스칸다르)는 남쪽의 마레오티스 호수와 지중해 사이에 동서로 25km, 남북으로 2km, 길쭉하게 생긴 천혜의 아름다운 해안도시다. 해변도로는 마치 유럽 어느 휴양지 같다. 알렉산드리아는 그리스 사람들이 지중해변에 세운 도시다.

이집트와 그리스와의 관계는 호메로스의 트로이 전쟁에 관한 서사시 일리아드와 오데세이에서 처음 나타난다. 트로이의 왕자 파리스에게 빼앗긴 스파르타 왕비 헬레네를 도로 데려오기 위해 미케네 왕 아가멤논이 총수가 되어 수만의 그리스 연합군을 이끌고 트로이에 원정하여 10년 간의 장기전을 펼쳤다. 이타카의 왕 오디세우스가 고안한 목마의 계략으로 상대의 허를 찔러 트로이를 낙성시켰다. 이 전쟁을 주제로 호메로스의 일리아드와 오데

세이 서사시는 그 뛰어난 문학성으로 지금까지 널리 읽혀지고 있다. 트로이 전쟁을 수습하고 아내를 되찾은 스파르타 왕 메넬라오스가 귀국도중 풍랑을 만나 바다를 표류하다 이집트에 상륙한다. 이때가 B.C. 8세기쯤 되니 그 이후로 그리스인들의 이집트 교류가 시작되었다고 할 수 있다.

이때부터 이집트 문화가 크레타를 경유하여 이오니아 지방으로 전파되었다. 하지만 이집트 세력이 쇠잔해지고 반대로 그리스가 융성해짐에 따라 그리스 문화가 이집트로 다시 진입하게 되어 이집트 파라오들 만이 간직해 오던 독특한 역사는 종말을 고하게 된다.

기원 전 332년 마케도니아의 영웅 알렉산드로스 대제가 페르시아의 세력 하에 있던 이집트를 점령하고 이집트의 새 파라오가 되었다. 파라오가 된 그는 이집트 땅에다 자기 이름을 딴 그리스 도시를 건설하려 했다. 건축가들의 도움으로 유래가 없는 큰 대지에다 측량을 하고 있었다. 그런데 어느 날 밤 꿈속에 신선의 모습을 한 백발노인이 나타나서 '물결치는 바다 속에 섬이 하나 있느니라. 그 이름은 파로스, 항구도시로 적합하니 너의 도시가 되게 하라!' 눈을 뜨니 너무나 선명한 꿈이었다. 그는 바로 몇 안되는 근위병을 데리고 나일강을 따라 지중해 쪽으로 내려갔다. 그 노인이 말한 파로스 섬을 찾아 나선 것이다. 파로스는 지금은 육지가 되어 있지만 그 때는 해안에서 꽤 떨어진 섬이었다. 섬에서 바라 본 해안은 가늘고 긴 모래 둑이었다. 모래 둑 건너에는 큰 호수가 있어 항구로서 천혜의 땅이라 할 수 있었다.

그 전에는 아무도 눈여겨보지 못했던 그 자리가 그렇게 정해 놓고 보니 지리적 조건에 해박한 그리스 상인이나 항해사들이 이구동성으로 왕의 판단에 대해 찬사를 아끼지 않았다. 지금 보아도 지중해와 마레오티스 호수 사이 2km 넓이의 석회석 돌출부가 새 도시로써 최상의 지리적 조건을 구비하고 있는 듯하다. 알렉산도로스왕이 중요한 거리, 광장, 왕궁과 신전, 관공서와 주택지구 등 직접 도시계획을 했다. 그 나머지는 로도스 건축가 다이노크라

테스가 전담했다. 그러나 알렉산도로스 대제는 이 도시의 완공을 보지 못하고 요절한다.

알렉산드리아는 그의 사망 후 프톨레마이오스 왕조 300년 간 이집트 수도로써 기원 전 200년경에는 세계에서 가장 근대적 도시로 번영했다.

프톨레마이오스 왕조 300년 간 연대기는 다음과 같다

프톨레마이오스 1세	B.C. 306~283
프톨래마이오스 2세	B.C. 283~246
프톨레마이오스 3세	B.C. 246~222
프톨레마이오스 4세	B.C. 222~204
프톨레마이오스 5세	B.C. 204~180
프톨레마이오스 6세	B.C. 180~145
프톨레마이오스 7세/8세	B.C. 145~116
프톨레마이오스 9세	B.C. 116~107
프톨레마이오스 10세	B.C. 107~88
프톨레마이오스 11세	B.C. 88~80
프톨레마이오스 12세	B.C. 80~51
클레오파트라 7세/프톨레마이오스 13세/14세/15세	B.C. 51~30

기원 전 1세기에는 노예 30만을 포함하여 50만 정도의 주민이 거주했다. 대학교, 도서관 등 공공건물을 건설하고 그리스에서 많은 예술가, 학자, 문학가들을 데려와 문예부흥시대를 이루었다.

그런데 이런 도시를 역사는 그냥 그렇게 두지 않았다. 지중해 건너편에서 새로운 도시, 로마가 혜성처럼 나타나 기원 전 30년에 율리우스 카이사르가 알렉산드리아를 정복했다. 로마의 지배 하에서도 한동안 알렉산드리아의 영광은 계속될 수 있었지만 무슬림이 로마 세력을 밀어내고 카이로에 수도를 정한 뒤 이 도시는 쇠퇴일로를 걷기 시작했다. 더욱이 그 즈음 나일강의 물 흐름에 변화가 생겼다. 수출항으로의 필수 요건이 되는 나일강이 로제타 쪽으로 옮아가 지중해로 흘러들게 된 것이다. 예상치 못한 지형상의 변화로 알렉산드리아는 강 하구로서의 이점마저 상실했다. 나폴레옹이 1798년 그의 군대와 함께 이 도시에 상륙해 보니 인구 2~3만에 불과한 작은 어촌이 되어 있었다.

그런 도시에 다시 활기를 불어넣은 것은 나폴레옹이 물러나고 난 서기 1805년에 정권을 잡은 파샤 무하마드 알리가 나일 강과 알렉산드리아를 연결하는 마흐무디야 수로를 개통하고서부터다. 이때부터 이 도시의 건설은 눈부실 정도로 발전하기 시작했다. 그러나 이렇게 도시가 발전하고 변화를 거듭하는 동안 그리스와 로마는 물론이고 조금 남아 있던 고대 이집트의 유적마저 없어지고 말았다. 무슬림들은 고대 이집트 유적이나 유럽문화에 대하여 문외한일 뿐 아니라 종교가 다르다는 이유로 그 당시까지 남아있던 이교도의 유적을 파괴하여 이슬람 사원이나 주택건물 재건축 자재로 써버렸다. 그래서 지금의 알렉산드리아는 현대화된 이슬람 도시가 있을 뿐이다. 매우 안타까운 일이다.

2) 알렉산드리아 고대 도시

우리가 여기서 알렉산드리아라고 하면 지금이 아니라 고대 도시를 말한다. 고대 알렉산드리아는 유럽과 아프리카, 아시아 세대륙의 교차점이어서 동으로 중국과 인도로 가는 대상들, 지중해 해상을 통해 유럽으로, 그리고 중앙아시아로 가는 사람이 끊이지 않았다. 온갖 종족과 종교와 문화가 뒤섞

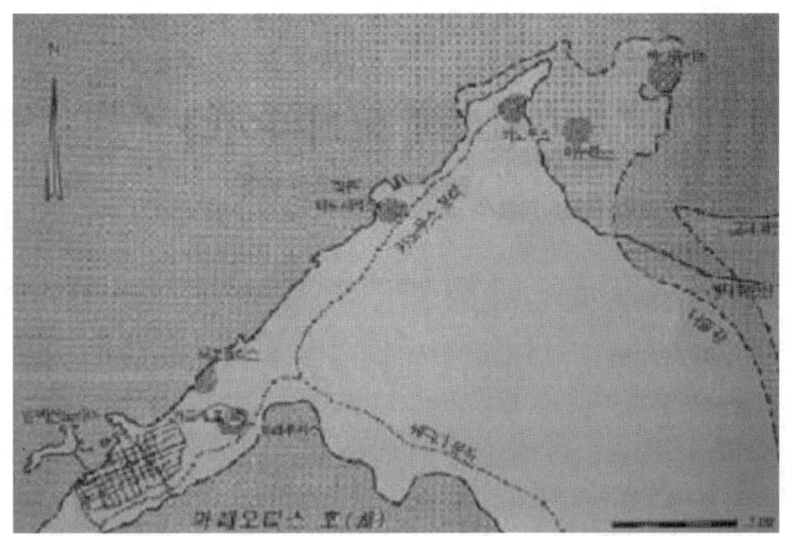

왼쪽 끝에 알렉산드리아 고대 도시가 표시되어 있으며, 오른쪽으로 점선을 친 부분은 침강되기 전 당초 해변이며 가운데 선은 운하이다. 오른쪽 나일강은 하상이 높아져 없어지고 지금은 강줄기가 로제타쪽으로 흐른다

여 있었지만 주류 세력은 세 부류의 집단이었다. 도심에 살고 있던 그리스 상류층, 상업의 중추역할을 했던 유대인 그리고 토착 이집트인들이 그들이었다. 방문객과 노예를 포함해서 상주 인구는 50만이 넘었다. 알렉산드리아 항구를 드나드는 상품들은 그 규모나 다양성에 있어서 로마와 비교되지 않을 정도였다고 하며 6,700여km나 되는 나일강 유역에서 생산되는 각종 농산물 특히 밀 그리고 상아, 흑단, 에메랄드, 자수정, 모직물, 향료, 과일, 포도주, 향수, 파피루스 등이 이 항구를 통해서 유럽으로 수출되었다. 그러면 프톨레마이오스 왕조시대의 알렉산드리아는 어떠했는지 그리스 역사가이며 여행가이면서도 지리학자인 스트라본의 기록과 최근 프랑스와 이집트 고고학팀의 해양 발굴보고서를 보고 더듬어 볼 수밖에 없다. 스트라본은 기원 전 25년에 알렉산드리아를 방문하고 5년 간 거기에 머물면서 그가 눈여겨보았던 알렉산드리아 고대도시를 기술한 『지리지』를 남겼다.

앞의 지도는 그 당시의 알렉산드리아 주변 소도시들을 기록해 놓은 것이다. 마레오티스 호수와 지중해 사이의 2km 방축에 도시 건물들이 들어서 있고 나일강이 알렉산드리아 동쪽 약 20km 지점에서 지중해로 흘러들고 있다. 나일강으로부터 갈라져 나온 운하 2개가 알렉산드리아 시를 관통한 후 지중해로 흘러들고 있다. 마레오티스 호수 남쪽에 쉐디아 마을이 나일강가에 위치하고 있었는데 여기에서 운하가 마레오티스 호수를 따라 북쪽으로 흐르고 있었다. 이 운하는 호수 모퉁이 지점인 엘레우시스에서 동서로 갈라지게 된다. 서쪽으로 호수를 따라 흐르는 운하는 북쪽으로 방향을 돌려 알렉산드리아시를 관통하여 지중해를 들어가고 또 하나는 동쪽으로 지중해와 나란하게 흐르다 동부 외곽도시 카노푸스항으로 빠진다. 나일강 내륙에 있는 이집트 상류지방의 농공산품들이 운하를 통해서 알렉산드리아에 들어오고 유럽으로 수출되기도 했다.

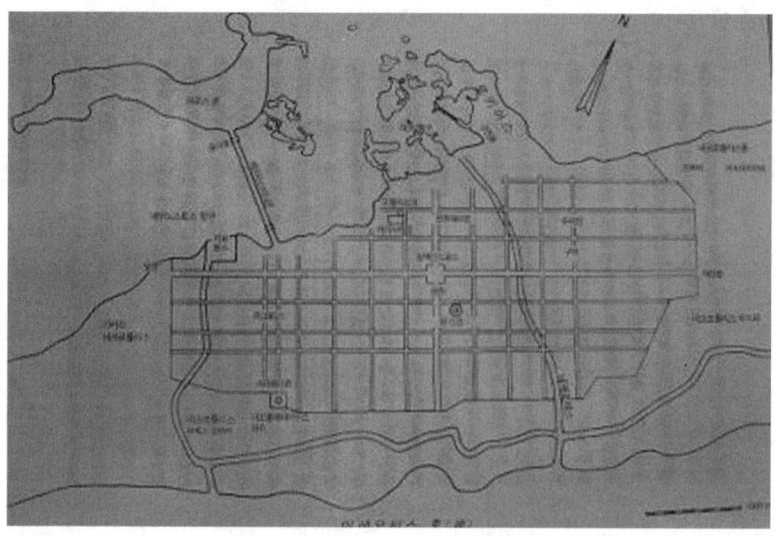

알렉산드리아 고대 도시의 도시계획

카노푸스는 알렉산드리아에서 동쪽으로 22km 정도 떨어진 거리이고 지금의 아브키르가 있는 곳이다. 트로이 전쟁에서 메넬라오스 일행을 싣고 돌아오는 배의 항해사 카노푸스의 이름을 땄다. 그는 부인과 함께 트로이에서 귀국 길에 올랐는데 갑자기 폭풍을 맞나 방황하다 알렉산드리아에 닿았다. 손상된 배를 고치던 중 뱀에 물려 죽었다.

카노푸스시는 운하 덕으로 급속히 발전했다. 사라페이온신전, 오시리스신전, 이시스신전 등이 있어 종교 중심지가 되었고 세계 각지의 명사들이 여기에 와서 신탁을 받는가 하면 기도를 올려 아픈 다리를 고치기도 했다. 신전에 오는 사람들이 많아짐에 따라 운하가 변화하고 차츰 그 주위가 환락가로 변화돼 갔다. 운하는 보트와 곤도라로 덮여 있고 그 위에서 춤추고 노래하는 세속적 풍경이 전개되고 있었다. 향락과 사랑, 그리고 섹스와 타락의 도시로 변신해 갔다. 운하 주위의 공원시설이 유명했다. 로마 황제 하드리아누스[73]도 이를 보고 그의 별장 티볼리[74]에 그 시설과 같은 조경을 해서 세계 각지로 전파시켰다. 티볼리 분수를 모방한 것은 우리 나라 서울이라고 예외가 아니었다. 하여간 이 당시 그리스 로마에서는 카노푸스를 모르는 자 인생을 모른다고 했을 정도로 번화했다.

헤라클레이온은 헤라클레스가 나일강이 범람해서 강 하구를 모두 휩쓸고 있을 때 강을 잠재우고 제방을 손질해서 델타 전역을 구했다고 그의 신전을 세우고 도시 이름도 그의 이름을 땄다.

그런데 이 도시들-헤라클레이온, 카노푸스, 알렉산드리아 항구가 언제인지는 확실하지 않지만 순서대로 바다 밑으로 가라앉기 시작했다. 7세기 전반까지만 해도 이들 도시가 해변에 건재하고 있었는데 지금은 6~7m 정도

---

73) 하드리아누스(Publinus Aelius Hadrianus, A.D. 76~138), 로마 황제 오현제의 한 사람
74) 로마 북쪽 변방에 있는 하드리아누스 황제 별장이었다. 황제가 여기에서 병사한 후 황폐해 졌다가 지금 보수해서 일반에게 공개되고 있는데 조경, 분수로 관광객들의 각광을 받고 있다.

가라앉았다. 최근의 해양지층 측량 팀은 아브키르 만 밑에서 큰 해저 균열을 발견했다. 이것으로 보아서 그 당시 이들 도시 해변의 지층이 매우 불안정했음을 짐작케 한다. 알렉산드리아는 지질학적으로 볼 때 지표면을 이루는 대륙규모의 지각판 두개가 만나는 지점 근처에 있기 때문에 지진이 자주 일어날 뿐 아니라 아프리카 대륙붕이 유럽 대륙붕 밑으로 밀려 들어가 해안이 점점 바다 밑으로 가라앉아 버렸다. 설상가상으로 8세기 중반에 들어 최악의 홍수로 알렉산드리아 일대 해변이 범람해서 전 도시가 초토화되었다. 이로 말미아마 나일강의 하상이 높아져 강은 여기 대신 로제타 쪽으로 옮아가버렸다.

앞의 지도는 19세기 나폴레옹 3세가 이집트 파샤 케디베 이스마일에게 요청하여 만든 고대 알렉산드리아 시가(市街)의 모습이다. 이스마일은 수에즈운하 개통 당시 파샤인데 그는 이집트 천문학자 마무드 베이에게 이 일을 위임하였다. 그는 1866년 알렉산드리아 곳곳을 굴토해서 고대 도시의 도로, 서쪽에서 동쪽으로 뻗어 있는 주요 도로 7개와 남북으로 뻗어 있는 도로 11개를 발굴했다. 이 도로 폭은 7m이고, 도로 사이 간격은 280m × 330m이었다. 중앙에 십자로 된 대도로는 14m 폭이었다. 그 당시 알렉산드리아 시는 동서로 파로스 섬과 로키아스 반도 사이 5km, 그리고 남북으로 지중해와 마레오티스 호 사이 2km의 구역의 규모였다.

나일강이 범람할 때 상류에서 많은 토사를 가지고 내려온다. 이 강물이 지중해의 거센 파도에 마주치면서 알렉산드리아 도시가 형성되고 안쪽으로 큰 호수가 생겼는데 이것이 마레오티스 호수다. 알렉산드리아 내륙항이 되었다. 나일강 변에서 소출되는 농산품, 파피루스 등 수출가공품이 나일강을 지나 호수로 들어와 호변에 있는 창고에 부려진다. 이것들은 여기에 저장되었다 운하를 통해서 지중해로 나와 로마나 콘스탄티노풀로 수출되었다. 넓은 호수 주위에는 늪지대가 있어 파피루스의 최대 생산지가 되었고 고기와 쌀, 채소를 알렉산드리아에 공급했다.

파로스섬은 지금과 달리 육지와 1,240m 떨어져 헵타스타디온 둑길로 연결되었다. 이 둑길 동쪽이 대항구이고 서쪽이 무사귀환의 뜻을 지닌 에우노스토스 항구다. 둑길 양쪽 끝에 다리를 두어 두 항구로 배가 다닐 수 있도록 했다. 파로스섬과 로키아스곶이 방파제 모양으로 육지에서 툭 튀어 나와 대항구를 에워싸고 지중해의 거센 파도를 막고 있었으며 이 대항구 안에 1,200여 척의 선박이 정박할 수 있었다. 선박이 이 항구에 들어서면 왼쪽으로 로키아스곶에는 왕궁이 있어 가로수 길들과 색색으로 칠한 많은 집들이 보였다. 대항구 안에 안티로도스와 포세이도니온 둑이 있었는데 섬에서 튀어나온 둑길 양쪽에 왕의 선박 접안 시설이 있는 왕의 개인용 인공항구가 있고 그 위에 왕의 별궁시설이 있었다. 포세이도니온의 끝에 지은 티모니움이란 별장은 로마의 안토니우스가 옥타비우스와의 전투에서 패해 여기에 은신해 있었다. 당시 대항구의 헵타스타디온 둑길에는 선착장과 조선소, 창고들이 즐비했고 외국인들이 물건을 사고파는 장터, 상점들이 번성하였다.

파로스섬엔 세계 7대 불가사의의 건물이라는 유명한 파로스 등대가 있고 로키아스곶에도 파필론 등대가 있어 쌍둥이처럼 마주하고 이 항구로 드나드는 선박들의 앞길을 안전하게 밝혀주고 있었다.

해변뿐만 아니라 시내에도 대리석, 화강암, 석회암으로 된 신전, 극장 저택, 도서관 등이 있었고 나일강물을 정화시켜 신선한 물을 공급하는 시설도 있었다. 세라피스 신을 섬기는 세라페이온 신전 건물은 그리스 양식으로 지붕에는 도금을 하여 화려하기 그지없었다고 했다.

로키아스 반도에는 이시스 사원과 유명한 궁전들이 정교한 입상과 부조로 장식된 회랑열주에 에워싸여 있었다. 지금은 조그마한 방파제와 암초들이 있긴 하지만 옛날의 화려했던 시설들은 흔적도 없고 만곡(彎曲)된 해안도로만 있을 뿐이다. 앞에서 말한 해안의 침몰 때문이다.

포세이도니온에서 남쪽으로 뻗어 있는 대도로가 조금 내륙으로 들어가서 동서의 대도로와 만나는 교차점에 알렉산드로스 광장이 있었다. 성문과 알렉산드로스 왕의 첫 번째 무덤인 세마가 있던 도시 중심이었다. 대도로 양편에 열주들이 죽 늘어섰고 궁전, 귀족 저택 등 화려한 건물들이 즐비했었다.

판 신은 사랑에 탐익한 숲의 악령이며 염소떼의 보호자이다. 이 신전은 인위적으로 만들어진 언덕 위의 숲 속에 세워져 있었다. 전망도 좋고 나무들이 우거져 알렉산드리아 사람들에겐 사랑을 공공연히 즐길 수 있는 일종의 허그(hug) 센터로 유명했다.

안티로도스 방파제에서 내륙 쪽에 카이사레움 신전이 있는 광장이 있었다. 카이사레움은 로마 초기 카이사르를 위한 신전이었다. 그가 살해된 뒤 클레오파트라 7세가 그의 아들인 프톨레마이오스 15세를 생각해서 그의 신전을 세웠다. 이집트가 로마의 속주가 된 뒤에도 카이사레움은 국가 신이 된 카이사르와 살아있는 신인 황제의 예배소로 존속했다. 신전 주위 광장은 항구 바로 가까이에 있어 항상 번화한 광장으로 19세기 말까지 건재했다.

카이사레움 광장에 높이 18.6m인 오벨리스크 두개가 있었다. 기원전 1457년 투트모세 3세가 오벨리스크 2개를 제작하여 카르낙 신전 안에 있는 그의 신전에 세워 둔 것이었다. 거기 초석에 '옥타비아누스 18년에 이집트 지방장관 바르바루스가 건축가 폰티우스의 도움으로 이를 여기에 세웠다' 고 적혀 있다. 이 오벨리스크들은 카이사레움이 파괴된 후에도 건재하다가 하나는 지진에 의해 넘어졌고 다른 하나는 영국으로 이전할 때까지 그 지점의 이정표 구실을 다했다. 이 당시 이집트 파샤 이스말리아는 서 있던 오벨리스크를 영국에, 넘어져 있던 것을 미국에 선물로 주었다.

영국에 기증된 오벨리스크는 서기 1877년 9월 21일 특별히 제작된 나무 포장에 싸여 영국 선박 올가에 매달린 채 영국으로 가던 중 폴투갈 해안에서 폭풍을 만나 선박에서 분리되었지만 방수처리가 잘된 포장 덕에 가라앉지 않았다. 이때 근방을 지나던 스코틀랜드 선박의 도움으로 템즈 강변에 이를 옮겨 세웠는데 '클레오파트라의 바늘' 이라는 문학적 이름을 얻어 런던을 찾는 관광객들의 사랑을 독차지하고 있다.

미국에 기증된 다른 하나는 1879년 탐험가 H.H.고링이 운송을 담당했는데 그는 우편 수송용 선박을 이용하여 1880년 9월 16일 허드슨강을 따라 뉴욕 맨해튼에 무사히 도착시켰다. 거기에서 철도선로를 부설하여 증기 기관차로 최종 안착지인 뉴욕 센트럴 파크까지 5개월이 걸려 운반했다.

또 당시 유명했던 로마 원형 극장은 3세기 경 로마인들이 알렉산드리아에 건설한 3개의 원형극장 가운데 하나인데 카이사레움 광장 근방에 세워진 것이다. 극장 객석은 원형 13계단에서 한꺼번에 700여명의 관객이 음악을 듣거나 연극을 관람할 수 있었다. 로마의 원형극장은 대개 산이나 언덕을 절개해서 좌석을 만드는데 이렇게 지하로 내려간 것은 이 원형극장이 받은 수난의 역사를 말해주는 것이다. 이 극장은 6세기경에 지진으로 붕괴된 후 무슬림들의 쓰레기장과 공동묘지로 사용되었고 나폴레옹의 프랑스 군대, 그리고 영국 군대의 진지로 사용되기도 했었다. 이러한 과정을 거치는 동안 쓰레기장은 그대로인데 그 주위 언덕은 개발되어 높아지게 되었다. 서기 1964년부터 발굴이 시작되어 지금까지 40년 동안 계속하고 있었다.

여기에 또 도서관과 박물관이 있었다. 카이사레움 신전 주위에 있었다는 대학과 도서관 건물의 정확한 위치에 대해서 기록이 별로 없다. 카이사르가 알렉산드리아와의 전쟁 당시 항구에 불을 질렀는데 그 때 창고에 임시로 보관하고 있었던 두루마리 책과 도서관 일부가 불탔다는 기록이 있는데 정작 도서관 건물은 대륙 쪽에 있었다고 한다. 아마도 도면상에 부루케이온(밀 창고란 뜻)이라 명기된 장소가 유명한 도서관이 있었던 자리가 아닌가 한다.

프톨레마이오스 왕조는 집권 초부터 알렉산드리아가 학문에서 세계 최고의 도시가 되도록 하기 위해 세계 최대의 도서관을 건립하는데 아낌없이 지원했다. 프톨레마이오스 1세는 아테네에 있는 아리스토텔레스나 플라톤 학파의 학원에 버금가는 시설을 세우고 전 세계의 석학들을 끌어들였다. 프톨레마이오스 1세 후계자들도 선대의 뜻을 잘 받들어서 도서관 서고에 예술, 과학, 문학, 철학 서적을 수집하였다. 수집하는 데에 정상적인 방법이 안되면 강제로라도 취득하기도 했다. 이런 극성과 정성이 있어서인지 클레오파트라 여왕이 등극했을 때는 70만 부 정도의 두루마리 책을 소장하게 되었다. 이 숫자는 1,500여년 후 타자기가 발견될 즈음 유럽 전체가 보유했던 양의 10배라고 하니 대단한 규모였음에 틀림없다. 이런 규모는 그 당시 소아시아의 부도(富都) 페르가몬에 있는 도서관이 유일했는데 이집트와 경쟁관계라고 해서 파피루스를 수출금지까지 했다. 그래서 페르가몬에서는 파피루스 대용으로 양피지 두루마리를 개발해서 사용했다. 팔레스타인 지방에서 발견된 구약의 사해 필사본이나 산 카테리나 수도원에서 발굴된 신약 필사본도 모두 양피지에 기록된 두루마리였다.

 그런데 로마 초기 카이사르 장군이 처음 알렉산드리아에 왔을 때 프톨레마이오스의 아킬라스 군이 대항구에 정박해 있는 72척의 왕실 선박을 탈취하여 카이사르 군의 보급품을 차단하려 했다. 이에 로마군은 압도적으로 많은 이집트 군을 상대로 선박을 지켜낼 수 없다고 판단하고 선박 모두를 불살라 버리는 바람에 부둣가 창고에 임시로 보관 중에 있던 두루마리 책이 모두 타버리고 말았다. 이때의 손실은 안토니우스 장군이 채워주었다. 그는 페르가몬의 도서관에서 20만 부의 두루마리를 탈취하여 클레오파트라 여왕에게 선사하는 바람에 알렉산드리아 도서관이 독보적인 위치에 있게 되었다.

 그런데 그 후 도서관이 어떻게 되었는지는 기록이 없다. 대부분 화재로 소실되었다고 전하긴 하지만 구체적 기록이 남아있지 않다. 4세기 말 테오도시우스 1세는 도서관 부속건물로 사용하던 세라피스 신전(현재 폼페이우스 원기둥이 있는 자리)이 이교라는 이유로 신전을 불사르도록 하는 바람에 거기에 소장하고 있던 약 20만 부의 귀중한 두루마리 책이 소실되었다. 그 후 640년에 침공한 아랍인들은 그나마 조금 남아있던 책들을 땔감으로 써버렸다. 이렇게 두 종교에 의해서 수학, 천문학, 응용과학 분야에서 획득한 엄청난 지식과 수많은 문학작품들이 영영 역사에서 자취를 감추고 말았다. 중세를 암흑시대라고 하는 것도 이에서 유래된다.

(1) 폼페이우스 기둥

폼페이우스 원기둥을 보기 전에 골목으로 조금 들어가 먼저 수파카 카타콤베(지하 무덤)가 있었다. 입장권을 사서 마당 안으로 가니 지하무덤 입구는 마치 지붕이 있는 우물 같은 곳이었다. 우물 통 주위로 나사계단 길을 따라 내려가니 지하에 무덤방들이 나온다. 석회암굴을 파서 석관 구덩이를 만들다 보니 지하에 여러 갈래로 뻗친 미로가 형성되었다. 30m 깊이의 우물 같은 수직 터널은 2세기경에 건설되었다는데 여기를 통해서 시신을 운반했다. 약 300구의 시신을 수용할 수 있는 방과 예배당, 유족들이 제사를 지내고 쉴 수 있는 방이 있었다.

기원 후 2세기의 것으로 추정되는 이 무덤은 고대 이집트의 형식만은 분명 아니다. 무덤 정문에 파피루스, 그 뒤엔 날개 달린 태양이, 그리고 코브라가 새겨져 있는 것을 보면 고대 이집트의 문화를 보는 것 같으나 문의 한쪽에는 그리스인들에게 영혼의 인도자로 알려진 헤르메스가 뱀이 뒤엉킨 지팡이를 들고 있다. 석관에는 포도송이, 화관 등 그리스 장례문화를 볼 수 있는가 하면 그 안쪽으로는 또 여전히 이시스 신, 토트 신, 매의 얼굴을 한 호루스 신이, 미라를 수호하고 있다. 게다가 재칼의 모습을 한 아누비스 신이 그리스 병사의 갑옷을 입고 있다. 이것을 보면 그 당시 알렉산드리아는 헬레니즘, 로마문화와 고대 이집트의 다신교가 혼용되는 시기와 장소라는 것을 알 수 있다.

폼페이우스의 원형 기둥, 양쪽에 스핑크스가 자리잡고 있다.

　　지하무덤을 나와 아스팔트 골목길을 걸어 나오면 왼쪽에 거대한 분홍색 화강석 원기둥 하나가 높은 언덕에 우뚝 서 있다. 100계단을 올라가야 했다니 지금 22m 높이의 디오클레시아누스 원주가 있는 저 언덕 위가 아테네의 아크로폴리스와 같은 자리일 것이다. 저기는 원래 사라페이온 신전이 있던 곳이다. 사라페이온은 그 당시에는 가장 크고 화려한 신전이었다. 장엄한 신전 안에 사라피스 신을 모셨다. 이 신은 그리스와 로마, 그리고 이집트의 신과 종교의 합작이라고 볼 수 있었다. 그리스인에게는 제우스로, 로마인에게는 쥬피터로, 이집트인에게는 태양신으로 여겨졌다.
　　사라피스는 구원의 신이었고 건강을 주고 신탁에 답을 주었다. 그 신전 앞에 스핑크스를 도열시켰다.

로마 디오클레시아누스 황제가 293년에 반포한 조세제도에 대하여 알렉산드리아 주민들이 봉기를 일으켰는데 이를 진압하고 승리한 것을 축하하기 위해 298년 말 사라페이온 신전이 있는 언덕에 승리의 기념물로 이 원기둥을 세웠다. 정사각형 페데스탈(Pedestal, 받침대) 위에 코린트식 주두(Corinthian Capital)가 있는 직경 2m, 높이 29m의 분홍색 모놀리스(Monolith, 통돌로 된 기둥)원주다. 그 원주 위에 독수리 왕홀을 든 황제의 입상을 올렸다. 이것은 그 당시 총독 아엘리우스 푸불리우스가 알렉산드리아의 수호신인 불패의 디오클레티아누스에게 바친 것이었으나 지금은 없어졌다. 그 당시 세라피스 신전은 도서관과 박물관의 별관으로 사용되고 있었는데 언덕 위의 신전은 없어지고 그 대신 원기둥이 서 있으며 신전 앞에 도열해 있었던 스핑크스가 남아 있는 것이다.

그러므로 이 원형 기둥은 사실 폼페이우스 장군과 아무 관계가 없다. 다만 중세를 지나면서 여기를 방문한 관광객이 이 원주를 어처구니없이 살해된 폼페이우스를 위한 석비로 잘못 이해한 것일 게다. 로마 초기 기원 전 48년, 지중해 세계에서는 카이사르와 폼페이우스가 로마를 앞에 놓고 물러설 수 없는 한판 전쟁을 벌이고 있었다. 그리스를 비롯해서 알렉산드리아의 클레오파트라 여왕은 폼페이우스를 밀고 있었다. 폼페이우스가 그 해 9월 파르살로스에서 카이사르에 참패하고 알렉산드리아에 몸을 의탁하러 왔다. 그런데 이때 알렉산드리아의 정치상황이 미묘하게 돌아가고 있었다.

클레오파트라와 공동 통치자 프톨레마이오스 13세 사이의 권력다툼에서 그녀가 패배하여 팔레스타인의 도시국가 아쉬켈른으로 몸을 숨기고 있던 처지였다. 폼페이우스는 소규모 함대를 이끌고 나일강 하구에 있는 펠루시움에 도착했는데 배가 도착하자말자 작은 보트가 그를 맞이했다. 그 배에는 프톨레마이오스 군의 이집트장군인 아킬라스와 과거 자기 부하였던 루키우스 셉티무스 등 4명이 있었는데 자기를 환영하기 위해 마중나온 것으로 생각한 폼페이우스는 4명의 수행원을 데리고 그 보트에 올랐다. 그러나 그가 맞은편 해안에 도착하기 전에 그가 믿었던 셉티무스의 칼에 난자되어 이미 이 세상 사람이 아니었다. 셉티무스와 프톨레마이오스 13세 참모진이 이집트에 우호적인 그를 배반한 것은 의리보다 현실을 계산한 결과라 할 수 있었다. 로마로부터 정치적인 공세를 피하기 위하여는 폼페이우스를 살해하는 것이 최상의 방법이라고 판단한 것이었다.

그들은 3일 뒤 알렉산드리아에 도착한 카이사르에게 그의 목을 바쳤다. 프톨레마이오스 13세는 카이사르로부터 큰 칭찬과 정치적 보상을 기대했으나 감사의 표시는커녕 클레오파트라와 함께 무장해제하라는 통고만 받았다. 이렇게 해서 우리가 영화에서 보았듯 클레오파트라는 카펫 두루마리에 자기 나신을 숨겨 카이사르를 만남으로써 알렉산드리아 왕권을 자기편으로 돌려놓는데 성공한 것이다.

(2) 파로스 등대

호텔을 나와 택시를 타고 서쪽으로 지중해 해변도로를 한참 달리니 카이트 베이 성채가 해변에 쑥 돌출하여 해풍과 파도를 혼자 맞으려는 듯 우뚝 서 있었다. 이 요새는 서기 1480년 마물루크 왕조의 술탄(회교국의 통치자) 카이트 베이(재위 1468~95)가 오스만 터키 군을 막기 위하여 건설했다는데 지금은 해군 박물관으로 사용되고 있었다.

카이트베이 요새는 층고가 높은 3층 건물이다. 지붕 층에는 총안을 비롯해 주로 방어할 수 있는 시설과 대포 등을 전시해 놓았고 사방 돌담으로 막혀 있는 마당에도 대포, 총기류 등 군사 장비들을 진열해 놓았다. 요새의 벽 두께가 대개 1m를 넘고 모퉁이 벽은 거의 3m를 넘는다. 내부의 방에 들어갔더니 군사 회의실, 작전 실 등을 볼 수 있었고, 건물 가운데에 있는 모스크는 지금도 사용하고 있었다.

지중해에 면한 카이트베이 성채 외관

　여기 옥상이나 앞마당에 전시된 군사 장비들은 나폴레옹 군과 영국 해군 사이 벌어진 아부키르 전투에서 사용했던 해군 장비들이다. 서기 1798년에 나폴레옹 장군은 350척의 선대에 38,000명의 육군과 1,600여명의 수병을 태우고 이집트 알렉산드리아에 상륙하여 이집트를 삽시간에 점령하였다. 선대는 알렉산드리아 동쪽 아브키르 만에 정박하고 있었는데 그해 8월 1일 늦은 오후에 영국 함대의 공격을 받게 되었다. 밤 11시에 끝난 전황은 프랑스의 완패였다. 프랑스 함대 사령관을 비롯하여 대부분 포로가 되거나 전사하고 선단 중 몇 척이 도망쳤을 뿐이다. 이로써 지중해의 제해권은 영국에게 넘어갔고 나폴레옹과 프랑스 육군 장병이 상당한 기간 동안 이집트에서 고립될 수밖에 없었다.

　서기 1805년 나폴레옹은 프랑스군 15만을 영국 본토에 상륙시키려 했으나 넬슨의 재빠른 대응으로 상륙이 실패하자 스페인의 카디스에 있던 프랑

제4장 알렉산드리아 문화유적과 로제타석　247

스스페인 연합 함대를 이태리로 이동시키고 있었다. 프랑스 빌뇌브 연합 함대 사령관이 이끄는 함대 33척은 스페인 남서쪽 해안인 트라팔가에서 넬슨의 함대 27척의 습격을 받아 5척은 침몰되고, 17척은 포획되었으며, 8,000명이 전사하는 등 대 참패를 당했다. 영국 측 전사자는 넬슨 제독을 비롯하여 1,663명이었다. 이것이 세계 해전 사에서 유명한 트라팔가 해전이다. 이로써 나폴레옹의 지중해와 대서양의 제해권은 영국으로 넘어가고 세계재패의 야망은 물거품이 되었다.

그런데 이집트가 아브키르 전투에 사용한 해군 장비를 전시하는 이유가 무엇인지 아리송하다. 이 해전은 이집트를 놓고 영군과 프랑스의 싸움인데 왜 남의 군 장비를 전시하고 있는지 알 수 없다.

필자가 카이트 베이 요새를 보러 온 것은 이 자리가 전설적인 구조물로 세계 7대 불가사의의 건물 중 하나로 꼽히는 고대 알렉산드리아 파로스 등대가 있던 곳이기 때문이다. 2,300여년 전 알렉산도로스의 꿈에 신선이 나타나 일러준 파로스 섬이 지금은 육지와 연결되어 있었다.

기원전 279년, 프톨레마이오스 1세 당시 건축가 크니도스 출신, 소시크라테스가 파로스 섬 동쪽 끝에 180m 높이의 거대한 3층 건물인 파로스 등대를 완공했다. 그러나 이 건물도 확실한 도면이나 기록이 없어 등대의 웅자를 상상할 수밖에 없다. 그 당시 기록물을 찾아 맞추어 보면 1층은 사각형, 2층은 팔각형, 3층은 원형구조이며 위로 갈수록 규모가 점점 작아지도록 해서 정상에는 바다의 신 포세이돈 상을 두었다. 거기에는 불을 지펴 태우는 장치와 불빛이 멀리 반사될 수 있도록 광을 낸 큰 청동거울을 두었는데 등대의 불빛이 50km나 떨어진 먼 곳에서도 볼 수 있었다. 파로스 등대 가상도는 등대건물 몸체가 사실과 다소 다르게 그려졌다고 하는데 하여간 건물 1층에는 부속실만 해도 수백 곳이 넘고 건물 주위로 수십개의 여인석상과 인어조각상이 있었다고 한다.

파로스 등대 가상도

　이 등대는 사우디아라비아의 무슬림 군대 사령관, 아무르 이븐 알 아스 장군이 서기 646년 알렉산드리아를 함락할 당시만 해도 건재하였다고 한다. 그 뒤엔 제대로 관리하지 못하고 무용지물로 방치되다 서기 1326년 무시무시한 지진과 해일로 붕괴되었다. 그 때 지진은 무서운 해일을 동반하여 바다의 큰 배가 시내 중심가 집 지붕위에 걸렸을 정도라 했으니 2004년 12월 동남아세아의 쓰나미를 능가하는 대지진과 해일이었던 것 같다.

　이로부터 근 100년이 지난 뒤 술탄 카이트 베이가 이 자리에 오스만 투르크 군을 방어하기 위한 요새를 만들었는데 여기에 쓰인 돌이 파로스 등대의 잔해를 해체한 것이었다. 1994년에 프랑스 해저 고고학 발굴팀이 파로스 섬 근해에서 등대의 잔해 수백 점과 화강암으로 된 높이 4.55m, 무게 12톤의 여신상을 끌어올리는데 성공했다. 그리고 계속하여 바다 밑에 있는 파로스 등대 잔해를 발굴하고 있다는 소식을 들었다. 그들은 대항구 안에서 길이 30m, 폭 7.6m쯤 되는 고대 선박을 발견하였고 해변의 신전이 있었던 곳에서 현무암 스핑크스와 왕들의 석상을 발견하여 지상에 끌어 올렸다. 그들은 이런 보물을 찾기 위해서가 아니고 알렉산드리아 해변 밑을 탐사해서 바다 밑에 가라앉은 옛날의 알렉산드리아 지도를 완성하기 위해서였다. 잠수부들은 수로, 도로, 궁정건물 등 물에 잠긴 옛도시를 측정하고 있었다. 그래서 스트라본이 그의 『지리지』에 기술한 내용을 확인하고, 마무드 베이가 작성한 고대 알렉산드리아 지도의 오류를 수정하고 있다. 이렇게 바다 밑에 유적들의 위치를 측정하는데 유럽 수중 고고학연구소가 특별히 고안한 이동형 인공위성을 이용한 위치식별시스템 수신기를 사용하고 있다.

  이렇게 해서 지금 알렉산드리아 해안의 대강의 지도가 완성되었는데 세부 지도까지는 아직 많은 시일이 필요하다. 아무쪼록 알렉산드리아 고대도시에 관하여 그리고 파로스 등대 잔해에 남겨진 상형문자로, 옛날에 이야기로만 들었던 거대한 등대에 관한 비밀이 머지않아 밝혀질 수 있기를 기대해 본다.

2 로제타석의 발견과 상형문자 해독

　　알렉산드리아에서 로제타(Rozeta)[75]를 가려고 기차역에 갔으나 로제타 직행열차가 이미 떠나버렸다. 다음 기차는 오후 4시에 있기 때문에 바로 갈 려면 마무라라는 역을 경유하는 완행열차를 타야 한다고 늙수구레한 역 대합실 안내원이 수다스럽게 설명해 주어서 여하튼 기차를 타고 보았다. 한 시간 쯤 후 마무라에 도착했으나 다음 연계되는 열차타기가 쉽지 않아 할 수 없이 역을 나섰는데 시골 기차 정거장 출구는 대합실로 가는 것이 아니라 아무 곳이나 사방으로 빠지는 40년 전 우리 나라 시골 기차역과 같았다. 버스로 바꿔 타고서야 로제타 시골 장터에 도착할 수 있었다. 로제타가 한때는 알렉산드리아를 능가하는 도시로 발전한 적이 있었으나 지금은 인구 4만 정도의 작은 읍(邑)이 되어 있었다. 나일강이 지중해로 진입하는 하구에 있고 내륙 쪽에 호수가 가까이 있어 도시 전체가 깨끗하고 조용하다. 그 뿐만 아

| 75) 아랍어는 엘 라시드. 알렉산드리아 동쪽에 있는 지중해변의 항구도시.

로제타 석. 검은 현무암 비석에는 상·중·하단으로 각각 다른 글자들이 기록되어 있는데 첫째 단에는 이집트 상형문자가 14행, 둘째 단에는 민용문자가 32행, 셋째 단에는 그리스 고대문자가 54행이 기록되어 있다.

니라 야자수, 파초, 대추나무 등 열대작물들이 우거져 주변 경관이 매우 아름답다. 마침 우리가 방문한 날이 장날이었는데 시장에서 사고파는 사람들의 행동거지가 영락없는 옛날 우리 나라 시골장터이다.

여기에서 로제타 카이트 베이 요새까지 3km거리다. 택시를 타고 야자나무 우거진 시골길을 가는데 나일강이 나타났다. 이것이 알렉산드리아로 흐르던 나일강이 로제타로 그 흐름이 바뀌었다고 한 자연변화 그것이다. 나일강이 지중해와 접속되는 장관을 보고 또 거기에 있는 카이트 베이 요새를 보는 것이 오늘의 목적인 셈이다.

서기 1480년 마물루크 왕조의 술탄 카이트 베이가 오스만 투르크 군을 막기 위하여 지중해 연안에 군사 요새를 2개소 건설했는데 알렉산드리아와 여기다. 로제타 카이트 베이 요새는 알렉산드리아의 것보다 훨씬 작은 규모였다. 내가 이곳에 온 것은 이런 군사시설을 보러 온 게 아니라 로제타 스톤을 발견한 역사적 장소가 바로 로제타의 카이트 베이 요새였기 때문이다.

나일강이 지중해로 흘러들어가는 강어귀에 서 있는 카이트 베이 요새에 도착해 보니 군인들이 정문을 지키고 있었다. 민간 안내자가 와서야 들어갈 수 있었는데 우선 그와 함께 지붕으로 올라갔다. 사방에 총안이 설치되었으며 중앙에 큰 모스크가 자리한 것은 알렉산드리아의 것과 같다. 우리들은 지중해를 바라보고 강과 바다가 접속하는 광경을 보려고 하였으나 로제타 나일강은 지중해에 바로 진입하는 게 아니라 큰 호수로 흘러들고 있었다.

서기 1798년 나폴레옹의 이집트 원정을 그 당시 세인들은 전혀 예상하지 못했다고 한다. 프랑스 외상 탈레랑은 주저주저하는 나폴레옹을 설득한다.

나일강 하구 로제타 카이트 베이 성채에서 바라본 지중해.

오스만 투르크의 지배하에 있는 이집트를 점령하면 인도로 가는 최단 거리를 확보할 수 있으며 최신, 최단 실크로드(silk road)를 통한 동방무역이 가능해진다. 그리만 되면 경쟁자 영국을 제압할 수 있다고 강조한 것이다. 이 때 나폴레옹은 전투원 38,000명 외에 비전투원 - 수학자, 천문학자, 건축가, 화가, 토목 기술자, 심지어 인문학자, 광산 기술자 등 175명의 학자들을 대동했다. 프랑스 군대가 전쟁을 수행하는 사이 이들 비전투원들은 점령지를 샅샅이 조사하고 가치가 있을 만하는 유물들을 긁어모았다. 여기에 참가한 죠마르가 쓴 『이집트기』 24권이 1809년에 프랑스에서 출판되었다. 원정대를 따라갔던 비방 드농의 수채화를 삽화로 곁들였다. 드농은 나폴레옹이 원정할 때마다 따라다니면서 그 나라의 예술품을 약탈하여 루블 박물관에 소장한 사람인데 뒤에 나폴레옹에 의해 박물관장으로 임명된 적이 있고 이집트 고대 유적을 스케치하여 별도로 책 36권을 출간했다. 이 책들을 읽은 프랑스, 유럽 사람들이 느낀 감동은 대단했다. 내로라하는 그들도 처음 보는 이집트 고대문명을 접하고는 놀라지 않을 수 없었다. 유럽 안에서 그리스와 로마 밖에 모르던 그들에게 로마보다 수천 년 앞선 이집트 문명 앞에 충격이 컸다.

그런데 이 책에서 소개한 이집트의 유적이 언제 어느 왕 시대의 것인지 신전 이름 하나 정확하게 설명하지 못했다. 따라서 거기에 담겨진 내용의 진부를 알 수가 없었다. 무덤 벽화, 파피루스, 오벨리스크 등 어디에서나 볼 수 있는 이상한 부호들이 옛날에 사용하던 상형문자일 것이라는 정도는 짐작으로 알지만 수백 명에 이르는 파라오의 이름 하나도 알 수가 없었으니 참으로 답답할 노릇이 아닐 수 없었다.

1) 상형문자의 실종

　고대 이집트는 기원 전 3,000년 동안의 파라오 시대에 인류문화 발상지로서 그 화려한 문화를 꽃피우지만 알렉산더 대제의 이집트 점령으로 사실상 종말을 고한다. 그 후 2,000년 이상 외국의 지배를 받는 동안 찬란한 이집트 문화는 보호를 받는 게 아니라 도굴과 약탈과 파괴의 대상이었다. 그 중에서 가장 큰 손실은 고대 이집트 문화를 후세에 설명해 줄 상형문자의 소멸이었다. 상형문자를 해독하는 사람이 없어진 것이다. 서기 4세기 후반, 로마의 기독교 공인 당시만 해도 상형문자를 해독할 수 있는 제사장들이 신전을 지키고 있었다. 그 때는 황제 숭배와 파라오 숭배 사상이 비슷하여 이집트 유적이 그렇게 이단 취급은 받지 않았었다. 그러나 기독교가 로마의 국교가 된 후부터는 사정이 달라졌다. 기독교에서 금기하는 우상숭배에 걸려 모든 신전을 폐쇄하라는 칙령이 내려졌다. 상형문자를 읽고 쓸 수 있는 얼마 남지 않은 제사장들이 모두 신전을 떠나버렸다. 설상가상으로 서기 640년 이슬람 군대가 이집트를 점령했다. 이번에는 이집트 문명과 근본적으로 다른 종교가 유입된 것이다. 이집트 곳곳에서 고의적인 문화파괴가 일어났다. 이리하여 상형문자는 세인의 기억에서 완전히 사라지게 되었다.

　그리스가 이집트를 점령하고 있을 때 호라폴로라는 언어학자가 상형문자를 그리스어로 번역을 했다. 거기에 근거하여 이집트 유물에 관한 많은 저서를 출판했는데 그 당시 상형문자 연구자에게 그의 번역문이 상형문자 해설 교과서로 인정받고 있었다. 그러나 뒤에 알고 보니 모두 엉터리였다.

　320년 로마 콘스탄티누스 황제가 이집트 세티 1세의 오벨리스크 하나를 로마에, 그리고 카르낙 신전의 람세스 2세 석상과 같이 있던 다른 오벨리스크 하나를 콘스탄티노플 히포드럼 광장(마차 경기장)에 옮겨 놓았다. 1600년대 중반에 활동한 독일 학자 아타나시우스가 이들 오벨리스크에 기록된 상형문자를 연구하여 번역한 책 4권을 출간했지만 이것도 맞는 게 없었다고 한다.

　1798년 나폴레옹 장군이 이집트를 정복하고부터 많은 여행가, 고고학자들이 신전, 무덤을 발굴하면서 이집트 고대 문명이 햇빛을 보게 되었다. 그러나 신전의 기둥, 벽, 천정, 그리고 파피루스에 기록된 그 많은 상형문자를 해독할 수 없어 이 유물들이 도대체 무엇인지 알 수 없었다. 이와 같이 유럽에서 이집트 문화 유적을 착취해서 박물관에 갖다 놓긴 했지만 상형문자를 해독하지 않고서는 이 보물들의 진가를 알 수 없었다.

2) 로제타석의 발견과 상형문자 해독

　로제타 마을 부근에서 나폴레옹 장군의 병사 도트풀(Dhautpoul)은 줄리앙(오늘의 로제타 카이트 베이)요새 근방에서 터파기를 하던 중 무슨 문자들이 빽빽이 적혀 있는 길이 114cm, 폭 72cm의 검은 현무암 석판 하나를 발견했다. 이것을 곧 공병장교 피에르 부샤르에게 보고했다. 부샤르는 이것을 이집트에 와 있는 학자들에게 가지고와 이게 무언지 조사해 줄 것을 요청했다.

　이 공병장교는 이것이 기원 전 196년 신전 사제들이 프톨레마이오스 5세(B.C. 210~180년)에게 감사와 경의를 표한 비문이며 특히 이 비문에 기록된 상형문자가 민용문자와 고대 그리스어로 번역되어 있다는 사실을 꿈에도 상상하지 못했다.

　상형문자는 B.C. 3000~A.D. 300까지 사용하다가 신관들이 사용하는 신성문자와 민중(민용)문자로 나누어졌다. 상형문자(성각문자라기도 한다. Hieroglyph)는 고대 이집트 전 기간을 통하여 사용했는데 신전기둥이나 벽면, 오벨리스크 등에 음각하는데 사용하였다. 중국의 고대 전서체와 같이 기념물이나 종교관계 서적에 사용했다. 제26왕조 이후에 사용한 듯한 신성문자는 주로 신관들이 파피루스에 종교문헌이나 전통문헌을 베껴 쓸 때 상형문자의 형체를 흐트려서 썼다. 민용문자는 이후 일반인들이 신관문자를 보다 더 약자화해서 일상생활에 사용했는데 한자로 치면 간자나 약자와 같다고 하겠다. 필라에섬의 이시스 신전에서 민용문자를 볼 수 있다.

로제타 스톤이라 명명된 이 검은 현무암 비석에는 상·중·하단으로 각각 다른 글자들이 기록되어 있었다. 첫째 단에는 이집트 상형문자가 14행, 둘째 단에는 민용문자가 32행, 셋째 단에는 그리스 고대문자가 54행이었다.

프랑스 학자들은 그리스 문자를 쉽게 해독할 수 있기 때문에 그것을 바탕으로 상형문자를 쉽게 해독할 수 있을 것이라 생각했다. 그러나 파라오의 비밀은 그리 호락호락하지 않았다. 로제타 스톤을 발견한 프랑스 원정대의 기대와 흥분은 잠깐, 2년 후 프랑스 군대는 아부키르 해전에서 영국의 넬슨 함대에게 대패를 당하고 본국으로 도망치고 말았다. 그리하여 로제타 스톤은 영국의 손으로 넘어갔다. 그런데 프랑스인들은 이미 이집트에서 수집한 유물들을 모두 복제하여 만들어 놓았다.

로제타 스톤이 비록 영국 박물관에 가 있어도 상형문자의 해독작업은 영국, 독일, 프랑스, 그리스 등 여러 학자들에 의해 진행되었다. 고대 그리스 문자를 프랑스 말로 번역을 해 보니 앞에서 서술한 것처럼 이집트 신관들이 젊은 프톨레마이오스왕의 공덕을 찬양하는 글이었다. 상형문자를 그리스 문자로 풀어 쓴 것이라고 짐작한 학자들-특히 언어, 고고학, 역사를 연구하는 학자들이 이 일에 매달렸다. 그들은 이 상형문자가 뜻글자라고 생각하고 거기서 실마리를 찾으려고 이집트 현장을 조사하고 연구했으나 어느 누구도 이를 해결하지 못했다.

여기에 기록된 그리스어를 토대로 상형문자를 해독하는 노력이 많았지만 정작 이를 해독한 사람은 약관의 프랑스 사람 장 프랑소아 샹폴리옹이었다. 라틴어, 그리스어, 콥트어 등 고대 동양 언어를 포함하여 10개 국어에 정통한 그는 서기 1821년 드디어 로제타 스톤에 새겨진 상형문자를 해석하는데 성공한다. 로제타 스톤을 발견하고 21년이 지나서다.

나폴레옹의 원정대가 로제타 스톤을 발견한 것은 샹폴리옹의 나이 9세 때였다. 그는 나폴레옹의 이집트 원정에 관하여 형 쟈끄로부터 이야기를 많이 들으면서 자랐다. 그의 형도 언어학자였는데 동생이 라틴어를 비롯해 히브리어까지 쉽게 익히는 것을 보고 동생이 상형문자를 해독하는 작업에 뒷바라지하기로 결심한다. 형은 동생을 데리고 그 당시 유명한 언어학자 푸리에를 방문했다. 이 언어학자도 샹폴리옹의 천재성을 보고 이집트 유물, 그리고 파피루스와 돌에 새겨진 상형문자를 보여 준다. 상형문자를 본 그는 당장 거기에 매료된다. 그때부터 그는 이집트 상형문자 해독을 목표로 삼았다고 한다. 그는 너무 머리가 뛰어나 아무도 그를 가르칠 수 없었다. 학교에서 다른 공부 대신 라틴어, 히브리어, 그리스어, 인도의 산스크리트어, 중국어, 아랍어, 시리아어, 칼데아어, 페르시아어, 콥트어까지 10개 국어를 혼자서 공부했다. 이런 공부 자료는 모두 그의 형의 몫이었다. 서기 1807년 9월 1일 17살 먹은 그는 파리 국립고등학교에서 '파라오가 다스리던 때의 이집트'라는 논문을 발표했다. 교수들은 소년의 너무나 깊은 통찰력과 확고한 논리에 감동하여 그를 교수로 받아들였다. 샹폴리옹이 로제타 스톤 사본을 손에 넣었을 때는 그의 나이 18세였고 이 작업에 매달린 지 10년 만에 해독에 성공한다.

그가 1819년 파리에서 개최된 비문(碑文)과 순문학 회의에서 상형문자를 해독하는 기초 원리를 발표했다. 그는 그 회의에서 이집트 상형문자가 소리글자(표음문자)와 비슷한 성격을 띠고 있다고 발표하자 학자들은 모두 놀랐다. 학자들은 고대 그리스 언어학자 호라폴로의 상형문자 연구서에서 상형문자가 뜻글자라고 말한 이후 이에 대하여 이의를 제기한 사람은 아무도 없었다. 언뜻 보기에 그림과 다름없는 부호들을 그림문자 혹은 뜻글자로 보는 것에 누구도 의심하지 안 했다. 굽이치는 선(線) 세 개를 물이라 하고 깃발을 왕이라 발표한 당시의 언어학자 말을 그대로 인정하고 있던 때였다. 상형문자가 그림이 아니고 소리글자라고 발표한 샹폴리옹의 논문은 마치 지동설을 처음 발표한 코페르니쿠스적 발상이라 할 만큼 충격적이었다.

장 프랑소아 샹폴리옹

샹폴리옹은 로제타스톤과 계속 씨름하고 있었다. 그리스 말로 쓰인 내용이 프톨레마이오스왕을 칭송하였다라고 되어 있으므로 왕의 이름이 반드시 있을 것이다. 어떤 글자가 프톨레마이오스를 말하는지 이것을 찾았다. 그는 글자 가운데 특별히 강조한 타원형으로 둘러 싼 기호에 주목했다. 그는 필라에섬에서 영국에 가져간 이시스 신전의 오벨리스크에 새겨진 글자를 놓고 비교해 보았다. 이 오벨리스크에도 상형문자와 그리스 문자가 병기되어 있었는데 거기에도 프톨레마이오스란 그리스 글이 있었고 로제타 스톤에 있는 타원형 기호도 있었다. 그는 이 타원형 기호가 프톨레마이오스라는 글자임에 틀림없다고 확신했다. 그런데 이시스 신전의 오벨리스크에는 그리스어로 된 클레오파트라 여왕의 이름이 있었고 상형문자에도 프톨레마이오스의 것이 아닌 다른 타원형이 있어 이것이 클레오파트라라는 상형문자일 것이라고 생각했다. 이 발견은 상형문자를 해독하는 두 번째 성공단계라고 할 수 있었다. 프톨레마이오스 왕과 클레오파트라 여왕의 두 글자를 비교해서 중복된 글자가 있었다. 이 중복된 글자를 비교해 보니 상형문자 ㅁ, △, 사자, 메, 장갑, 칼은 P,T,L,A,D,I의 발음과 같은 소리글자였다. 계속해서 이런 식으로 파라오 이름을 해독해 나갔다. 서기 1822년 9월 14일 프랑스 파리 학사원에서 그는 132개에 해당한 상형문자 알파벳을 발표하고 람세스 2세, 투트모세 왕을 포함하여 27 파라오 이름을 발표했다. 그때 그의 나이 31세였다.

상형문자 가운데 어떤 것은 알파벳과 같은 소리를 표기하였고 어떤 것은 기호 하나가 그대로 뜻을 나타내고 또 어떤 것은 복잡한 개념을 나타낸다고 했다.

문자가 그려진 그대로를 상징하면 상징문자이고 참새의 그림이 참새 외 다른 어떤 것을 의미하는 것이라면 이것은 표의문자가 된다. 또 각각의 문자가 하나의 소리를 표시한 글자이면 이것은 표음문자가 된다. 이집트 상형문자는 이 세 가지 모두가 혼합된 것이라는 것이다. 그후 그는 이집트의 신전들과 무덤에 가서 거기에 새겨진 상형문자를 보고 자기가 해독한 이론이 실체와 일치한다는 것을 확신하게 되었다. 그 동안 이집트 유물에 대하여 구구한 억측으로 일관해 오던 전설을 명확히 역사화시킨 장 프랑소아 샹폴리옹의 업적은 정말 위대하다 할 것이다. 만일 그가 없었고, 또 로제타스톤이 발견되지 않았다면 이집트 인류 역사 문명은 아직도 암흑 속에 묻힌 채 있었을 것이다.

5

근대 이집트 건설과 카이로

1 카이로라는 이름의 유래

서기 641년 이슬람 군대가 오늘날 올드 카이로에 있는 바빌론 성채에 주둔하고 있던 로마 군대를 격파하고 수도 알렉산드리아를 함락시킨다. 정복자 아무르 장군은 처음엔 알렉산드리아에 수도를 그대로 정하려 하였으나 '새 술은 새 부대'라는 구호로 새로운 정치터전을 마련하기 위해 오늘날 올드 카이로 근처인 푸스타트에 수도를 정한 후 왕조가 바뀔 때마다 여러 차례 수도를 옮겼다. 그러다가 서기 969년 파티마왕조의 가우에르 장군이 지금의 모카담 언덕에 새로운 도시를 건설했다. 그것은 홍수 때문이었다. 이번에는 적어도 홍수에는 안전한 모카담 언덕에 자리를 잡았다.

파티마 왕조의 가우에르 장군이 모카담 언덕에 새 도읍지를 건설하면서 도시 이름을 카히라라고 지었다. 고대 이집트어로 카히라는 Ka-hi-ra 즉 '태양 신, 라의 집'이란 뜻이다. 그러나 그 당시 무슬림이 고대 이집트의 신을 수도 이름으로 선택한다는 것은 상상할 수 없는 이야기다. 다른 주장이 좀 그럴 듯하다.

이 역사적인 수도건설 착공시기를 점성술사가 주도하여 가장 길(吉)하다는 시각에 맞추기로 했다. 그 넓은 건설부지에서 같은 시각에 일제히 삽질을 하기 위해 부지 모퉁이에 세워 놓은 말뚝을 밧줄로 연결하여 종을 매달아 놓았다. 수백 명의 인부들이 땅을 파라는 종소리가 울리기를 기다리고 있었다. 그런데 그 길하다는 시각이 되기 전에 큰 까마귀 한 마리가 밧줄에 내려앉았다. 그만 종소리가 딸랑딸랑 크게 울리자 모두 삽과 곡괭이를 내리쳤다. 그 시각은 불행하게도 점성술사가 화성이 상승하는 가장 불길한 시점이라고 했다. 그래서 앞으로 언젠가 불행이 닥쳐와도 이를 물리치고 승리하기를 바라는 마음에서 새 수도의 이름을 엘 카히라(아랍 말로 승리자)로 정했다는 것이다. 지금 칸 칼릴리 바자르 북쪽 성문이 '승리의 문'이라고 한 것이 이를 증명한다. 카이로는 나일강에서 가까울수록 푸른 숲으로 우거져 있으나 멀어질수록 사막이다. 시타델 요새에서 보면 동쪽은 사람이 살지 않는 메마르고 건조한 불모의 사막이지만 나일강 유역은 활기가 넘친다.

프톨레마이오스 왕조 300년 이후 아랍시대 부터의 이집트 연대기를 정리해 보면 다음과 같다.

아랍시대	A.D. 641, 아라비아의 아므르 빈 알 아스 장군이 이집트 점령. A.D. 969, 파티마 왕조 카이로 건설 A.D. 1171, 살라딘이 아유브 왕조를 세우다. 카이로 시타델 건설 A.D. 1250, 마믈루크 왕조 성립
오스만 투르크시대	1517, 이집트가 오스만 트루크의 속주가 되다.
프랑스점령	1798, 나폴레옹 1세가 이집트 전역을 점령하다.
근대왕조시대	1805, 무하마드 알리시대, 1869년 수에즈 운하 개통

영국군 점령	1882~1914, 이집트가 영국의 보호령이 되다.
이집트 왕정	1922, 술탄 아흐마드 후아드가 독립 선언/1936 파르크 1세 즉위
이집트 공화국	1952. 7.23 나기브장군 군사 쿠테타 1953 공화제 1954 낫세르 집권 1956 수에즈 운하 국유화, 이스라엘과 전쟁 1958~1961 시리아와 통일 아랍연맹 이스라엘과 전쟁 1973 이스라엘과 전쟁

2 알리 파샤 부자

　알렉산드리아 고대도시의 몰락에 대해서 앞에서 설명한 바 있지만 그런 도시에 다시 활기를 불어넣은 것은 파샤 무하마드 알리가 나일 강과 알렉산드리아를 연결하는 마흐무디야 수로를 개통하고서부터다. 이때부터 이 도시의 건설은 눈부실 정도로 발전하기 시작했다. 그러나 이렇게 도시가 발전하고 변화를 거듭하는 동안 고대 이집트는 물론이고 조금 남아 있던 그리스와 로마의 유적마저 없어지고 말았다. 뿐만 아니라 여기에 사용한 건물들에 사용한 석재들은 피라미드를 비롯하여 고대 이집트와 그리스 유적을 파괴하여 충당했다. 그는 이집트 고대유물에 대한 이해도 없었거니와 천고의 보물인 오벨리스크를 신전에서 뽑아 각국에 나누어주었다. 인류 문화유산을 마치 자기 것처럼 인심을 썼다.
　무하마드 알리(1769~1849)는 그리스 출신이다. 이집트를 침공한 나폴레옹 군대에 대항하기 위해 결성된 영국 중심의 연합군 소속 알바니아군단 사령관으로으로 1799년 아부키르 전투에 참여하였다. 나폴레옹 군대가 패퇴하고 도망하자 그 공백기간에 마물루크들의 도움을 받아 쿠데타를 일으켜 이집트 정권을 잡았다. 그는 카이로 동쪽 마카담 언덕에 있는 살라딘의 성채 시타델을 대대적으로 수리하여 정치, 경제의 중심지로 삼았다. 그러나 그는 엄격한 의미에서 외인부대 출신으로 국내 정치기반이 약했다. 정치세력을 확장하려 했으나 반대세력과 정적이 많았다 그 중에서도 알리 정권 산파역을 했으며 과거 오랫동안 정권을 담당한 바 있던 마물루크[76] 왕조 (1250~1517년)의 후예들이 제일 강했다. 알리는 그들의 정치 세력을 약화시키지 않고는 정권 유지가 어렵다고 생각했다. 그때는 사우디 아라비아에서 일기 시작한 와하브 운동을 진압하려는 움직임이 중동지역에 일고 있었다. 와하브 운동은 18세기 중엽부터 사우디아라비아에서 일어난 이슬람교 복고운동을 말한다. 무하마드 이븐 압둘 와하브가 이라크, 이란 등 이슬람교 영향 안에 있는 각지를 순방하고 돌아와 "마호멧 예언 300년 후의 이슬람교가 올바르게 행해지지 못하고 있다"고 주장했다. "이렇게 변질된 신사조(新思潮)는 배척되어야 하며 초기 이슬람교로 복귀하고 극단적인 금욕주의를 도입해야 한다"고 주장했다. 와하브 운동에 의한 이슬람 개혁종교가 지금 사우디아라비아 국교가 되어 있다.

   그 날은 사우디아라비아의 와하브 운동을 진압하기 위해 조직한 이집트 원정대의 사령관(알리 아들, 뒷날 수에즈 운하를 건설한 당시 파샤 사이드) 취임식 날이었다. 자신의 통치에 불만이 많은 마물루크 대표자 전부를 시타델에 초대했다. 연회를 마치고 귀가하는 그들을 무차별 총격으로 학살했다. 모든 문이 잠겨 있어 빠져 나갈 사람은 전혀 없었다. 단 한 사람, 말을 타고

---

[76] 이집트, 시리아 일대를 지배한 투르크계의 이슬람 왕조(1250~1517). 마물루크란 백인 용병을 뜻하는 아라비아 말이다. 아이유브 왕조의 군사령관을 지내다 이왕조를 창건한 아이베크가 용병 출신인데서 이런 명칭이 생겼다.

성 아래로 뛰어내려 목숨을 지켰을 뿐이다. 이들이 흘린 피가 성채 아래로 냇물처럼 흘러내렸다고 한다. 그는 결국 정적을 이런 식으로 제거했다. 그렇게 정적을 제거한 그는 이집트 근대화에 매달린다. 알렉산드리아로 가는 수로를 건설하였고 카이로 시타델 안에 알리 모스크를 건설하였다.

    그의 재임 시 인도까지 실크로드를 건설하려는 노력이 프랑스, 영국 등 서방국가들에 의해 활발히 진행되고 있었다. 당시에는 산업혁명으로 서양 각국에서는 동양으로부터 원료를 공급받고 또 동양에 가공품을 판매하기 위해 인도, 중국으로의 실크로드는 다급한 상황이었다. 운하 건설권을 획득하려는 경쟁은 단연 영국과 프랑스 양국 사이에 치열하게 벌어졌다. 이 경쟁은 알리의 죽음으로 다음 파샤 사이드에게 옮아간다.

3 시타델과 알리 모스크

시타델은 중세 아랍 세계의 영웅, 살라 알 딘이 1176년 십자군을 격퇴하기 위한 거점으로 카이로 모카담 언덕에 건설한 요새이다. 그 후 마물루크

시내에서 바라본 시타델과 알리 모스크. 거대한 성채가 모스크를 둘러싸고 있다.

왕조에서 무하마드 알리 시대까지 정치의 중심이 되었다.

알리 모스크(Ali Mosque)는 무하마드 알리가 1830년부터 1848년까지 18년을 걸려 시타델 안에 건설한 모스크, 이집트 이슬람 건축의 대표적 건물이다. 이 건물의 담당 건축가는 터키의 요셉 보쉬나인데 이스탄불 블루 모스크를 모델로 했다. 높이 84m의 모스크 첨탑 두개가 양 모퉁이에 서 있다. 그 안의 계단으로 무앗진이 올라가 하루 5번 아잔을 했었다. 요사이는 무앗진이 직접 올라가는 것은 아니고 밑에 있는 음향 실에 장치한 녹음기로 아잔을 대신한다.

아잔(Adhan)이란 말은 이슬람교도에게 예배시간을 알리는 소리를 말한다. 매일 5차례 일정한 시간이 되면 무앗진이 첨탑위에 올라가 성도(聖都) 메카를 향해 기립하여 아잔을 소리 높여 외친다. 그 리듬은 이슬람 특유의 음악적 효과를 갖고 있다. 그 내용은 다음 6절로 되어 있다.

① 알라는 위대하다. ② 우리는 알라 이외에 다른 신이 없음을 맹세하노라. ③ 예배하러 오너라. ④ 구제하러 오너라. ⑤ 알라는 위대하다. ⑥ 알라 외에 다른 신은 없느니라.

교조 무하마드(마호멧)가 이슬람교를 전파할 때 아부 바카르와 우스만이 그의 언행(수마)이나 산상계시(쿠트바)를 114장 30편(총 8만 단어)으로 수록한 것이 오늘날의 코란(The Koran, 암송, 외움의 뜻으로 이슬람 성경)이다. 코란에 들어 있는 내용은,

① 유일신 알라에게 독실한 신앙, ② 알라 신의 사자 가브리엘, ③ 천사 가브리엘을 통한 계시, ④ 예언자 무하마드의 사명, ⑤ 최후의 심판일 등이다. 코란은 그후 신도의 일상생활에서 도덕, 경제, 정치의 지침이 되었고 모든 신도들은 1일 1편씩 암송하도록 했다. 이슬람이란 몸과 마음을 신에게 바친다는 뜻이며 모슬렘교란 헌신자의 교라는 말이다. 신도는 샤라트라는 것을 하는데 매일 어디서나 메카의 카바신전을 향하여 1일 5회 기도하고 금요

룩소르 신전 앞의 오벨리스크를 선물하고 답례로 받은 시계탑과 8각 레트린 건물

일에는 모스크에 모여 기도한다. 그들은 예수가 구세주라는 기독교를 부정하고 모세, 제래미아, 예수, 무하마드 모두 예언자라고 주장한다. 자카드(희사 11조)와 카라지(소득의 2.5%를 모스크에 헌납)의 의무가 있다. 그리고 "자비, 자애로운 알라의 이름으로, 전지 전능 알라 이외의 신은 없다. 알라를 향해 나아가는 것을 방해하는 자가 있으면 투쟁하라"라는 경전 114장 서두의 지침은 지하드(聖戰)를 가르치고 있다.

알리 모스크 경내에 들어와서 밖을 내려다보니 카이로 시내가 한 눈에 들어온다. 안뜰에서 시내 쪽으로 보면 사각 회랑이 넓은 정원을 이루고 있다. 회랑의 대리석 기둥이 작은 돔 지붕을 받치고 있는데 마치 모자를 쓴 듯하다. 이 서쪽 회랑(시내 쪽)에 시계탑이 서 있었다. 무하마드 알리가 룩소르 신전에서 설명한 제1탑문 앞의 오벨리스크 하나를 프랑스에 선물하고 프랑스 필립 왕으로부터 답례로 받은 시계를 시계탑 사면(四面)에 1개씩 붙였는데 모두 고장 난지 오래다. 이건 오래오래 두고두고 역사의 교훈으로 삼으라

알리 모스크 내부의 화려한 장식들.

고 고장난 채 그냥 둔 것이라면 이해가 된다.

회랑으로 둘러싸인 안뜰(52m × 54m 크기)의 중앙에 레트린(latrine)이라는 조그마한 8각 건물이 있는데 여기에서 예배하러 모스크에 들어가는 모든 사람들이 손이나 얼굴을 씻는다.

모스크 내부로 들어갔다. 우선 중앙에 큰 돔이 보였다. 지름 21m, 높이 52m에 달하는 돔을 4 개의 기둥이 떠받고 있었다. 미흐랍과 설교단이 정면에 있다. 미흐랍(Mihrab)은 이슬람 사원 중앙 벽에 만들어 놓은 오목 들어간 벽집을 말한다. 무스림들은 이 벽집을 향하여 하루 5번 예배를 올린다. 이것의 방향은 즉 기도 방향은 언제나 사우디 아라비아 메카가 있는 쪽이다. 모스크 안에는 큰 원을 그리며 매달린 크리스털 유리가 천정에 매달려 늘어뜨려져 있다. 장식 유리 등불이 실내를 환히 밝히고 있었다. 미흐랍을 위시하여 실내 전벽이 자연산 대리석으로 치장되어 있다. 색상도 여러 가지지만 대리석 무늬 결이 화려하다. 바닥에는 온통 붉은 카페트를 깔았다. 입구 오른쪽에 알리 파샤의 무덤이 있었다.

4 피라미드 석재로 건설된 하산 모스크

시타델 서쪽 언덕 밑에 하산 모스크와 리파이 모스크가 마주 보고 있다. 하산 모스크는 마물루크 왕조의 술탄 하산이 1356년에 착공하여 7년 만인 1363년 그의 아들 바쉬르아가왕이 완공하였다. 14세기 때이니 알리 모스크보다 500년 전의 건물이다. 필자는 이 건물이 특별해서 보러온 게 아니라 피라미드의 석재를 뜯어 건설했다는 사실 때문이다. 어떤 건물을 짓는다고 그런 역사적 문화유적을 파괴했는가 보고 싶었다. 하산 모스크는 600여년이 지났음에도 세월의 흔적을 그리 느끼지 못했다. 그 옆에 있는 리파이 모스크는 수에즈 운하 개통 때 술탄이었던 이스마일왕 어머니 쿠사이르 하님이 건설하였다. 여기는 팔레비 이란 왕과 2,300여년 만에 외국의 속령으로부터 벗어나 처음 이집트 왕이 된 파루크 1세의 무덤이 있다. 두 분 다 비운의 왕이었다. 나는 팔레비 왕이 호메이니의 등장으로 권좌에서 물러나는 전후 사정을 잘 알고 있었고, 1980년에 병사한 그의 장례식에서 이집트 사다트 대통령, 리처드 닉슨 미국 대통령이 그의 운구를 인도하는 장면들을 텔레비전

알리 모스크에서 내려다 본 하산 모스크. 피라미드를 훼손하여 그 석재를 옮겨다 건설한 것이다.

에서 본 기억이 생생하다. 파루크 1세는 나세르 혁명으로 왕위에서 물러나 이탈리아에서 망명생활을 하다 1965년에 사망했고 그의 유해가 귀국하여 이름 없는 무덤에 매장되어 있다가 사다트 대통령의 배려로 리파이 모스크에 안치되었다. 그의 비석에는 "하느님의 용서를 받고 하늘로 돌아가다"라는 뜻의 글이 새겨져 있다.

시타델 북쪽으로 돌아가면 아유브 왕조가 건설한 성벽이 나오는데 그 옆에 카라파라는 아랍인들의 공동묘지가 있다. 회색빛 죽음의 도시에도 산자의 집처럼 담이 처져 있어 대문을 통해 들어간다. 고대 이집트의 사자(死者)는 강 서쪽으로 갔는데 이슬람 사자는 카이로 동쪽에서 안식을 취하고 있었다. 여기를 들어가면 우선 죽은 자만 있는 게 아니라 산자도 있다. 모스크도

제5장 근대 이집트 건설과 카이로

무스림들의 공동묘지, 카라파 전경

있으며 구멍가게, 카페도 있다. 유족이 참배하러 와서 쉴 수 있는 공간도 있다. 당초엔 묘지 부속 건물에 무덤지기가 살면서 유족들로부터 생활비를 받아쓰고 그들이 방문하면 편리를 제공했었다. 그런데 무덤지기만 살았던 카라파에 언제부터인지 상주하는 사람이 늘기 시작했다. 아마도 차가 다니지 않아 공기오염이 덜하고, 조용해서 점점 공원이나 피크닉 장소로 변하기 시작했던 게 아닌가 싶다. 집 없는 사람, 무작정 카이로로 몰려든 사람들이 합세하여 이제는 상주(常住)인구가 20만이 넘는다고 하니 한 도시를 이룬 셈이다.

　나는 황혼이 짙어 갈 즈음 아흐리드 광장에 서서 착잡한 심경으로 무하마드 알리 모스크를 바라보았다. 엷은 잿빛으로 물들고 있는 알리 모스크, 불그레한 하늘을 배경으로 짙은 자주색의 시타델 성채가 만들어내는 스카이라인(sky line)만은 피라미드의 슬픔을 잊은 채 그래도 참으로 아름다웠다.

5 수에즈운하 건설

무하마드 알리 후계자는 그의 아들 사이드다. 사이드와 동생 이스마일은 수에즈 운하 건설을 착공하고 완공 때의 파샤이다. 그러나 이로 말미암아 입은 부채로 국토가 영국의 손으로 넘어간다.

로제타에서 포트사이드로 가는 웨스트 델타(west delta) 관광버스에 승차했다. 울창한 야자수 숲 속으로 탁 트인 해변도로는 지중해 파도소리를 들으면서 뻗어 있었다. 다미에타에서 나일강을 건넜다. 다미에타 나일강은 로제타 나일강과 함께 카이로에서 둘로 나누어진 나일 강 본류이다. 결국 지중해에 진입하는 나일 강 두개를 다 본 셈이다. 만자라 호수에서부터 포트사이드까지 호수와 습지, 환상적인 둑길(causeway)을 달려서 포트사이드에 도착했다.

포트사이드 항은 지중해 연안도시, 수에즈 운하 북쪽 끝이다. 수에즈 운하로 진입하는 화물선이 여기에 모여 진입순서를 기다리는 그 정황을 보고 싶었다. 포트 파와드로 건너가는 선착장에 가 보았으나 수에즈 운하로 출항

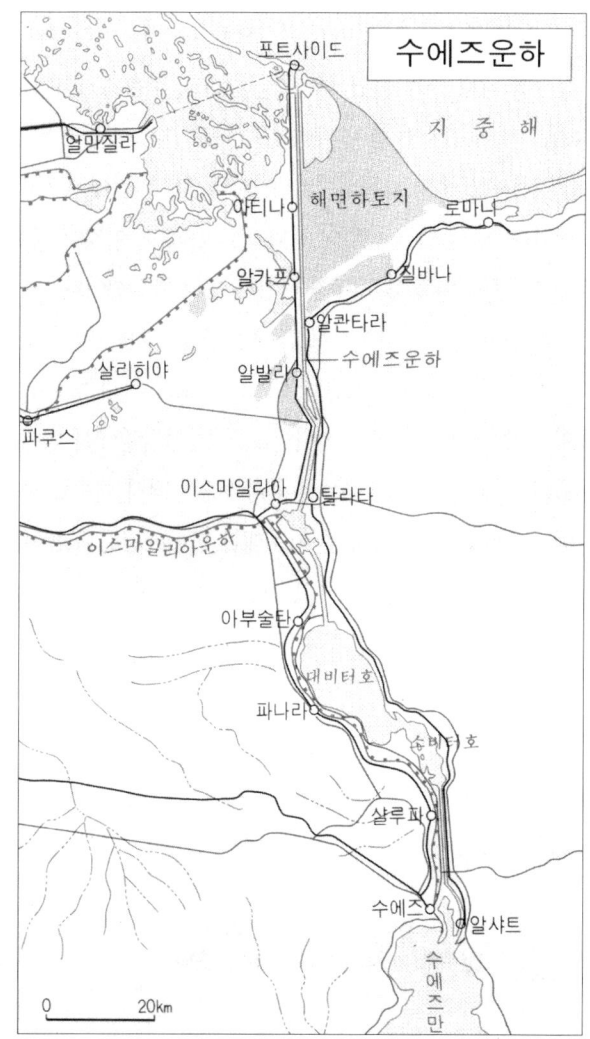

수에즈 운하 지도

을 기다리는 화물선이 별로 보이지 않았다. 아마 더 안으로 들어가야 보일 것 같은데 그 쪽으로는 진입할 수 없게 되어 있었다.

이스마일로 가는 버스 안에서 지금은 정이 들어 황량한 시나이 모래 벌판

제5장 근대 이집트 건설과 카이로 279

을 바라보고 있는데 갑자기 왼편으로 50여 m 거리에서 짐을 가득 실은 화물선이 나타나는 게 아닌가! 깜짝 놀랐다. 강은 보이지 않는데 광막한 사막에서 큰 배가 갑자기 불쑥 나타났으니 말이다. 더 놀라운 것은 그 큰 배가 우리나라 한진해운의 화물선이었다. 태극기를 바람에 펄럭이며 유유히 흘러가고 있었다. 한 동안 정신없이 쳐다보고 있었다. 이것이 포트사이드에서 수에즈 운하를 통하여 홍해로 빠져 나가는 우리 화물선이다.

다음날 새벽 5시에 산보 겸 운하구경을 하러 팀사 호수로 나갔다. 화물선이 지나가는 그 여유로움을 한 번 더 보기 위해 호수주위를 맴돌았다. 우여곡절 끝에 운하를 건너 시나이로 가는 선착장에서 팀사 호수 안을 볼 수 있었다. 이른 아침부터 화물선이 계속해서 팀사 호수로 유유히 들어오고 있다. 엄청나게 큰 배가 사막 한 가운데를 종이배처럼 조용히 지나가는 것을 보면 누군들 감탄하지 않을 수 있을까! 고요 속을 파고드는 완만한 움직임, 정중동(靜中動)인가 동중정(動中靜)인가.

거대한 화물선들이 포트 사이트항구에서 수에즈운로 진입하는 광경

운하의 폭은 보통 강 폭 정도인 250~300m이고 깊이는 약 35m이다. 포트사이드와 수에즈 항 사이에 있는 알 발라 호수, 팀사 호수, 큰 비트 호수, 작은 비트 호수 등 자연호수를 포함해서 운하 전체길이가 약 170km이다. 이들 호수 외에는 뱃길이 가변되는 일방통행이다.

포트사이드에서 선박의 종류와 도착순서에 따라 호송순서를 정한다. 항공모함이나 전함 같은 군사용 선박이 우선이고 대양을 항해하는 선박과 여객선이 그 다음이다. 가장 늦는 것은 유조선이나 화물선이다. 남쪽 행 호송 첫 번째 선단은 새벽 1시에 출발하여 중간 지점인 큰 비터 호수에 일단 집결하여 새 지시를 기다린다. 두 번째 선단은 아침 7시에 출발하여 알 발라 호수에 정박한다. 반대로 북쪽 행 선단은 주로 유조선인데 아침 7시에 수에즈 항구를 출발하여 같은 과정을 거쳐 포트사이드를 향한다. 각 선박은 4대의 바지선의 인도를 받기 때문에 속도제한을 받는다. 이런 식으로 운하를 전부 통과하는데 18시간 소요되고 대개 1주에 약 320대 정도가 통과한다고 한다.

수에즈 운하는 유럽이나 미국의 공업 국가들과 아시아를 연결하는 중요한 무역항로다. 주로 산업용 원료를 실은 배는 북쪽으로 가고, 미국과 유럽의 공업제품은 이 운하를 통해 인도, 중국, 동남아 시장으로 흘러가는 것이다. 수에즈 운하의 중요성은 앞에서 잠깐 언급했지만 동서양 간의 항해거리가 짧다는데 있다. 유럽 배가 아프리카 희망봉을 돌아 걸프 만에 도착하려면 17,200km를 항해해야 한다. 수에즈 운하로 가면 7,200km이다. 시간과 거리는 경제적, 군사적 의미에서 엄청난 결과를 수반한다.

18세기 말 프랑스 나폴레옹이 이집트를 침공한 것은 이집트를 경유하여 인도로 가는 실크로드를 개척하려 함이었다고 앞에서 언급한 바 있다. 19세기에는 유럽에 산업혁명이 일어나 물자공급은 시급한데 동방에서 원료를 실은 배가 아프리카 최남단을 돌아오는 항로는 너무 길고 더디었다. 이런 상황에서 각국은 이집트를 거쳐 인도와 중국을 가는 항로에 관심이 없을 수 없다. 특히 무하마드 알리 시대 프랑스와 영국 두 나라 사이에 운하 건설권을 놓고 경쟁이 절정에 달했다.

그런 상황에서 사이드가 무하마드 알리 후임으로 이집트 파샤로 새로 취임하자마자 르셉스라는 사람이 혜성처럼 나타나 운하 건설권을 낚아채 버렸다. 지중해와 홍해를 가로질러 운하를 건설하겠다고 나선 그는 엉뚱하게도 스페인 외교관이었다. 그 당시만 해도 르셉스는 별로 알려진 인물이 아니었다. 당연히 유럽 내외로부터 거센 반발과 언론들의 비웃음이 쏟아졌다. 거국적인 국책사업으로 온 나라가 다 달라붙어도 될까 말까한 이 엄청난 사업을 건설 경험이 전혀 없는 일개 외교관 출신이 건설권을 땄으니 한마디로 실현될 이가 없다고 본 것이다. 그러나 그의 불굴의 의지와 지칠 줄 모르는 노력이, 그리고 타고난 외교성과 행운이 마침내 불가능이라던 대사업을 성사시키고 인류토목건설 역사에 불멸의 금자탑을 남겼다.

르셉스가 수에즈 운하 건설과 운영권을 거머질 수 있었든 것은 다른 무엇보다 파샤 사이드와의 특별한 친분 덕이었다. 르셉스는 20년 전 지중해의 아름다운 항도(港都) 알렉산드리아에서 영사로 근무하고 있을 때, 연로한 무하마드 알리의 두터운 신임을 받고 있었다. 당시 알리는 키가 작고 몸이 비대한 어린 왕자 사이드 때문에 걱정이 이만저만이 아니었다. 그래서 알리는 르셉스를 불러 자기 아들을 부탁했다. 파샤의 부탁을 받은 르셉스는 왕자를 사막에 데려가 말 타기, 알렉산드리아 항구에 가서 정박한 배의 갑판 기어오르기 등 아주 강도 높은 체력단련을 시켰다. 이 훈련이 뚱뚱한 왕자에게 매우 힘들었으나 이런 훈련을 통해 그들은 동지적인 끈끈한 관계를 갖게 되었고 막역한 사이가 되었다.

사이드가 서기 1854년 이집트 파샤로 등극하자 르셉스를 첫 국빈으로 초대했다. 그리고 그는 며칠 뒤 전격적으로 운하의 건설권을 따냈으니, 이것은 다만 그의 행운이었다기보다는 이집트 최고 권력자를 단번에 설득할 수 있

르셉스의 집무실이자 생시에 살았던 집을 기념관으로 보존하고 있다.

는 그의 인간적 신뢰와 로비의 귀재를 겸비하였기에 가능하였던 것이다.

르셉스는 1854년 운하굴착권을 획득하자 1856년에 2억 프랑의 자본금을 확보, 주식 40만주를 발행하고(프랑스 20만 7천주, 이집트 17만 7천주, 기타 1만 6천주) 1859년에 착공하였다. 먼저 고대 이집트 시대에 개통된 바 있었던 나일강과 이스마일 간의 운하를 보수하여 이스마일에 건설한 근로자들의 숙소에 음료수와 수송로를 확보하는데서 부터 시작되었다. 이 당시 운하 개착 장비 중 준설기는 35HP의 증기기관, 바켓준설기 60대가 동원

제5장 근대 이집트 건설과 카아로 283

되었다.

그런데 여기서 영국의 저항을 받는다. 수에즈 운하회사에 영국이 배제되었을 때부터 예견되었지만 수만 명의 이집트 노동자를 강제동원하고 6만 헥타르의 농경지를 무단 조차하는 것에 영국이 중지를 요청하고 나섰다. 이로써 사실상 공사가 중지되었다. 그런데 무하마드 사이드 파샤의 죽음으로 1863년 이스마일이 파샤로 등극하자 공사가 재개되고 1869년 11월 17일 개통되었다.

서기 1869년 수에즈 운하 개통식은 19세기를 통틀어 가장 볼만한 이벤트였다. 이집트 파샤 이스마일의 초대장을 받은 손님은 유럽사회에서 왕족, 귀족, 외교관, 사업가 등 내로라하는 명사들이 망라되어 있었다. 그 중에서도 화려한 복장으로 단연 눈길을 끈 군계일학(群鷄一鶴)이 있었으니 그녀는 나폴레옹 3세 황후 외제니였다. 페르디낭 드 르셉스가 마드리드에서 전도양양한 외교관으로 떠오르던 젊은 시절, 그는 아직 소녀였던 외제니와 잘 아는 사이였다. 그녀는 젊은 시절의 인연으로 르셉스가 운하건설에 필요한 기금을 포함한 각종 지원을 아끼지 않았다.

항구 포트 사이드는 운하가 개통되기 전에는 엘 파르마라고 하는 조그마한 어촌이었으나 사이드 파샤의 이름을 땄고, 운하 중앙 지점인 이스말리아는 운하의 완공을 지켜 본 케디베 이스마일 파샤의 이름을 땄다. 이스마일 파샤는 앞에서 잠깐 언급한 바 있지만 알렉산드리아 카이사리움 광장에 서 있던 오벨리스크 2개를 하나는 영국에 다른 하나는 미국에 선물한 당시 파샤다.

영국은 수에즈 운하가 개통되자 이집트정부의 주식을 매입하고 한 걸음 더 나아가 운하 보호의 미명 하에 포트 사이드에 군대를 파견한다. 그것은 영국이 운하의 경제적 가치를 너무나 잘 알고 있었다는 얘기다. 세계1·2차 대전, 이스라엘전쟁 등을 거치면서 수에즈운하 주변의 이해당사국들의 투쟁이 끊일 날이 없고 또 이집트내의 국유화 요청도 거세졌다. 이에 따라 운하의 운명도 우여곡절을 겪게되지만 결국 1975년 이집트 수에즈운하회사의 이름으로 개통되고 있다.

　필자는 르셉스가 살던 저택과 사무실을 찾아보고 세계 건설사상 불멸의 업적을 남긴 그의 영웅적 삶을 다시 한번 생각해 보았다.

 맺음말

　짧은 기간 동안 이집트 고대 유적을 답사하면서 신의 힘과 함께 위대한 종교의 힘을 새삼스럽게 느꼈다. 그들이 이룩한 5,000년의 삶의 발자취를 한편의 드라마를 보듯이 더듬어보았다. 그러나 지금 내 심정 깊은 곳에 남아 있는 분노의 앙금은 여전하다. 그것은 근세에 서구 제국주의자들이 유적에 저지른 만행에 대한 것이다. 고대문명을 발굴한다는 미명아래 많은 고고학자, 탐험가들이 이 지역을 넘나들었다. 그러나 필자의 눈에는 그들 대부분이 미국 초기 서부 개척자들이나 유럽에서 인도를 찾아가는 뱃사람들과 같이 일확천금을 노리는 한탕주의 투기꾼의 모습이 역력히 보였다.
　피라미드를 탐험한 프랑스 고고학자들이 그렇고 아부심벨 신전 주위 흙을 파내어 이름을 떨친 벨죠니가 그러했다. 그는 유럽의 이름 있는 유랑극단의 배우로 돌아다니다 이집트에 와서 고대 유적 발굴사업에 뛰어들어 명성을 날린다. 그들과 유럽 각국 통치자들은 고대 이집트 왕의 석상이나 피라미드. 심지어 왕의 미라까지 아무런 거리낌도 없이 자기 나라로 밀반출했다.
　19세기까지 유럽 각국들이 이집트 이외에도 아시아에서 훔쳐간 문화재가 얼마나 많은지 모른다. 수도승에게 술을 먹여 훔쳐 가는가 하면, 연구한다는 이름을 붙여 무덤의 부장품, 고서적 등을 몰래 반출해 가는 사건은 부지기수다. 우리 나라 규장각 도서처럼 강탈해 가는 것도 있고 중국 모가오굴에서의 천년 묵은 불경을 어리석은 주민과 짜고 밀반출한 경우도 있었다. 힘 없는 나라의 국민들이 나라를 제대로 지키지 못할 때 힘 있는 외부의 침략자가 그 나라의 많은 재산과 문화재를 함부로 훼손 탈취하는 역사의 현장을 똑똑히 보았다. 구한말 우리를 둘러싸고 있는 열강 속에서 우리 나라는 어떠했으며 우리의 소중한 문화재는 현재 어떠하며 또 앞으로 우리의 재산과 문화재를 지키키 위하여 어떻게 살아야 하는지 곰곰이 생각해 보아야 할 것이다.

한편으로 필자는 우리 인류역사에 큰 업적을 남긴 위인들을 잊지 못한다. 이집트 상형문자를 해독한 장 프랑소와 샹폴리옹, 투탕카문 왕 무덤을 발굴하고 그 유물을 정리하여 그대로 이집트 박물관에 전시한 하워드 카터와 카나븐 백작, 역사 이래 최대 건설공사인 수에즈 운하를 완공한 페르디낭 드 르셉스 등 역사적 인물들이다. 그래도 이런 위대한 사람들이 역사 속에 살아있어 여행을 하고 내일을 꿈꾸며 오늘의 젊은이들에게 용기를 불어넣고 내일을 향해 열심이 살아가도록 힘이 나게 하는 것 같다.

2005년 6월

이봉규

참고 문헌

1. 만프레드 클라우스(임미오), 『알렉산드리아』, (주)생각의 나무.
2. Edouard Lambelet, 『Museum Aegiptium guide』, Egyption Museum
4. Al Ahram & Elsevier, 『The glory of Egypt』, A.Vander Heyden
5. Al Ahram & Elsevier, 『Denderah,Karnak,Luxor』, A. Vander Heyden
6. Alberto Silotti, 『Guide to the Pyramid of Egypt』, 카이로미국대학교 편집실
7. 그레이엄 핸 콕 & 로버트 보발(윤인경/김신진 역), 『창세의 수호신』, 까치
8. 폴 브런튼(이균형 역), 『이집트의 신비』, 정신세계사
9. 조지프 A 테인터(이희재), 『문명의 붕괴』, 대원사
10. 키릴 알 드레드(신복순), 『이집트 문명과 예술』, 대원사
11. 미로슬라프 베르너(김희상), 『피라미드』, 심산
12. 폴 브런튼(이균형), 『이집트의 신비』, 정신 세계사
13. 오토 노이바트(이규조), 『왕들의 계곡』, 일빛
14. 정규영, 『이집트』, 다빈치
15. 크리스티앙 자크(김진경), 『이집트 상형문자 이야기』, 예문
16. 크리스티앙 자크(김정란), 『람세스』, 문학동네
17. 고대이집트문명전 조직위원회, 『고대 이집트 문명』, API & A Gate
18. Joyce Tyldesléy, 『Hatchepsut』, penguine,U.K
19. 크리스티안 데로슈 노블쿠르(성귀수), 『여왕 핫셉수트』, 아침나라
20. Giovanna Magi, 『Art and History LUXOR』, Casa Editrice Bonechi
21. 박학재, 『서양건축사정론』, 세진사
22. 브리지드 맥더모트(권영진), 『파라오의 비밀문자』, 예경
23. 로라포맨(이기문), 『클레오파트라』, 효형출판
24. 조이스 틸더즐리, 『Daughters of Isis』, Penguine
25. 『Abusimbel』, Casa Editrice Bonechi